本书为 18BFX130 号国家社科基金项目研究成果

本书出版得到北京工商大学商科数字化转型-消费大数据创新中心建设项目（项目号 19002022048）支持

电子化背景下票据法理论更新与制度完善

DIANZIHUA BEIJINGXIA PIAOJUFA
LILUN GENGXIN YU ZHIDU WANSHAN

吕来明 ◎ 等著

中国政法大学出版社

2025·北京

声　明　　1. 版权所有，侵权必究。

　　　　　　2. 如有缺页、倒装问题，由出版社负责退换。

图书在版编目（CIP）数据

电子化背景下票据法理论更新与制度完善 / 吕来明等著. -- 北京：中国政法大学出版社, 2025. 5. -- ISBN 978-7-5764-1745-6

Ⅰ. D922.287.4

中国国家版本馆 CIP 数据核字第 2024YN9032 号

出　版　者	中国政法大学出版社
地　　　址	北京市海淀区西土城路 25 号
邮寄地址	北京 100088 信箱 8034 分箱　邮编 100088
网　　　址	http://www.cuplpress.com（网络实名：中国政法大学出版社）
电　　　话	010-58908285（总编室）58908433（编辑部）58908334（邮购部）
承　　　印	北京旺都印务有限公司
开　　　本	720mm×960 mm　1/16
印　　　张	17.75
字　　　数	290 千字
版　　　次	2025 年 5 月第 1 版
印　　　次	2025 年 5 月第 1 次印刷
定　　　价	82.00 元

前言 PREFACE

本书在作者承担的国家社科基金项目（项目号 18BFX130）《电子化背景下票据法完善问题研究》研究成果的基础上修改补充完成。电子化是充分发挥票据功能，使票据在数字经济时代重新焕发生命力的必由之路。中国人民银行于2009年发布《电子商业汇票业务管理办法》（以下简称《电子票据管理办法》），开始启动电子商业票据，2016年底建立了全国统一的票据交易市场，采用电子方式交易。2018年起，票据业务中单张金额100万元以上的都采用电子票据，票据流通进入电子化时代，2018年10月上海票据交易所（以下简称票据交易所或票交所）完成纸电票据交易融合，纸质票据和电子票据自此采用相同业务规则和交易平台进行交易，全国统一的电子化票据交易平台建成，截至2020年12月末，全国票据承兑、贴现、交易业务中，电子票据占比均达到99%[1]。随着国家进一步推进金融服务于实体经济和为中小企业提供融资服务，提出应收账款票据化的目标，作为与实体经济联系最密切的金融子市场，票据市场在服务实体经济、解决中小企业融资难融资贵方面发挥着越来越重要的作用[2]，这对于电子票据规则的确立和完善提出了新的要求。但是，现行《中华人民共和国票据法》（以下简称《票据法》）的核心概念与基本制度是以纸质票据为基础构建的，无法适应电子化时代票据业务实践。并且随着近年来电子票据实践和票据交易模式的不断发展创新，《电子票据管理办法》《票据交易管理办法》等部门规章层面上的相关规则，

---

[1] 参见宋汉光：《服务构建新发展格局 推动票据市场"十四五"高质量发展》，载 http://www.shcpe.com.cn/content/shcpe/research，最后访问日期：2022年7月12日。

[2] 参见孔燕：《漫谈"十四五"时期票据市场之发展——从新中国成立以来的四次票据变革说起》，载《清华金融评论》2021年第3期。

也面临着在法律层面上予以确认和自身修改完善的需求。为解决这一问题，必须从基本理论、制度结构、规则内容等方面，对纸质票据背景下的票据法理论与制度予以重新审视研究，从而为我国票据法的修改完善以及相关法律适用提供理论支持和制度方案。

　　传统票据法理论中对票据法完善的研究主要是以纸质票据为对象进行的，重点从以下两个角度展开：一是侧重于票据法制度适用或比较法的角度在理论上深化，二是从立法论的角度针对票据法的完善展开。电子商业汇票推出前，专门针对我国票据法如何适应电子化的研究较少。此后，学者开始关注电子票据与现行票据法的适用以及票据法修改如何适应电子化的问题，分析了电子票据对我国票据法的冲击，提出电子票据在票据法中专章规定、扩大"书面形式"的范畴、确认电子签名的效力、确立影像支票系统银行的地位与责任，以及电子票据规则的司法适用等。在金融法律及商业银行实务界，主要从市场业务发展的角度对票据电子化时代面临的问题及对策加以探讨。

　　本书以电子化背景下票据流通需要解决的制度供给不足问题以及票据法的相关内容为研究对象，揭示电子化背景下票据法既有理论在哪些方面需要更新和发展，提出我国《票据法》结构完善的模式和调整电子票据的具体制度，提供明确具体的立法完善建议。研究思路是围绕电子化背景下票据法理论与制度完善这一主线，按照由宏观到微观、由理论基础分析到制度构建层层推进的逻辑思路，依次对问题揭示-理论更新-结构完善-具体制度构建等问题展开研究。主要内容包括以下几个方面：一是电子化背景下票据业务法律调整面临的问题，指出票据法的现行规定适用于电子票据业务和司法实践时存在的问题。二是电子化背景下票据法理论的更新。传统票据法理论是以纸质票据的持有为中心构建的，电子票据则以数据的控制代替了传统意义的持有，基于纸质票据与电子票据权利保护与责任承担基础的区别，结合电子票据在数据控制、技术应用、参与主体等方面的变化，提出票据法理论中应更新的内容。三是载体二元化背景下票据法的结构完善与修改要点。论证二元化载体下我国《票据法》应实行融合与区分相结合的制度结构模式，解决票据电子载体和纸质载体并存的局面下制度结构的完善问题。四是电子化背景下的票据系统运营主体责任制度与票据法体系的扩展。电子票据需通过平台系统进行，票据业务系统是保障电子票据业务开展和功能实现的必要前提，而现行《票据法》缺乏相应的制度，结合票据系统运营模式和近年来票据交易所业务创新实践，探究系统平台运营者和其他参与主体各自的法律地位、权利、责任等，并提出在《票据法》中的制度安排。五是电子票据行为及追索规则与《票据法》现行制度的整合。针对电子票据的签章及票据行为因为介质的不同而呈现出的新特点，研究电子签章与《票据法》中的签章要件、效力、伪造签章后果等制度的整合与衔接，明确电子票据行为的生效要件与交付形式、不同票据行为的规则与责任承担、电子票据付款规则及付款人的审查义务、电子票据追索权的特殊规则等，并提出《票据法》修改相关制度的完善建议。六是纸质票据电子化和票据交易的法律调整问题，就纸票电子化以及票据交易的现行规则适用和法律制度确认进行了探讨。此外，在研究结论的基础上，提出了票据法修改的条文建议稿。

本书的写作主要由吕来明完成。董彪、赵颖、吕品田、贾泽宇、郑国华、王慧诚、苏炳豪等参与了课题研究。郑国华、王慧诚参与了本书第四章第二节、第三节，第五章第一节、第三节的撰写。苏炳豪、逄明达、陈天舒参与了研究报告初稿框架起草和整理工作，张弘、汪哲浩、彭辉、张平等参与了资料收集整理工作。由于水平所限及电子票据业务发展变化迅速，研究成果尚存在许多不足，望读者批评指正。本书出版及课题研究得到了国家社科基金、北京工商大学商科数据化转型-消费大数据创新中心建设项目的资助，上海票据交易所在课题调研过程中给予大力支持，中国政法大学出版社魏星编辑对本书的出版付出辛勤工作，在此一并表示感谢！

吕来明

2025 年 3 月

目录 CONTENTS

前 言 ·· 001

第一章 电子化背景下票据法面临的问题 ··· 001

第一节 票据电子化的实践及其与纸质票据的差异 ······································ 001
一、票据的起源与发展 ·· 001
二、票据电子化的实践 ·· 003
三、电子票据的特征及其与纸质票据的差异 ·· 008

第二节 载体二元化背景下电子票据法律调整面临的问题 ····························· 011
一、票据法及电子票据法律制度的现状 ·· 011
二、《票据法》调整电子票据面临的问题 ·· 017
三、电子票据纠纷司法实践概况及存在的问题 ··· 026

第二章 电子化背景下票据法理论面临的挑战及更新 ······································ 036

第一节 数据控制的持票方式对票据权利取得理论的冲击 ····························· 036
一、传统票据法理论的构建基础 ··· 036
二、权利与证券不可分理论面临的挑战与更新 ··· 038
三、票据要式性理论面临的问题及变化 ·· 041
四、票据权利外观主义理论面临的问题及更新 ··· 043

第二节 技术应用对票据行为理论的挑战与更新 ·· 045
一、票据行为实施环节的变化对票据行为属性认定的影响 ······························ 045
二、信息传输替代实物占有对票据交付理论的影响 ······································· 048

三、人工控制转变为技术控制导致对票据行为独立性的影响 ……… 049
  第三节　票据系统的介入对责任承担理论的影响 ……………………… 051
　　一、系统介入对票据法调整法律关系及责任承担主体范围的影响 …… 051
　　二、票据系统运营中平台责任理论的引入 …………………………… 054
　　三、技术应用与票据流通风险承担理论的更新 ……………………… 057

第三章　二元载体下票据法的体系完善与修改要点 …………… 060
  第一节　电子化背景下票据法完善的立法模式 ………………………… 060
　　一、《票据法》修改模式的主要观点评析 …………………………… 060
　　二、融合与区分相结合式立法模式的构想 …………………………… 062
　　三、融合与区分相结合模式的依据 …………………………………… 063
  第二节　电子化背景下我国票据法完善的思路与结构 ………………… 068
　　一、总体思路 …………………………………………………………… 068
　　二、《票据法》修改应当构建的框架结构 …………………………… 075
　　三、票据法律制度规则体系及适用 …………………………………… 079
  第三节　电子化背景下我国票据法完善的制度构建与修改要点 ……… 081
　　一、纸质票据与电子票据共同适用的修改要点 ……………………… 081
　　二、针对电子票据的修改要点 ………………………………………… 092
　　三、与纸质票据相关的修改要点 ……………………………………… 099

第四章　票据系统运营规则及相关服务提供者的责任 ………… 102
  第一节　票据系统的运营模式 …………………………………………… 102
　　一、电子票据系统 ……………………………………………………… 102
　　二、票据交易系统 ……………………………………………………… 104
　　三、新一代票据业务系统 ……………………………………………… 105
  第二节　票据系统运营者的法律地位与责任 …………………………… 106
　　一、票据系统运营者——票据交易所的性质 ………………………… 106
　　二、票据交易所的法律地位 …………………………………………… 109
　　三、票据交易所与相关主体的关系 …………………………………… 113

四、票据交易所的义务与责任 ……………………………………………… 115
第三节　接入机构的法律地位与责任 …………………………………………… 129
一、接入机构的法律地位 …………………………………………………… 129
二、接入机构的义务 ………………………………………………………… 130
三、接入机构的民事责任 …………………………………………………… 134
第四节　其他系统参与者的义务与责任 ………………………………………… 139
一、认证机构的义务与责任 ………………………………………………… 139
二、供应链票据平台及参与者的义务与责任 ……………………………… 142
三、"贴现通"业务中系统参与者的义务与责任 ………………………… 144
四、"票付通"业务中系统参与者的责任 ………………………………… 145

第五章　电子票据行为及追索权规则 …………………………………………… 149
第一节　电子票据的签章规则 …………………………………………………… 149
一、电子票据签章形式及其有效性认定 …………………………………… 149
二、电子票据签章人的义务与责任 ………………………………………… 155
三、电子票据签章人身份虚假的责任承担 ………………………………… 157
第二节　电子票据行为的生效要件 ……………………………………………… 162
一、电子票据的有效要件 …………………………………………………… 162
二、电子票据行为的形式要件的环节 ……………………………………… 165
三、电子票据行为交付完成的认定 ………………………………………… 166
第三节　电子票据出票与背书规则 ……………………………………………… 167
一、电子票据出票规则 ……………………………………………………… 167
二、背书规则 ………………………………………………………………… 173
三、质押背书 ………………………………………………………………… 177
第四节　电子票据的付款规则 …………………………………………………… 178
一、电子票据与纸票付款流程的比较 ……………………………………… 178
二、票据业务系统提示付款规则 …………………………………………… 180
三、电子票据付款人的审查义务 …………………………………………… 182

第五节　电子票据追索权的行使规则 … 185
一、电子票据的追索流程与清偿认定 … 185
二、线上追索与线下追索的关系 … 186
三、追索权行使中的拒绝证明 … 189
四、未按期提示付款的追索权 … 192

第六章　纸质票据电子化的法律确认与规则适用 … 195
第一节　纸票电子化的模式与业务流程 … 195
一、纸票电子化的模式 … 195
二、纸质票据电子化的业务流程 … 196
第二节　纸票电子化中相关行为的性质与效力 … 197
一、纸票电子化的法律确认及范围 … 197
二、纸票电子化中票据登记的性质与效力 … 201
三、支票影像信息的法律确认 … 204
第三节　纸质票据电子化付款提示与追索的特殊规则 … 206
一、电子化纸票付款提示流程及应答规则 … 206
二、付款确认与保证增信的性质与效力 … 209
三、追索的特殊规则 … 210

第七章　票据交易的规则适用与完善 … 212
第一节　票据交易与融资票据的范围界定 … 212
一、票据交易的界定 … 212
二、票据融资的适用范围 … 214
第二节　票据交易中形式与实质的关系 … 215
一、处理票据交易中形式与实质关系的一般原则 … 215
二、认定真实贴现、转贴现的外观标准 … 216
三、贴现、转贴现真实意思的内容 … 217
第三节　票据贴现的性质与效力 … 218
一、票据贴现的性质 … 218

二、贴现的主体资格及民间票据贴现的效力 …………………… 219

三、贴现人的审查义务 ………………………………………… 221

四、票据保理和票据贴现的区分 ………………………………… 224

第四节 转贴现及回购交易的性质与权利义务 ………………… 227

一、交易形式及法律属性 ………………………………………… 227

二、交易条件与成交的认定 ……………………………………… 229

三、转贴现与买断式回购中的票据权利与协议权利 …………… 231

结　论 …………………………………………………………… 234

附　录：中华人民共和国票据法（修订建议稿） ………………… 239

第一章 Chapter 1
电子化背景下票据法面临的问题

第一节 票据电子化的实践及其与纸质票据的差异

一、票据的起源与发展

从票据的历史起源上看,票据的产生源自商人的需求,目的在于保证交易过程中的安全和结算的方便。票据法也正是在商人经营交易实践过程中逐渐形成的习惯的基础上经过不断完善而形成的规范。在人类社会经济发展进程中,伴随商品交换和商业信用的繁荣,商业市场的扩大使商品交易在"买"和"卖"两个阶段均出现了时间和空间上的不同步,钱货往往不能当场结清,尤其是在距离较远的异地交易时,商人需要携带大量货币,无论是纸质货币还是贵金属制成的货币都给运输带来了极大的负担,同时也使商人在交易途中存在着较高的安全风险。在此种情况下,商人们为了资金的运输安全与便利,自行创设了各种证券,以一张纸质凭证的出具与交付代替了大量货币的实体转移,用以设定、清偿和转移金钱债务,由此,票据应运而生。

早在唐代,我国就出现了具有现代票据特征的法律文书,唐代信用业务发展的一个重要标志,是汇兑业务的产物,唐代的汇兑叫"飞钱"又叫"便换"。唐代各道的地方政府都在京城设有进奏院,商人在京出卖货物后,如果不愿或不能携带现钱回家,就将钱交给本道的进奏院,进奏院开出一张票券,各持一半,商人回到本地后到相应的机关合券核对,如果无误,便可领回现款。[1]到了宋代,票据得到了进一步发展,出现了便钱、交子、关子、茶引、盐引等

---

[1] 参见袁远福、缪明杨编著:《中国金融简史》,中国金融出版社2001年版,第29页。

大量票据。宋代票据的发展，主要源于两种需要：一种是需要解决现钱携带不便的问题，向一定的机构交纳现钱，该机构在收到现钱后发给汇兑者称为"便钱"的票据，商人持券到各地取款，另外，宋真宗年间，益州（今四川）豪门富户联合设立交子铺，交子铺收到入纳者的现钱后，收给"交子"，早期的"交子"由民办，后改为官办，另一种需要是为了保证政府对茶盐等商品实行专卖，向商人发行交引类形式的票据[1]。明朝后期，在我国出现了另一种从事汇兑放款、存款的机构——钱庄，庄票是由钱庄签发的载有一定金额并由其负责兑现的一种票据，分即期和远期两种，庄票的信用很好，可代替现金在市面流通，在清代除了钱庄以外，还出现了另外一种经营票据汇兑业务的信用机构——票号，在当时，其地位超过钱庄。票号的主要业务是汇兑，发行类似今天汇票、本票的票券，习惯上对这类票券有多种名称，广泛流行的如汇券、汇兑票、汇兑信、汇条、期票等。票号在19世纪50年代以后迅速发展，20世纪初期进入极盛时期，随着外国入侵战事不断、近代银行业的竞争以及清朝的灭亡，票号在20世纪20年代衰亡。我国古代的票据在不同的阶段有各自不同的形态，往往是一个朝代灭亡后，当时出现的汇兑业务及票据随之消亡，尔后在新的朝代又重新开始，终未得到持续的、一贯的发展，也没有形成有关票据的完整的法律制度，票据运作在很大程度上依靠习惯来支撑。清朝灭亡以后，中国开始全面引入外国法律制度，古代的票据及相应的制度并未延续下来。

一般认为，西方现代票据起源于12世纪意大利地中海沿岸商业城市兑换商发行的兑换证书，由于商人异地交易携带现金既不便利也不安全，且各国之间货币种类不同又会产生兑换问题，于是出现了专门从事货币兑换业务的经营机构[2]。商人将现金交给当地的兑换商，兑换商发给兑换证书，商人持此兑换证书到兑换商在异地的分店兑取现金，这是本票的前身。兑换证书在16世纪到17世纪逐渐演变为现代汇票，并可以像动产一样进行流通[3]。汇票、本票作为汇兑工具逐渐形成后，在交易中以票据支付代替现金支付的方式逐渐流行开来，现代支票的前身开始于16世纪的荷兰，17世纪中叶传到英

---

[1] 参见缪坤和：《试论宋代信用票据市场的构成》，载《思想战线》2002年第3期。
[2] 参见谢怀栻：《票据法概论（增订版）》，法律出版社2006年版，第23页。
[3] 参见[意] F. 卡尔卡诺：《商法史》，贾婉婷译，商务印书馆2017年版，第215页。

国[1]。西方票据出现以后，得到了持续的发展，早期的票据主要是汇兑、支付的工具，16世纪至17世纪中叶，背书制度形成，票据成为转让流通证券，票据由汇兑工具演变为信用工具，这是近代票据得以完备的一个标志[2]。

二、票据电子化的实践

票据电子化分为广义和狭义两种。广义的票据电子化包括一切以无纸化的信息介质反映票据信息的活动。包括两个种类，一种是指将传统纸质票据通过一定的技术手段用数据或影像方式展现并流通使用，例如影像支票、纸质汇票的电子化等。这种电子化是纸质票据的数字化，以纸质票据的存在为前提和基础。第二种则是电子信息完全取代了传统的纸质票据，是整个过程通过数据电文的形式签发与流转，不存在纸质媒介和载体的票据。狭义的票据电子化，是指第二种情形，此种以无形化的电子介质为载体反映的数据电文信息，通常被称为"电子票据"[3]。

（一）我国票据电子化的实践与趋势

1. 我国大陆地区关于票据电子化的实践

我国的票据电子化实践最早由中国人民银行牵头，在各家商业银行的配合下开展起来。1996年，我国金融机构引入图像支票清分机用以开展电子票据业务，自此，我国票据可以通过电子方式对票据信息进行存储和验证。2005年3月25日，国内首张电子票据成功签发，标志着我国电子票据业务进入实践阶段。2007年，中国人民银行建成全国支票影像交换系统，作为中国现代化支付系统的组成部分，将纸质支票通过影像技术、支付密码等技术转化为影像和电子信息，随后将支票影像和电子清算信息传至出票人开户行并对其提示付款，利用信息网络技术使支票的流通不再局限于同一票据交换区域内，实现了支票在全国范围的任意流通，大大降低了异地支付结算的成本。2009年中国人民银行颁布的《电子票据管理办法》规定了电子票据的基本内涵、电子票据行为规则以及票据流转过程中相关当事人的权利义务，同年电

---

[1] 参见吕来明：《票据法基本制度评判》，中国法制出版社2003年版，第11页。
[2] 参见汪世虎：《票据法律制度比较研究》，法律出版社2003年版，第6页。
[3] 参见陈红：《电子票据对我国票据法的冲击和影响》，载《广东省社会主义学院学报》2010年第4期。

子商业汇票系统建成并投入运行，标志着我国票据业务正式开启电子化进程。在我国目前业务实践中的电子票据是指依照《电子票据管理办法》在电子票据系统中运行的电子商业汇票，即出票人依托电子商业汇票系统，以数据电文形式制作的，委托付款人在指定日期无条件支付确定金额给收款人或者持票人的票据〔1〕。从票据种类上看，电子商业汇票分为电子银行承兑汇票和电子商业承兑汇票。电子银行承兑汇票是指由银行业金融机构、财务公司（以下统称金融机构）承兑的电子商业汇票，电子商业承兑汇票是指由金融机构以外的法人或者其他组织承兑的电子商业汇票。电子商业汇票的付款人为承兑人。电子商业汇票行为从其承兑、出票、背书、交易等流通过程因其所依附的载体与纸质票据实物交割的方式不同，呈现出与纸质票据巨大的差异。

经过多年的摸索和发展，我国电子票据市场不断扩大，为了促进我国电子票据业务健康有序发展，2016年8月，中国人民银行颁布了票据市场引导性政策《关于规范和促进电子商业汇票业务发展的通知》，要求出票金额超过一定限额的商业汇票均应通过电子票据形式办理。这一文件体现了我国对繁荣电子票据业务的支持和鼓励，这也意味着电子票据时代真正到来。同年12月8日，由中国人民银行牵头组建的上海票据交易所正式成立并开始试运行，标志着中国票据市场的发展进入了统一规范、透明高效的全面电子交易时代。按照中国人民银行的要求〔2〕，全国三百一十余家电子票据业务机构所运营的ECDS系统全部转交上海票据交易所进行统一管理。为保证ECDS系统的稳定运行，在中国人民银行的指导下，上海票据交易所又陆续完善了相关配套规则〔3〕。经过近些年的发展，上海票据交易所已具备票据交易、登记托管、清算结算、信息服务等多重功能，作为中国人民银行指定的全国统一的票据交易平台，上海票据交易所对票据交易统一进行信息登记与保管工作，这也使得传统纸票电子化的趋势更加明显。2018年，上海票据交易所推行纸质票据与电子票据融合，电子票据业务获得更多的发展空间。2020年，上海票据交易所上线供应链票据平台、建设完成跨境人民币贸易融资转让服务平台、持续

---

〔1〕《电子票据管理办法》第2条。

〔2〕2017年，中国人民银行颁布实施《中国人民银行关于实施电子商业汇票系统移交切换工作的通知》（银发〔2017〕73号）。

〔3〕包括《电子商业汇票系统管理办法》、《电子商业汇票系统运行管理办法》、《电子商业汇票系统数字证书管理办法》和《电子商业汇票系统危机处置预案》。

推广标准化票据、"贴现通"和"票付通"等创新产品[1]，票据业务持续向前端延伸，质押融资功能持续增强。另外，在全年企业用票体量中，小微企业用票金额占比53.24%，用票家数占比达到92.5%。可见，电子票据已经成为中小微企业使用的重要金融工具，助力实体经济、中小微企业，为其转型发展提供更加有力的金融支持，这也成为我国电子票据业务未来发展的重要方向之一[2]。

经过十年来的发展，我国电子票据签发量不断攀升，目前已经取代纸票成为票据业务的主体，电子票据运营自启动以来，截至2020年年底，电子票据占比承兑量接近97%，贴现占比98%，票据业务中单张票据金额100万元以上的均采用电子化形式，票据流通进入电子化时代。

2. 我国台湾地区关于票据电子化的实践

我国台湾地区的电子票据制度发展也相对较早，1989年出台了电子签章相关规定，解决了电子签章与传统票据的签章的冲突，确立了电子票据的合规性。2003年9月29日，华南银行最先建成"银行端"电子票据系统，并发出了亚洲的第一张电子支票，最先实现了支票电子化。台湾地区的电子票据在传统纸质票据的基础上发展而来，台湾票据市场中的电子票据是指以电子方式制成的票据，包括支票、本票和汇票，从其对电子票据的定义也不难看出这点。同时，台湾地区建立了电子票据交易所，采用PKI技术、专线路传输、加解密技术，以确保电子票据信息的身份识别性、数据完整性、不可否认性和保密性[3]。

(二) 域外代表性国家和地区票据电子化的实践与趋势

1. 美国关于票据电子化的实践

美国作为最早开启电子商务业务的国家，开创了票据电子化实践的先河，其中应用最普遍的是电子支票。1974年，美国建立了全国自动清算所协会（NACHA），建立了电子资金转移系统，为美国的支付提供便利[4]。这在一定程度上提高了支票处理的效率，但大部分支票仍然通过银行之间纸质票据

---

[1] 参见罗丹阳、郭宏坚：《2020年票据市场回顾与展望》，载《中国货币市场》2021年第1期。

[2] 相关数据来自上海票据交易所《2020年票据市场发展回顾》。

[3] 参见侯双梅：《借鉴国际经验完善我国电子票据法律制度》，载《南方金融》2010年第5期；参见陈红：《电子票据法律规则研究》，吉林大学2013年博士学位论文。

[4] 菜鸟非鱼：《ACH、NACHA文件解析》，载https://blog.csdn.net/yimenxianren/article/details/135460018，最后访问日期：2022年6月15日。

的交换完成提示和处理，纸质票据的传递费用在支票处理成本中也占了很大的比例。

为解决这一系列问题，美国银行界普遍希望采取电子化方式取代传统的纸质支票，以简化流程、提高效率、压缩成本。1995年，美国金融服务科技协会（Financial Service Technology Consortium, FSTC）宣布支票电子化专案计划，计划旨在将支票优势与网络电子安全科技结合起来，设计出可以通过网络处理的电子支付工具。电子支票系统开发完成后，美国财政部便开始以电子支票支付国防部供应商的货款，并于1998年6月30日开立了一张以智能卡作为支票的载体，通过电子签名和认证机构来完成支票金额的实时转移的电子支票，这也被认为是美国真正意义上的第一张电子票据[1]。进入21世纪以来，确立了通过支票影像以电子形式在金融机构间进行传递的全新支票处理方式，赋予了电子支票与传统纸质支票同等的法律地位，自此，美国票据逐步实现电子化[2]。美国许多银行实行支票截留措施。在这种支票处理方式中，代收银行保存客户提交的纸质支票并将其转化为电子影像发送到付款银行，付款银行则根据该电子影像所展露的信息进行付款，之后原纸质支票仍由代收银行保存，而无需转移到付款银行处。然而，受制于美国法律对收款银行与付款银行事先协议的严格要求，支票截留发展未有预想之中的顺利。

2. 欧洲国家关于票据电子化的实践

早在20世纪末，欧洲资本和货币市场就已实现一体化，较早开始了对基础结构的维护和改进。例如，早在1985年，法国就开始精简商业票据立法，于1991年以法律形式确立了簿记制度，到1996年已全面实行商业票据无纸化，1998年解除了商业票据发行条件和投资限制，与此同时，即时总额结算和同步交割机制也开始施行[3]。

总体而言，电子票据在北欧国家、西班牙以及意大利发展较为顺利，其中丹麦为推行电子票据的成功代表。据SEPA凯捷咨询公司的一项研究统计，欧盟从票据无纸化项目中每年获益400亿欧元，丹麦每年则能从票据无纸化

---

[1] 参见赵意奋：《票据相关法律问题研究：以票据签章为核心》，法律出版社2011年版，第260页。参见陈红：《电子票据法律规则研究》，吉林大学2013年博士学位论文。

[2] 参见刘正：《美国电子票据立法对我国电子票据立法的启示》，载《南京财经大学学报》2006年第3期。

[3] 参见张子如、张龙：《日本商业票据的电子化改革与借鉴》，载《生产力研究》2009年第1期。

中节省 1.5 亿欧元[1]。在意识到票据电子化是不可阻挡的趋势后，丹麦政府迅速制定了相关政策。2003 年 12 月，丹麦议会投票一致通过了《公共部门支付条例》，该条例允许丹麦财政部通过在公共部门推行电子票据规章和制度的形式促使私人企业使用电子票据。2004 年第三季度开始，丹麦政府着重发展建设电子票据的配套基础设施。2005 年 2 月 1 日，丹麦关于电子票据的相关法律正式生效。在此之前，丹麦政府利用各种媒体对电子票据进行了大量宣传，这也使得在企业中电子形式的票据落地极快，到 2005 年底，电子票据已经占到企业使用票据 95%的份额。同时，与电子票据配套的基础设施也在极短的时间内建成，企业可以在三种电子票据发送方式中进行选择：（1）格式化文件：依托公共部门间的数据交换标准发送电子票据；（2）数字化办公室：这种方式需要先将纸质票据发送给数字化办公室，该办公室负责将纸质票据进行数字化处理，将其转化为电子格式之后再发送给相关机构；（3）联网信息录入门户网站：企业可通过该网站用全球位置码将票据发送给指定地址，由通信网络对电子票据进行处理而后转发给相关机构。随着电子票据的进一步发展，原有的基础设施已经不再能满足中小企业的需求；票据电子化的推行并不彻底，大约有三分之一的电子票据仍然是通过纸质形式发送给数字化办公室进行数字化转化而来的。为方便企业使用电子票据、进一步推广票据电子化，丹麦国家通信和信息服务署在丹麦政府的安排下开发了一个开放且共享的"NemHandel"平台，该平台于 2008 年对公众开放，用于信息化商业文件在公共部门间、企业之间的流通。自此，丹麦票据电子化进入了广泛应用的新阶段[2]。

3. 日本关于票据电子化的实践

在经历了泡沫经济和金融危机等一系列剧变后，日本商业票据市场发展和规模已经远落后于其他西方先进国家市场，纸质商业票据所附带的诸多成本和风险等弊端也逐渐显露出来，21 世纪的日本社会普遍认识到相比于电子介质，纸质票据容易遗失、伪造，且处理程序繁琐，流通成本高，严重影响

---

[1] 参见张靖、王喜文：《欧洲信息化应用范例：丹麦的电子票据》，载《信息化建设》2011 年第 2 期。

[2] 参见张靖、王喜文：《欧洲信息化应用范例：丹麦的电子票据》，载《信息化建设》2011 年第 2 期。

到日本资本和货币市场的成长。

为在 21 世纪的全球资本市场中站稳脚跟，也为使票据市场能够应对电子商务模式所带来的挑战，日本有关方面期望通过引入"无纸化证券"以解决日本资本和货币市场的结构性问题。在前身为日本商业票据协议会（JCPA）的日本资本市场协议会（JCMA）的主导下，日本于 2002 年发行了首份电子商业票据，各项相关法规也得到修正，允许通过计算机提供商业票据的发行、分销和赎回业务。同时，日本的企业对商业票据电子版本的发行也有着较高的接受度，积极注册证券保管中心的电子商业票据，电子票据得以进一步推广。2005 年正式建立起了电子文书书面保存的相关法律制度，扫清了使用电子署名的障碍。2006 年 5 月，日本修正了商法（新公司法）和金融商品交易法（SOX 法），在立法层面上确认了电子商业票据的全面施行[1]。

三、电子票据的特征及其与纸质票据的差异

（一）载体的数据化

电子票据本质的特征就是其载体的数字化。传统的纸质票据作为一种设权证券，其载体是该纸质文件，法律所规定的必要记载事项也均记载于该张票据之上，各个环节的票据行为均在该张票据上签章并完成实物交割。而电子票据是以电子数据为表现形式，存储于票据业务系统，票据行为人依托网络和计算机技术，接收、存储、发送电子商业汇票数据电文，进行电子商业汇票的签发、转让和资金清算交易[2]，电子票据从承兑、出票、背书、质押、提示付款、付款审查等环节均以数据电文为载体进行流通、并以数据电文的形式存储在电子票据系统中，由票据系统进行登记、托管，持票人无法通过对实物占有的方式来持有电子票据。

由于电子票据采取电子化载体，以数据电文为主要形式，票据持票的形态和内涵也发生了变化。纸质票据的形式为客观存在的纸张，必须采用书面形式，并具有要式性，要求在票据规定位置载明各类事项，而电子票据以数据电文的形式出现，无书面形式，也无规定格式及位置的要求。在流通方式

---

[1] 参见张子如、张龙：《日本商业票据电子化改革分析》，载《现代日本经济》2008 年第 5 期。

[2] 参见赵慈拉：《电子商业汇票规制在司法裁判中的适用与解析》，载《上海金融》2021 年第 9 期。

上，传统纸质票据流通时必须以原件形态传递，以证明票据的唯一性和真实性，而电子票据是作为数据电文的形式而存在，不存在纸质载体，持票人不存在对票据实物的持有。电子票据统一登记并托管在票据系统中，持票人在电子票据系统完成相应的票据行为后，通过票据系统查询票据的流转信息和权利归属，不再通过对票据的占有证明其票据权利，而是通过数据电文显示的票据状态和票据系统中记录的流转信息来证明，电子票据持票人对票据的持有不是对载体的持有，而是对数据信息的控制。

（二）票据行为通过网络系统实施

传统纸质票据在贴现之前没有集中登记、托管的系统，所有票据行为均在票据实体上进行，票据行为以实物交割的方式完成交付，这也是纸质票据流通过程不透明，容易脱离监管的重要原因。相比之下，电子票据在贴现之前的承兑、出票、背书、付款等各个票据行为均在电子票据交易系统进行，其整个使用流程均需要依靠网络系统实施。在票据签章层面，电子票据无法通过手写签名或者盖章在票据实体上进行签章，其签章通过网络系统实施电子签章完成。此外，票据流转过程均在网络上进行，持票人通过密钥进行电子认证，登录系统后进行票据行为，电子票据交易系统通过用户身份信息验证后便视该用户为票据的合法持票人，从而实现票据权利。在这一过程中，收款人和付款人均在电子票据交易系统内进行线上操作。

（三）参与主体的多元化与复杂性

基于电子票据的使用流转依托于票据网络系统，相关系统运营方（如上海票据交易所）以及电子票据业务代理接入机构、电子认证服务机构等参与到票据签发使用流转过程，票据关系当事人之间无法直接进行票据的使用和流转。所以在电子化背景下，票据关系既涉及持票人和相对票据人，也涉及相关系统运营方和接入机构，涉及权利义务主体较多，票据在传递过程中需要"第三方"来确保交易的安全可靠[1]。纸质票据主要当事人为票据的出票人、付款人、收款人，主要通过付款人来完成票据的审查，电子票据则引入 ECDS 和电子认证服务机构来完成票据的审查和监管。ECDS 是经央行批准，为电子票据业务参与者提供接收、存储、发送、货币给付、资金清算等业务的平台；电子认证服务提供者是获得国务院工信部颁发经营许可的企业

---

[1] 参见许荣聪等：《票据电子化影响几何？》，载《银行家》2016 年第 11 期。

法人,负责审核签章主体的真实性并颁发电子认证证书;接入机构指的是接入 ECDS 的金融机构,其他电子票据业务参与者通过与接入机构形成委托关系,从而开展电子票据业务。同时,《电子票据管理办法》第 2 条规定,电子银行承兑汇票由银行业金融机构、财务公司承兑。电子银行承兑汇票承兑人范围比纸质票据更为广泛,承兑的主体扩大至财务公司。可以看出,电子票据的参与主体包括票据行为人、金融机构、票据业务系统运营者、电子认证服务机构等主体[1]。电子票据的流转涉及多方主体的参与,从而导致了电子票据权利义务的复杂性。

(四)票据信息透明性及安全性较高

电子票据能够将原先分散的票据行为和票据信息统一到线上的电子化交易平台,极大地提高了电子票据信息流通的透明度,消除了金融机构之间信息的不对称性,使所有的票据交易信息有迹可循,为市场监管提供了监测可能。同时,电子票据实现了"票款对付"(DVP)的结算方式[2]。在纸质票据流通过程中,许多金融机构对没有真实交易背景的贴现申请人进行贴现、不法票据中介进行一票多卖、银行内部员工与不法中介进行勾结,票据市场难以监管,且纸质票据的交易都是"票款分割",也因此出现票据已经转移但是基金还没有到位的票据"打飞",以及票据"背飞"等问题[3]。电子票据系统业务中要求电子票据业务系统参与者必须具备大额支付系统行号,对于没有中国人民银行清算账户的,可使用票交所资金账户办理业务。票据业务系统与中国人民银行大额支付系统(HVPS)进行连接,通过"票款对付"的结算方式,一方面实现了票据交易的"一手交钱、一手交票",避免了票据交易中票据"打飞"和"背飞"的问题,另一方面可以有效防范非法票据中介或不法分子利用同业户操作的可能,极大地增强了票据资金的安全性。

(五)效率显著提高

传统纸质票据的交易均需面对面以实物交割的方式进行,导致纸质票据

---

[1] 参见卢家瑜等:《电子票据法律问题研究》,载《金融纵横》2018 年第 1 期。

[2] 票款对付(DVP)是电子票据流通过程中,为消除票据交易的风险,在票据融资和票据结算业务中,通过电子商业汇票系统和中国人民银行大额支付系统进行实时连接,在票据权利转让完成的同时实现资金清算,既能提高交易效率,又能避免票据得不到付款带来的风险。

[3] 票据"背飞"是指票据权利人将票据交付给付款人,但得不到付款的情形。票据"打飞"是指票据权利人已将资金打给持票人,但无法收回票据的情形。票据"背飞"和票据"打飞"现象是纸质票据票款分割流通模式下常见的票据风险。

交易效率低下，流通过程耗费大量时间。而电子票据以数据电文的形式进行流通，克服了纸质票据在时间和空间上的局限性。电子票据系统通过与中国人民银行大额支付系统进行连接，利用央行货币进行清算，实现"票款对付"的结算方式，极大提高了票据的结算效率。

第二节　载体二元化背景下电子票据法律调整面临的问题

一、票据法及电子票据法律制度的现状

（一）票据法的立法体系

当今世界上票据法律制度主要包括三个体系。一是日内瓦公约体系。20世纪初期，各国票据立法差异较大，1930年在当时国际联盟的主持下，于瑞士日内瓦召开了国际票据法统一会议，通过了《统一汇票和本票法公约》，1931年又通过了《统一支票法公约》，日内瓦公约的成员国包括几乎所有的欧洲大陆国家和一些拉美国家。公约生效后，绝大多数成员国纷纷以日内瓦公约为蓝本修改本国的票据法，使票据法在大陆法系国家基本统一，形成票据立法中的日内瓦公约体系。日内瓦公约体系基本特点是实行分离主义，即将汇票和本票规定在一起，称为《汇票本票法》或《票据法》，而将支票以另外的法律专门规定，称为《支票法》，其原因除了法律传统方面的因素外，更主要的是认为汇票与本票是信用证券，称为票据，而支票则是支付证券，是一个独立的种类[1]。

二是英美法体系，又称为普通法体系。英美法系国家没有加入日内瓦公约，普通法系的流通票据法仍然以英国1882年票据法中的各种概念为依据，并且此项统一与建立在日内瓦公约基础上的统一同等重要[2]。英美法系票据立法体例的特点是合并主义，即将汇票、本票、支票规定在一部法律中。1882年《英国

---

〔1〕 德国新《票据法》于1933年制定，规定汇票与本票；法国在商法典中规定了《汇票与本票》于1935年修改票据法，《日本商法典》也规定了票据法，调整汇票和本票。

〔2〕 参见[英]施米托夫：《国际贸易法文选》，赵秀文选译，中国大百科全书出版社1993年版，第69页。

票据法》将汇票、本票、支票均纳入其中[1]。《美国统一商法典》第三编名称为"流通票据",流通票据是指示或承诺付款并已得到签名的文书,规定了汇票、本票、支票和存款凭证,其特色是突出正当持票人制度和融通票据[2]。

三是联合国统一票据法体系。日内瓦公约体系与英美法体系的对峙,成为在国际贸易中使用票据的障碍,在联合国国际贸易法委员会的主持下,1988年12月联合国第43次大会通过了《国际汇票本票公约》,并定于1990年6月30日前开放签字。该公约的适用范围仅限于"国际票据"即作为国际贸易结算手段所使用的票据。按该公约的规定,只有出票地、出票人所在地、付款地或收款人所在地等至少有两地不在一个国家的票据才成为国际票据[3]。该公约并不解决缔约国国内票据法的统一问题,这与日内瓦公约体系的约束力有很大差别。

(二)我国票据法律制度现状

中华人民共和国成立后的票据立法是随着20世纪80年代我国改革开放的启动和票据业务的推出而开始的。1984年中国人民银行公布《商业汇票承兑、贴现暂行办法》,允许企业签发银行承兑的商业汇票。1988年上海公布《上海市票据暂行规定》,这是第一个地方政府规章性质的票据立法[4]。1988年中国人民银行颁布《银行结算办法》,规定可以使用银行汇票、商业汇票、银行本票、支票进行结算,1995年《票据法》颁布,标志着我国票据法律制度正式确立。在立法体例上,《票据法》与我国台湾地区票据相关规定相同,即采取合并主义,将汇票、本票、支票统一规定在票据法中,《票据法》是以纸质票据为载体的,并没有反映电子票据的有关内容,其后与票据有关的司法解释、规章、规范性文件等均是如此。2004年《票据法》进行修正时,删除了原第75条关于本票出票人资格由中国人民银行审定的规定,其他内容迄今为止

---

[1] 参见[英]杜德莱·理查逊:《流通票据及票据法规入门》,李广英、马卫英译,复旦大学出版社1990年版,第33页。

[2] 参见吴兴光、黄雯怡:《美国〈统一商法典〉流通票据编评析》,载《国际经贸探索》2012年第12期。

[3] 参见董惠江:《联合国〈国际汇票及本票公约〉中的票据抗辩》,载《北方法学》2009年第6期。

[4] 参见谢怀栻:《票据法概论(增订版)》,法律出版社2006年版,第11页。

没有修改，理论中就《票据法》修改的探讨主要是针对纸质票据展开的[1]。

除了《票据法》以外，经国务院批准中国人民银行发布的《票据管理实施办法》、中国人民银行制定的《支付结算办法》、最高人民法院公布的《关于审理票据纠纷案件若干问题的规定》（以下简称《票据法司法解释》）等法规、规章、司法解释，也属于票据法律制度的组成部分。我国现行主要票据法律法规情况见表1-1。

表1-1 主要票据法律法规列表

性质	名称	制定机关	颁布或最后修改时间
法律	中华人民共和国票据法	全国人大常委会	1995年5月10日颁布，2004年8月28日修正
	中华人民共和国民事诉讼法（公示催告）	全国人大常委会	1982年3月8日颁布，2023年9月1日修正
行政法规	票据管理实施办法	国务院批准、中国人民银行发布	1997年8月21日，2011年1月8日修订
司法解释及司法文件	关于审理票据纠纷案件若干问题的规定	最高人民法院	2000年11月14日发布，2020年12月29日修正
	最高人民法院关于适用《中华人民共和国民事诉讼法》的解释（公示催告程序）	最高人民法院	2015年1月30日公布，2022年4月1日修正
	全国法院民商事审判工作会议纪要（关于票据纠纷案件的审理）	最高人民法院	2019年11月8日

---

[1] 参见董惠江：《中国票据法理念与立法技术的反思》，载《环球法律评论》2020年第5期；杨忠孝：《论票据公示催告程序的制度完善》，载《政治与法律》2009年第6期；郑孟状、姜煜洌：《论〈票据法〉的修订》，载《宁波大学学报（人文科学版）》2013年第1期；王崎焊：《传统与嬗变——票据法修改中立法理念的选择》，载《东北师大学报（哲学社会科学版）》2014年第2期；李伟群：《全国票据法修改研讨会综述》，载《法学》2011年第1期；吴京辉：《〈票据法〉修订：私法本性的回归》，载《法商研究》2013年第3期；董翠香：《票据再背书权之限制与行使——兼论〈票据法〉第35条之修改》，载《烟台大学学报（哲学社会科学版）》2014年第3期；曾大鹏：《为我国票据利益返还请求权制度辩护——基于〈票据法〉第18条的法教义学分析》，载《华东政法大学学报》2020年第5期；于莹、杨立：《我国融通票据制度建构论略》，载《当代法学》2007年第6期。

续表

性质	名称	制定机关	颁布或最后修改时间
部门规章	商业汇票承兑、贴现与再贴现管理暂行办法（已失效）	中国人民银行	1997年5月22日
	支付结算办法	中国人民银行	1997年9月19日
	商业汇票承兑、贴现与再贴现管理办法	中国人民银行、原中国银行保险监督管理委员会	2022年11月
规范性文件	支付结算会计核算手续	中国人民银行	1997年9月19日
	中国人民银行关于切实加强商业汇票承兑贴现和再贴现业务管理的通知	中国人民银行	2001年7月24日
	中国人民银行关于商业银行跨行银行承兑汇票查询、查复业务处理问题的通知	中国人民银行	2002年3月5日
	中国人民银行关于完善票据业务制度有关问题的通知	中国人民银行	2005年9月5日

（三）电子票据法律调整的现状

直至2009年之后，为了适应电子商业汇票和全国统一票据交易市场业务的发展，中国人民银行陆续颁布了有关电子商业汇票及票据交易的若干部门规章和规范性文件。上海票据交易所成立后，也公布了一批自治规则性质的文件，见表1-2。

表1-2　电子票据相关规定列表

性质	名称	制定机构	颁布时间或最后修改日期
部门规章	电子商业汇票业务管理办法	中国人民银行	2009年10月16日
规范性文件	电子商业汇票业务处理手续	中国人民银行	2009年10月26日

续表

性质	名称	制定机构	颁布时间或最后修改日期
规范性文件	纸质商业汇票登记查询管理办法	中国人民银行	2009年10月26日
规范性文件	电子商业汇票业务服务协议指引	中国人民银行	2009年10月26日
规范性文件	全国支票影像交换系统业务处理办法（试行）	中国人民银行	2006年11月9日
规范性文件	全国支票影像交换系统运行管理办法（试行）	中国人民银行	2006年11月9日
规范性文件	关于规范和促进电子商业汇票业务发展的通知	中国人民银行	2016年8月27日
规范性文件	票据交易管理办法	中国人民银行	2016年12月5日
规范性文件	中国人民银行关于加强电子商业汇票交易管理有关事项的通知	中国人民银行	2017年7月6日
规范性文件	上海票据交易所业务监督管理规则	中国人民银行	2017年12月13日
规范性文件	电子商业汇票系统管理办法	中国人民银行	2018年6月4日
规范性文件	电子商业汇票系统运行管理办法	中国人民银行	2018年6月4日
规范性文件	电子商业汇票系统数字证书管理办法	中国人民银行	2009年10月26日
规范性文件	电子商业汇票系统危机处置预案	中国人民银行	2009年10月26日
规范性文件	标准化票据管理办法	中国人民银行	2009年10月26日
行业规定	票据交易主协议	上海票据交易所、中国银行间市场交易商协会	2016年12月30日
市场规则	上海票据交易所票据交易规则	上海票据交易所	2017年

续表

性质	名称	制定机构	颁布时间或最后修改日期
市场规则	上海票据交易所票据登记托管清算结算业务规则	上海票据交易所	2017 年
市场规则	上海票据交易所贴现通业务操作规程（试行）	上海票据交易所	2019 年
市场规则	上海票据交易所"票付通"业务规则（暂行）	上海票据交易所	2020 年
市场规则	商业承兑汇票信息披露操作细则	上海票据交易所	2021 年
市场规则	上海票据交易所业务指南	上海票据交易所	2022 年

《电子商业汇票系统管理办法》与《电子商业汇票系统运行管理办法》不同的是，前者侧重规制票据交易所与接入机构之间的关系，而后者则侧重于票据交易所与电子商业汇票系统所有用户各自内部的风险管控与业务管理职务设置。《电子商业汇票系统数字证书管理办法》的主要目的是规范证书管理以及保障数据传输的安全，主要规定了与数字证书有关的主体内部的岗位职责以及数字证书管理的相关流程。《电子商业汇票系统危机处置预案》是为了提高系统的危机处理能力制定的，其中主要规定了电子汇票系统危机处置原则、危机处置预案等。从效力层级来看，这四部文件均于第一条明确规定了"依据……《电子商业汇票业务管理办法》……制定本办法"，也就是说这四部办法均为《电子票据管理办法》的配套规范，属于规范性文件。

《票据交易管理办法》是在上海票据交易所建立之时制定的，该办法的制定加速了票据市场的电子化，是票据市场的一份重要的部门规章，为票交所各项业务规则的制定奠定了基础[1]，确定了全国统一的票据市场及票据交易

---

[1] 张玉：《上海票据交易所 8 日揭牌　票据交易管理办法发布》，载 https://news.cnstock.com/news，bwks-201612-391441.htm，最后访问日期：2022 年 9 月 27 日。

所的法律地位，涵盖票据传统业务及创新业务，改善了票据市场交易中存在的风险问题、套利问题、票据真实性问题等[1]。2017年上海票据交易所发布的《上海票据交易所票据交易规则》进一步规范了上海票据交易所交易流程，详细说明了系统参与者的操作流程和注意事项，在总则部分规定了本规则所称票据包括但不限于纸质或电子形式的银行承兑汇票、商业承兑汇票等可交易票据，此规定为电子支票和电子本票也留下了适用空间。

除以上直接针对电子票据的规则外，还有《中华人民共和国电子签名法》（以下简称《电子签名法》）等与电子票据签章相关的法律制度，如《电子认证业务规则规范》和《电子认证服务管理办法》等配套制度。《电子签名法》的颁布在一定程度上为电子票据的流通和发展提供了法律保障，但从《票据法》角度来看并没有直接解决电子票据的效力问题。《电子认证业务规则规范》对电子认证服务行为及其监督管理进行了具体的规定，为规范我国电子认证行为提供了依据。

二、《票据法》调整电子票据面临的问题

电子票据是"互联网+"时代的必然产物，其凭借方便快捷、低成本、高效率及高安全性等特点逐渐发展起来，目前电子票据逐步代替纸质汇票成为主要的票据类型。但我国《票据法》及司法解释仍未对此作出回应，票据法自1995年颁布以来基本上没有进行修改，严重滞后于票据流通使用实践和时代发展的要求，《票据法司法解释》自2000年颁布以来，直至2020年才进行了部分修改，但受制于《票据法》中缺乏电子票据的规定，司法解释修改的内容也主要针对纸质票据而言。到目前为止，目前我国尚未出台针对电子票据专门进行规定的法律、法规和司法解释，《电子票据管理办法》及其配套规则规定了电子票据的基本内涵、各种电子票据行为规则，对电子票据中存在的电子签名或签章的问题，参照《电子签名法》来进行调整。虽然一定程度上弥补了现阶段电子票据的立法缺位问题，但这些规定效力位阶较低，在涉及当事人权利义务调整的主要问题上，不能直接作为依据，仍要套用《票据法》的相关规定，而《票据法》是针对纸质票据的制度，电子票据与传统纸

---

[1] 参见肖小和、李紫薇：《中国共产党建党百年的中国票据市场回顾与启示》，载《征信》2021年第9期。

质票据的根本性区别是载体不同，基于此区别两种票据在参与主体及各主体义务、交付方式、使用环节等方面均不一样，现行《票据法》很多内容存在空白或者无法适用于电子票据，若直接依照《票据法》目前的规定调整电子票据法律关系，会面临诸多问题，难以适应电子化时代票据业务与金融安全的需求。主要如下：

（一）电子票据运行中部分参与主体的权利义务缺乏法律层面的规定

如前所述，随着电子票据时代的到来，电子化背景下票据权利义务关系已经从传统的双方当事人之间发展到多方主体共同参与的权利义务关系，也是电子票据主体多样性的表现。《票据法》规定的承担票据义务的主体是票据关系当事人，法律责任的主体虽然不以票据关系当事人为限，但也是主要针对纸票使用中持有票据或使用票据的当事人，除利益返还请求权、票据返还请求权、票据交付请求权属于此类情况外，票据损害赔偿请求权，主要也针对的是付款人或承兑人拒绝出示退票理由书、出票人或其他票据债务人未按法定条件签章给他人造成损失、付款人未履行审查义务错误付款、金融机构违反规定进行承兑或保证等情形，这些情形承担责任的主体往往是直接实施票据行为的主体，基本上不涉及其他主体。

而在电子票据中，除了票据关系当事人之外，必不可少的参与主体还包括接入机构、认证服务机构和系统运营机构三类主体，此三类主体的责任虽然在《电子票据管理办法》中有原则规定，但在《票据法》上并没有依据，而且《电子票据管理办法》现有规定也并不明确，上述三类主体承担责任的条件、范围实际上面临着具体法律规则空白的状态。

（二）纸质票据和电子票据融合的效力及信息文义确定存在难题

现阶段的电子票据业务，贴现及贴现前业务在电子票据系统处理，适用《电子票据管理办法》的业务规则，无法适用贴现后的票据以及电子化的纸质票据。贴现后的票据交易和再贴现等业务通过票据交易系统办理，适用《票据交易管理办法》的规则[1]。票据交易系统实行纸票电子票据融合和纸票电子化的模式，《票据交易管理办法》的规则在一定程度上弥补了票据立法方面的不足，但是与现行票据法中对纸质票据调整的规则在许多方面存在冲突，

---

[1] 参见《上海票据交易所关于纸电票据交易融合第二阶段投产上线工作的通知》（票交所发〔2018〕66号）。

例如，票据权属登记在票据法上并无依据，难以实现纸质票据和电子票据在法律规则层面融合的目标。

同时，在纸电融合的过程中新衍生出的问题是，电子票据是否可以被伪造、变造，以及如何认定其被伪造、变造？当银行对票据信息展示得不准确，设备可视化界面展示的信息和行为人向票据系统传输的信息不一致，从而导致之后接收票据等环节所产生的误解，那么在这种情况下票据文义就存在两种情况，应当如何认定其效力？此外，系统中流程记录与实际情形不符，例如承兑人未向已提示付款的持票人支付票据款项，却在电子商业汇票系统中记载"已结清"，[1]应当如何适用文义性规则等，都是现行《票据法》未能解决的问题。

（三）《票据法》中的签章制度无法适用于电子票据

票据具有要式性，即符合一定形式才发生法律效力。《票据法》第4条规定："票据出票人制作票据，应当按照法定条件在票据上签章，并按照所记载的事项承担票据责任……其他票据债务人在票据上签章的，按照票据所记载的事项承担票据责任。"这一规定体现了"无签章无责任"的原则，将票据签章作为享有票据权利、承担票据责任的要件。可以说，《票据法》规定的签章是签章人身份认定的证明，也是签章人对相关票据行为认可的证明。

《票据法》中签章的含义是在物理载体上书写姓名或盖章签章，《票据法》第7条规定："票据上的签章，为签名、盖章或者签名加盖章。法人和其他使用票据的单位在票据上的签章，为该法人或者该单位的盖章加其法定代表人或者其授权的代理人的签章。在票据上的签名，应当为该当事人的本名。"《票据管理实施办法》第13条至第16条对此进行了细化[2]，明确"本名"，是指符合法律、行政法规以及国家有关规定的身份证件上的姓名。同时对银行汇票、银行承兑汇票、商业承兑汇票、本票、支票上出票人的签章进行了具体规定：银行汇票上的出票人的签章、银行承兑商业汇票的签章，为该银行的汇票专用章加其法定代表人或者其授权的代理人的签名或者盖章。商业汇票上的出票人的签章，为该单位的财务专用章或者公章加其法定代表人或

---

[1] 参见郭荣佑：《一则电子商业票据纠纷案例的分析及思考》，载《现代金融导刊》2021年第3期。

[2] 《票据管理实施办法》第13条至第16条。

者其授权的代理人的签名或者盖章。银行本票上的出票人的签章，为该银行的本票专用章加其法定代表人或者其授权的代理人的签名或者盖章。支票上出票人为单位的，签章为与该单位在银行预留签章一致的财务专用章或者公章加其法定代表人或者其授权的代理人的签名或者盖章；出票人为个人的，签章为与该个人在银行预留签章一致的签名或者盖章。

互联网经济的需求、科学技术的发展催生了电子签章，电子签章是电子票据使用中认定主体身份的关键。《电子票据管理办法》进一步规定了电子签章的法律效力及适用规则，要求电子商业汇票的当事人的签章为符合《电子签名法》第13条第1款规定的可靠电子签名，电子商业汇票业务活动涉及的数据电文和电子签名应符合《电子签名法》的有关规定。电子签章，虽含有"签章"一词，但其与传统意义上的签章不同。参与主体无法在数据上签字盖章，需要通过具有加密程序的电子签章进行身份认定，经 CA 认证机构识别后，相应的命令才能进一步进行传递。数字签名技术是目前世界范围内最广为接受的电子签名实现方法之一，该方式是利用密码学成果，借助技术手段保证电子签名可靠性，采用非对称密码机制来实现的签名技术。一个签名人具有一对密钥，包括一个公钥和一个私钥，由非对称钥匙加密法形成的电子签章表现了签发主体的唯一性。[1]电子签章与《票据法》所规定的签章的差异在于：第一，内容、应用方式不同。《票据法》中的签章是有形的签字或盖章，签章的内容是签章主体的身份信息；电子签章是无形的，虽然可以通过程序在客户端显示签章图样，但其本质是数据程序，应用方式与传统签章不同，不是依据最终显示图样确定签章人的身份，而是通过技术识别该程序是否被篡改、该签章主体是否唯一等。第二，使用范围不同。传统签章适用于纸质票据，而不能签、盖在电子票据等数据文件上；电子签章与此相反，其无法使用在纸质票据上，仅能应用在电子票据数据文件上。第三，面临的问题、风险不同。传统签章面临被伪造或在票据转让中，转让汇票的背书人与受让汇票的被背书人在汇票上的签章依次前后不衔接的问题；电子签章不存在被篡改的问题，但会面临被黑客攻击的风险。

由于电子票据所使用的签章方式和构成与票据法不同，因此，票据法中

---

〔1〕参见程朝辉、宁宣凤：《可靠电子签名技术法律规制研究》，载《中国应用法学》2020年第4期。

的签章制度无法直接适用于电子票据。电子票据的签章的效力在解释上需要援引《电子签名法》第 14 条:"可靠的电子签名与手写签名或者盖章具有同等的法律效力"。这一规定认可了电子签名能够作为识别签章人身份的证据,表明签章人同意数据电文的相关内容[1]。但是,票据法上签章是有要式性要求的签章,构成《电子签名法》中有效的电子签名,是否属于票据法上有效的签章,《票据法》没有规定,《电子签名法》也并未明确将电子票据的签名规则列入适用范围。《电子票据管理办法》属于部门规章,从法律位阶上看,其效力低于《票据法》,从法律解释角度难以据此肯定电子票据应用中的电子签章的效力。

(四)《票据法》中的出票制度与电子票据出票运行实践存在差异

出票是传统票据应用过程中最初的票据行为,是创设行为,是其后一系列票据行为的前提。《票据法》对出票的形式要件、实质要件、出票的效力等内容均作出规定。其中,第 20 条规定:"出票是指出票人签发票据并将其交付给收款人的票据行为。"此条中的"签发"是指记载并签章,"交付"是指以当事人自由意志转移占有。第 21 条、第 22 条、第 74 条、第 75 条、第 87 条、第 88 条是对出票行为有效要件的规定,包括两方面内容:(1)出票应当符合形式要求,即票据的用纸为法律规定的统一的书面格式用纸,且绝对必要记载事项全面、记载方式符合规定。(2)进行实质交付。纸质票据出票实践中,为确保票据被接受,出票地同时对该票据进行承兑。但《票据法》设定的承兑环节在出票环节之后,出票并不以承兑为要件。

而在电子票据中,《电子票据管理办法》在第 27 条中规定:"电子商业汇票的出票,是指出票人签发电子商业汇票并交付收款人的票据行为。"第 32 条规定:"电子商业汇票交付收款人前,应由付款人承兑。"按照上述规定,电子商业汇票的承兑在出票之前,是出票行为的生效要件之一。与《票据法》规定不同,《电子票据管理办法》增加了出票生效的条件。此外,纸质票据一经出票便进入流通领域,没有出票后撤回的情形,但因为电子票据交易是通过系统发送、接收数据的方式,存在出票人发出电子指令但相对人未看到该指令或看到该指令未及时发送确认收票的指令等情形,《电子票据管理办法》第 27 条中规定:"出票人在电子商业汇票交付收款人前,可办理票据的未用退

---

[1] 参见霍原:《从电子票据角度谈我国〈票据法〉改革新思路》,载《财会月刊》2012 年第 11 期。

回"，赋予上述情形中出票人撤回权。应当注意，出票人办理的虽为"未用"退回，但不意味着收款人收到票据尚未使用前出票人可以退回票据，办理退回的要求不在于"未用"，而在于票据交付收款人之前。根据前述电子票据交付的含义，出票人可退回票据的情形包括以下几种：（1）出票人发送提示收票信息后，收款人因系统故障等原因未接收到该提示；（2）出票人发送提示收票信息后，收款人看到提示后未及时点击、发送确认收票的指令；（3）出票人发送提示收票信息后，收款人发送的确认收票的指令未附有符合规定的签章。可以说，只要收款人未对提示收票的申请予以回复，出票人就可以撤回处于"出票已登记"或"提示承兑已签收"状态的电子票据。撤回票据后，对该票据的承兑失效，承兑人不再承担付款义务[1]。允许出票人在交付前撤回电子票据，是基于电子票据系统的技术方面的原因，电子票据涉及的票据行为均于电子商业汇票系统内完成，系统中的信息具有公开性。之所以允许出票人交付电子票据前办理未用撤回，是因为电子票据与纸质票据的占有状态、交付方式不一样，票据尚未交付给收款人的情况下，收款人不能对外公示自己对票据的占有，也无法控制票据的流转结算等状态，若电子票据未被使用，系统内部不会有该票据的任何记录[2]，此时出票人可以选择结束并撤回已经办理的出票登记、承兑等手续。

以上差异面临的问题是，《电子票据管理办法》是下位法，《票据法》是上位法，二者不一致时，理应适应上位法，但《电子票据管理办法》又是专门针对电子汇票的规章，在认定出票生效要件和出票撤回问题上，究竟应当如何适用法律，未承兑的电子票据能否出票，存在分歧意见，需要法律层面明确回答。

（五）票据行为构成要件电子票据交付与传统票据交付的差异

在传统票据法中，票据权利与其载体原则上不可分离，享有票据权利的前提是占有票据。交付是指将自己占有的物或所有权凭证移转其他人占有的行为。交付意味着占有的转移。传统票据上的交付是指将纸质票据转移给票据受让人占有的行为，票据行为的成立和生效的形式要件除了对票据格式以及合法记载的要求以外，还必须将票据交付给票据受让人。票据交付后，票

---

[1] 参见李蓓：《电子商业汇票法律问题研究》，北京工商大学2012年硕士学位论文。

[2] 参见王峙焜：《电子票据行为的正当性研究》，载《北方法学》2014年第3期。

据行为才告完成，票据行为自票据交付之时生效[1]。

在商业电子汇票中，虽然电子票据可以在票据当事人进行票据活动时，以可视化的形式展现在当事人的操作界面上，呈现出与纸质票据并无二致的外观，然而，电子票据本质是数据电文信息，不是纸质票据也不能通过打印形成纸质票据，显然不能完成传统意义上的交付。电子商业汇票系统的设计运用了任务池的概念，任务池接受来自电子票据各方主体的新建任务请求，如出票请求、贴现请求、质押解除请求或者承兑请求等，并对其中的任务进行审批处理，之后再将处理过的情况重新归还到任务池。具体表现为，当事人于网上银行提出票据业务申请，网上银行将该申请发送至电子商业汇票系统，电子商业汇票系统经过审核和确认后，将处理结果通知网上银行，当事人在网上银行的操作界面上收到回复后，票据行为才算完成。电子票据的每一步操作都需要信息经由电子商业汇票系统的传递和处理，并且，当事人单纯地做出行为的电子指令是不能随即发生效力的，只有电子商业汇票系统对该行为的肯定回复到达当事人可以操作的系统时，行为才告生效。同样，若电子商业汇票系统拒绝了该行为，那么，当拒绝的处理结果达到当事人可以操作的系统时，行为即被宣告不成立[2]。

在传统票据中，由于票据权利与其载体纸质票据不可分割，因此，只有交付才能实现票据权利转移的目的。在电子票据中，票据表现为无形的数据电文信息，无法交付实物载体，对应传统票据交付之意义，电子票据中的交付应当相当于后手取得票据的处分权之时。在具体操作中，电子票据的交付体现为电子票据系统依据票据行为人的请求修改票据状态的相关信息，并将此种信息反馈到相对方开户银行的网银系统，相对人仅需登录账户同意签收，即可完成交付。

（六）电子票据丧失的表现形态和救济方法的变化

作为一种完全有价证券，传统票据权利的行使以持有票据为前提。因此，在票据丧失后，失票人在失去对票据占有的同时，也丧失了证明自己票据权利与行使票据权利的基础，为了保护失票人的合法权益，票据法上设计了票

---

[1] 参见赵意奋：《论票据流通中的直接交付》，载《法律科学（西北政法大学学报）》2016年第3期。

[2] 参见《电子商业汇票业务处理手续》。

据丧失与补救制度。

票据丧失的含义是，持票人因违背自己本意的原因而丧失对票据的占有，根据票据丧失的原因不同，票据丧失又分为绝对丧失和相对丧失[1]。前者发生的原因是票据的灭失，例如票据被焚、撕毁等；后者只是票据暂时脱离了持票人的控制，而票据本身依然完整存在，例如票据遗失或被盗。构成电子票据的数据电文信息作为一种客观存在物保存于票据交易系统的信息数据库中，非因票据交易系统故障等技术风险，电子票据不存在灭失的可能。有学者认为，此处所言电子票据的丧失指的是相对丧失的情形。在电子票据中，票据权利人通过掌握电子签章而持有电子票据，因此，电子票据的相对丧失即电子签章的丧失[2]。

我国《票据法》中对失票的救济措施主要包括挂失止付、公示催告和普通诉讼三种方式。电子签章作为电子信息具有可复制性特点，相较于只能为某一特定人独自占有的纸质票据，票据权利人很难发现自己的电子签章被他人盗用；电子票据交易的快捷性也使得盗用人利用电子签章实际侵害票据权利人的时间大大减少，可能在票据权利人还未发现盗用行为从而申请挂失止付和公示催告之前，盗用人就已经完成了票据操作。传统失票救济措施是为了防止其他任何人在持票人失票期间对其票据权利的侵害，鉴于前述情况，显然不能对失票人起到权利保护的作用。当然，普通诉讼对于票据权利人遭受的实际损害仍然具有救济作用，不过只能作为事后的损害赔偿救济，同样无法作为票据权利人失票后及时保障其权益不受可能侵害的补救措施。

（七）现行《票据法》中付款人审查义务的部分规则难以应用到电子票据之中

为了保障票据流通过程中交易的安全、维护真正票据权利人的利益，法律规定付款人负有审查义务，具体审查内容如下：一是形式审查。《票据法》第57条规定，付款人及其代理付款人付款时，应当审查汇票背书的连续。此规定包括两部分审查内容，一是对各背书人签章的审查，二是对票据上背书连续性的审查。由日内瓦公约和联合国《国际汇票本票公约》的规定可知，大陆法系国家的票据付款人对于背书人的签章进行形式审查，因为付款人对

---

[1] 参见于莹：《票据法》，高等教育出版社2004年版，第244页。
[2] 参见陈红：《电子票据法律规则研究》，吉林大学2013年博士学位论文。

背书的伪造无法控制，而降低付款人的审查要求，有利于扩大票据的使用、增加票据的信用承担、促进票据业务的发展，所以付款人对此两项内容仅承担形式审查义务。二是实质审查即付款人应对票据凭证格式的要式性进行审查。票据具有要式性，其格式应当统一，《支付结算办法》第9条规定："单位、个人和银行办理支付结算，必须使用按中国人民银行统一规定印制的票据凭证和统一规定的结算凭证。未使用按中国人民银行统一规定印制的票据，票据无效。"付款人对于票据凭证格式的真伪有能力和专业设备进行审查，故对于票据凭证格式的要式性及真实性，付款人应当进行实质审查。三是特别审查。《票据法》第57条规定，付款人应当审查提示付款人的合法身份证明或者有效证件。法律未规定对此事项的审查标准，应根据付款人的审查能力进行判断[1]。

基于电子票据与传统票据使用方式、问题风险等方面的不同，付款人的审查义务也有区别。首先，在电子票据系统中，当事人通过电子签名确定相应的身份，从事票据活动。电子签名采用数字密码技术完成，签名人身份的真实性由系统运营者和接入机构、认证机构审核验证，付款人对电子签章的审查不再是鉴别签章是否符合要式性要求和是否与预留印鉴一致，而是电子签章数字证书和密码的符合，数字签名技术运用的过程中文件的接收方与发送方能够通过私钥的解密来鉴别双方的身份[2]。其次，在电子票据系统中，实施票据行为时仅转发本次票据行为中的电子签章，而对之前的签章不再进行转发。具体到付款行为，系统仅转发申请付款人（收款人）的签章。故不同于纸质票据，付款人不必审查票据背书的连续性。最后，在于票据业务系统可以进行流通的票据均符合系统的格式，票据业务系统在技术上排除了不符合格式要求的电子票据的可能，故付款人接收到的提示付款的票据一定是票据凭证格式真实、符合要求的票据，付款人无需对票据的格式再做审查。因此，现行《票据法》中的付款人审查义务规则在很多方面无法适用于电子票据，而电子票据的审查内容和机制又在票据法中无法找到依据，电子票据面临法律适用空缺的困境。

除上述问题外，电子票据是否可以适用公示催告制度，电子票据的追索

---

[1] 参见吕来明：《票据法学》，北京大学出版社2017年版，第219～222页。
[2] 参见刘娟娟：《数字签名技术与电子文件的真实性保障探析》，载《数字技术与应用》2017年第7期。

权行使中如何认定持票人是否行使了付款请求权这一作为票据追索权的前置权利及电子票据追索权行使要件有无特殊性、如何认定等相关问题，在《票据法》中都难以找到相关制度，从根本上解决这些问题还有待《票据法》的修改，使电子票据特有规则纳入《票据法》之中。

总之，现行《票据法》的调整对象是纸质票据，有关电子汇票的一些部门规章游离于《票据法》之外，二者呈现"两张皮"的关系，且受现行《票据法》的限制，不能适应电子化时代票据业务与金融安全的需求。

三、电子票据纠纷司法实践概况及存在的问题

（一）电子票据纠纷概况

1. 电子商业票据纠纷在商业票据纠纷中的总体占比

课题组以案件类型为民事案件，案由为"其他与公司、证券、保险、票据等有关的民事纠纷""票据纠纷"，文书类型为判决书，全文关键词分别为"商业汇票"和"电子商业汇票"，起止期限从 2014 年 1 月到 2023 年 3 月，在北大法宝上检索到商业汇票的司法案例共 13 240 件，其中关于电子商业汇票的司法案例共 11 244 件，电子商业汇票纠纷占到商业汇票纠纷总数的 85%，这一数据说明，商业汇票纠纷主要是电子票据纠纷，商业汇票中，电子票据已经成为票据业务的主体组成部分。

电子商业票据纠纷在商业票据纠纷中的总体占比

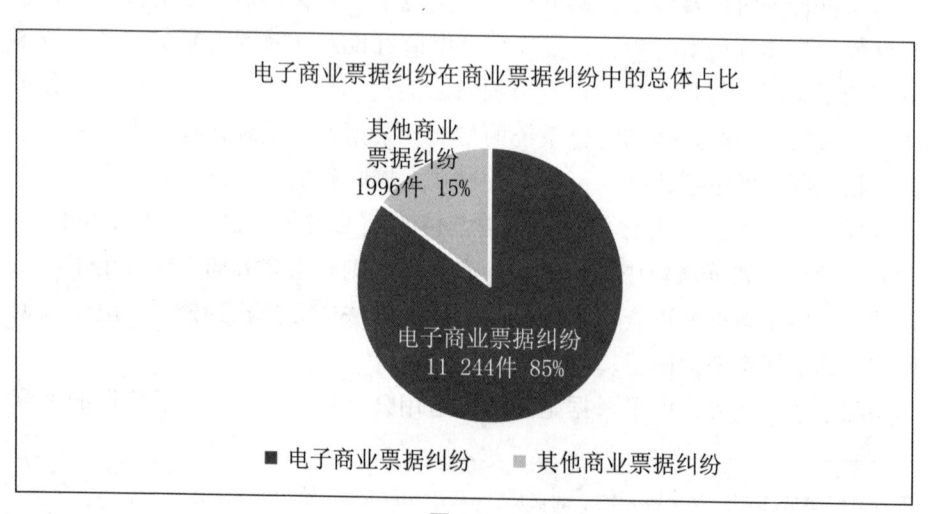

- 其他商业票据纠纷 1996件 15%
- 电子商业票据纠纷 11 244件 85%

图 1-1

2. 电子票据纠纷审理程序与案由

电子票据纠纷案件审理程序主要为一审程序，共 9922 件裁判文书，其中适用一审普通程序的 4196 件，适用简易程序的 5726 件，占全国数量的 88%。

电子票据纠纷案件审理程序

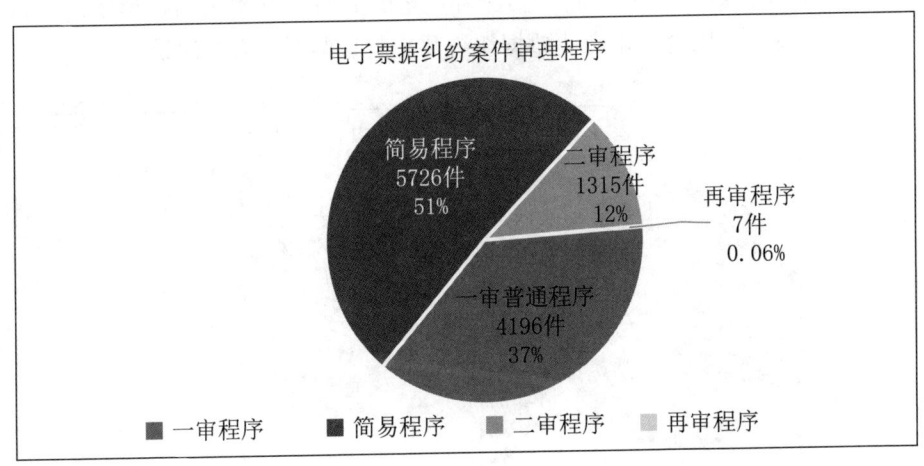

- 简易程序 5726 件 51%
- 二审程序 1315 件 12%
- 再审程序 7 件 0.06%
- 一审普通程序 4196 件 37%

图 1-2

审理电子票据纠纷案件的法院级别主要是基层人民法院，共 7980 件裁判文书，占到案件数量总数的 71%，其次为中级人民法院，占总数的 27%。

审理电子票据纠纷案件的法院级别

- 专门人民法院 163
- 基层人民法院 7980
- 中级人民法院 3006
- 高级人民法院 53
- 最高人民法院 3

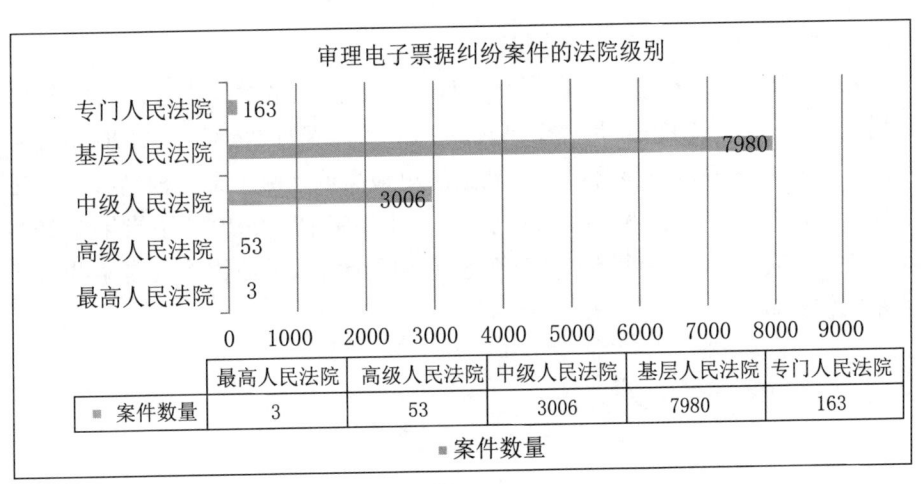

	最高人民法院	高级人民法院	中级人民法院	基层人民法院	专门人民法院
案件数量	3	53	3006	7980	163

图 1-3

票据纠纷的案由有票据付款请求权纠纷、票据追索权纠纷、票据交付请求权纠纷、票据返还请求权纠纷、票据损害责任纠纷、票据利益返还请求权纠纷、票据保证纠纷、确认票据无效纠纷、票据代理纠纷、票据回购纠纷、其他与公司、证券、保险、票据等有关的民事纠纷。从检索情况看案由主要为票据追索权纠纷，共9692件，占全部数量的87%。其次是利益返还请求权纠纷，占7%。可以说电子商业票据纠纷几乎就是票据追索权纠纷。

电子票据纠纷案件案由

- 票据追索权纠纷 9692件 87%
- 票据利益返还请求权纠纷 757件 7%
- 票据付款请求权纠纷 648件 6%
- 票据损害责任纠纷 6件 0.05%
- 票据返还请求权纠纷 6件 0.05%
- 票据回购纠纷 1件 0.008%

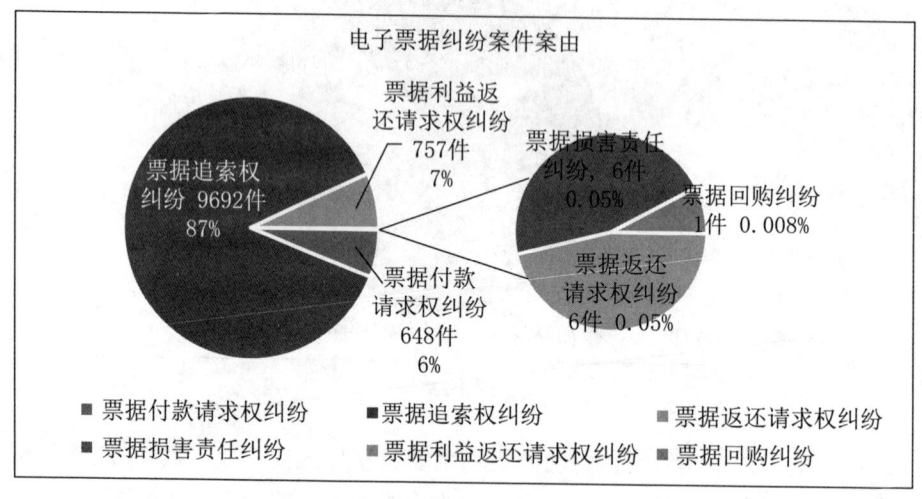

图 1-4

3. 年度数量变化及地域分布情况

2014年至2022年电子票据纠纷案件数量总体上呈增长态势，2019年以后增长较快。其中2020年是一个高峰期，2021年案件数量相比2020年有所下降，2022年案件数量显著增多，到达历史最高位。由于案件裁判有一定滞后性，可以看出，电子票据纠纷的高发期，主要集中在2019年下半年至2020年上半年和2021年下半年至2022年上半年两个阶段，原因主要是某些行业或集团债务危机。

电子票据纠纷案件年度数量变化情况

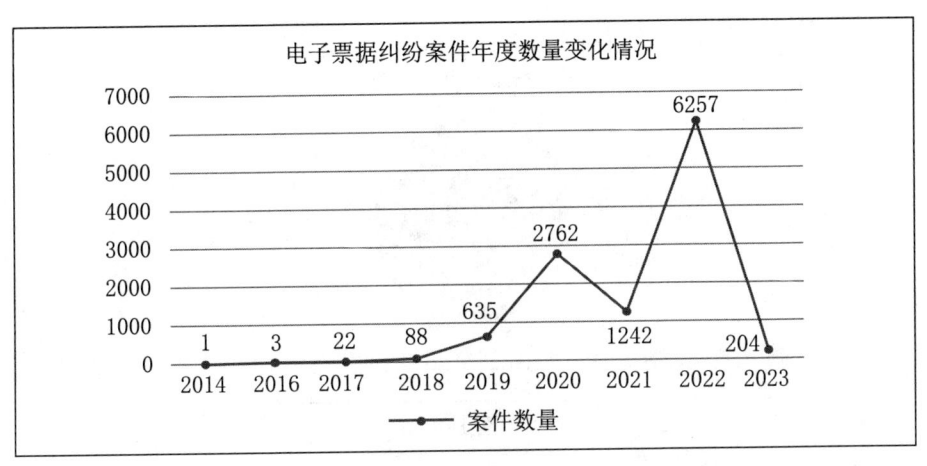

年份	2014	2016	2017	2018	2019	2020	2021	2022	2023
案件数量	1	3	22	88	635	2762	1242	6257	204

图 1-5

2022 年电子票据纠纷案件判决数量显著增长，达到 6257 件，是上一个峰值 2020 年案件数量的 2.27 倍。课题组从北大法宝系统中查询司法案例，案由为"其他与公司、证券、保险、票据等有关的民事纠纷""票据纠纷"，文书类型为判决书，全文关键词分别为"电子商业汇票""工程"，时间段为 2022 年，检索到 3832 件，去掉关键词"工程"，检索数量为 6257 件，与工程有关的电子票据纠纷占比 61%。

2022年与工程有关的电子票据纠纷在全国电子票据纠纷中的占比

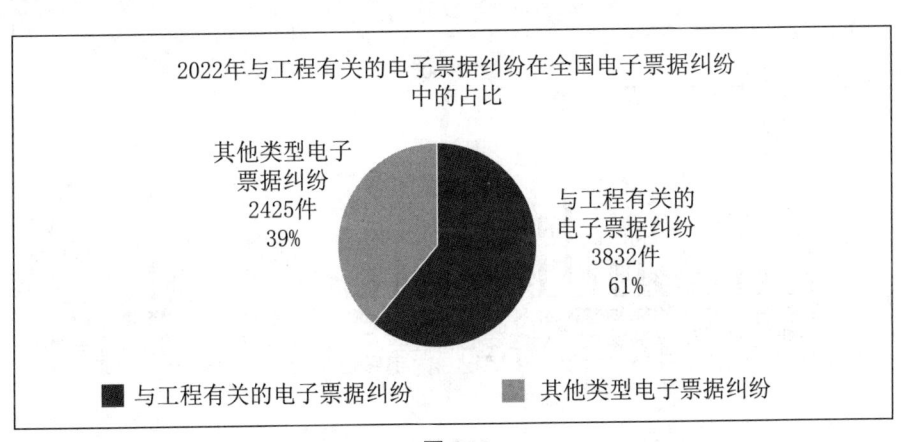

- 其他类型电子票据纠纷 2425件 39%
- 与工程有关的电子票据纠纷 3832件 61%

图 1-6

将上述检索中关键词"工程"改为"房地产"，其他条件不变，检索数量为 2397 件，与房地产有关的电子票据纠纷占比 38%。

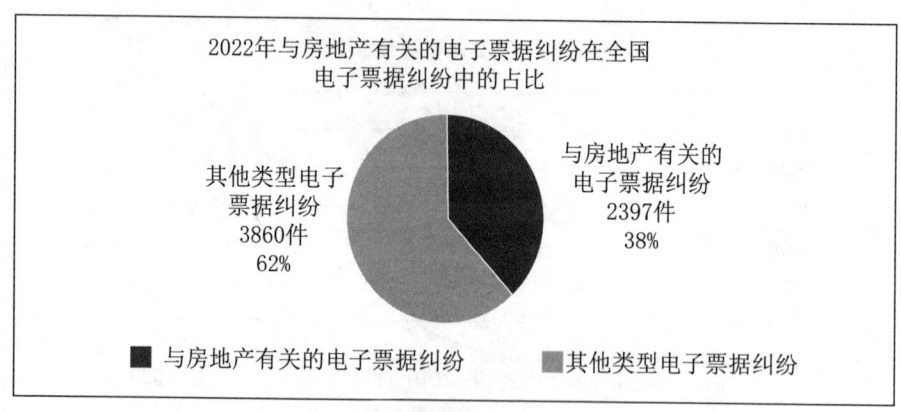

图 1-7

2022年与房地产有关的电子票据纠纷在全国电子票据纠纷中的占比
- 与房地产有关的电子票据纠纷 2397件 38%
- 其他类型电子票据纠纷 3860件 62%

可以推断，2022年电子商业汇票纠纷呈爆发式增长的主要原因是2021年以来部分大型房企资金链断裂或债务危机引发上下游企业票据逾期。

从地域分布情况来看，除宁夏以外，电子票据纠纷案件数量相对较高的省份主要分布在经济发达地区。其中山东省电子票据纠纷案件数量2030件，在各省中居第1位，占全国数量的18%。宁夏回族自治区案件数量1600件，在各省中居第2位，占全国数量的14%。

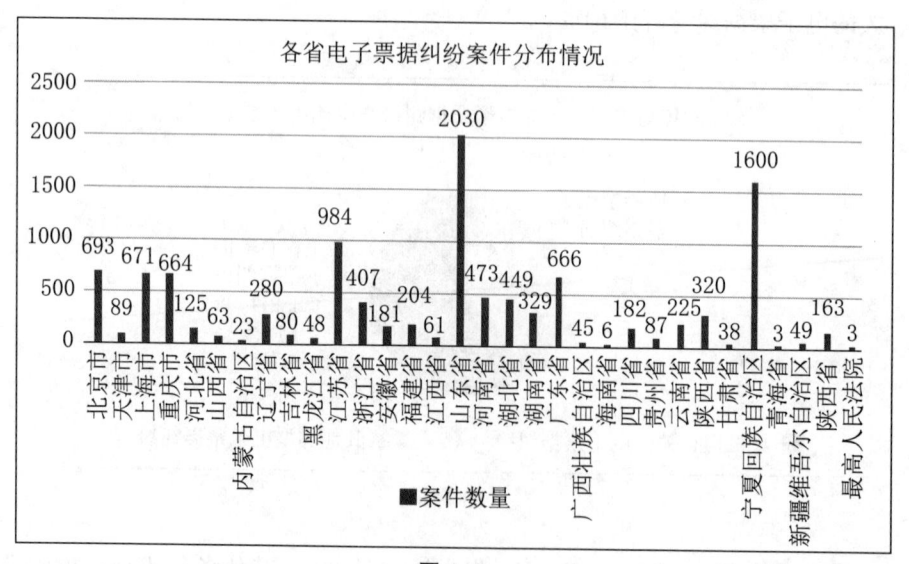

各省电子票据纠纷案件分布情况（案件数量）：
- 北京市 693
- 天津市 89
- 上海市 671
- 重庆市 664
- 河北省 125
- 山西省 63
- 内蒙古自治区 23
- 辽宁省 280
- 吉林省 80
- 黑龙江省 48
- 江苏省 984
- 浙江省 407
- 安徽省 181
- 福建省 204
- 江西省 61
- 山东省 2030
- 河南省 473
- 湖北省 449
- 湖南省 329
- 广东省 666
- 广西壮族自治区 45
- 海南省 6
- 四川省 182
- 贵州省 87
- 云南省 225
- 陕西省 320
- 甘肃省 38
- 宁夏回族自治区 1600
- 青海省 3
- 新疆维吾尔自治区 49
- 陕西省 163
- 最高人民法院 3

图 1-8

我们发现，一些地方票据纠纷案件数量大幅度增长，除了因指定管辖导致外，直接原因是当地一些大型企业或行业票据逾期产生连锁反应。宁夏回族自治区 2020 年案件高发的原因是 2019 年宝塔石化集团票据系列纠纷案爆发，判决大部分发生在 2020 年，共 1571 件，占当年全部统计数量的 55%。山东省作为我国商票使用量较高的省份，2021 年，以房企为代表的商票逾期事件显著增多，山东省票据逾期企业相对较多，随之而来的就是持票人就票据追索权向法院起诉。2022 年，山东省各级人民法院共受理票据追索权纠纷案件 12 557 件，较 2021 年增长 288.4%。重庆力帆系 22 家企业破产重组，由于这两家巨型企业无法兑付自身和旗下公司承兑的电子商业汇票，造成了大量票据追索权和付款请求权纠纷——以力帆系为直接被告的案件也达到了 242 例，涉及案例高达 274 例，仅仅这两家企业作为被告的案例，就占据了重庆近三年电子商业票据诉讼的半数以上。

（二）存在的问题

1. 对前期提示付款的效力存在分歧

纸质票据是通过邮寄开户行委托收款，往往扣除在途时间提前一两天提示付款，电子票据通过系统发送提示付款，若持票人在票据系统中期前提示付款，提前提示付款后承兑人未应答，系统显示提示付款待签收，到期日到来时持票人没有重新提示付款，"提示付款待签收"状态始终持续，是否产生提示付款的效力，能否认定为承兑人拒付，持票人可否进行拒付追索？实践中对《电子票据管理办法》第 59 条规定的理解，存在较大争议。

在北京金融法院（2021）京 74 民终 154 号判决的湖北江耀机械股份有限公司（简称"湖北江耀公司"）与北京航天新立科技有限公司票据追索权纠纷案中，湖北江耀公司作为票据最后持有人在票据到期前 1 日提示付款，票据状态显示：提示付款待签收。该公司即以拒付为由起诉该票据前手背书人北京航天新立科技有限公司支付未清偿票据金额及利息。双方争议焦点在于：期前提示付款是否具有提示付款效力，"提示付款待签收"是否被认定为承兑人拒付。一审法院以"提示付款待签收"系持续状态为由认定具有追索权，支持湖北江耀公司全部请求。二审北京金融法院认为拒付追索时期前提示付款不产生拒付追索效力，改判驳回湖北江耀公司全部诉求。此案是北京金融法院发布的成立一周年十大典型案例，在某种程度上代表了该院的立场。湖北省荆州市中级人民法院（2022）鄂 10 民终 2255 号判决所持立场与此相同。

但在吉林省长春市中级人民法院（2023）吉01民终25号民事判决的吉林建工集团有限公司、北京金隅节能保温科技（大厂）有限公司票据追索权纠纷案中，法院认定期前提示付款的效力及于票据到期后的十日提示付款期，具有法定提示付款期内提示付款的效力。浙江省宁波市中级人民法院（2023）浙02民终519号民事判决书也持相同立场。

2. 系统显示内容的效力认定缺乏明确规则

按照《票据法》的规定，付款人拒绝付款时，持票人可行使追索权，不存在是否拒绝付款在形式上和实质上不一致的问题。但在电子商业汇票系统的付款程序是，先由票据债务人签收了票据，显示状态为"票据已结清"，然后才进行付款。那么，系统显示"票据已结清"的效力是什么，是否属于票据文义记载则缺乏明确的规则。在江苏悦和物资贸易有限公司与芬雷选煤工程技术（北京）有限公司（简称"芬雷选煤公司"）等票据纠纷上诉案中[1]，力帆汽车销售公司作为出票人，向力帆丰顺公司开具了一张可转让的电子银行承兑汇票，票面金额300万元，承兑人系力帆财务公司。经过多次背书转让，最终于2019年9月26日该汇票背书转让给芬雷选煤公司。后芬雷选煤公司持有提示付款，力帆财务公司进行了签收，系统显示"票据已结清"，但是汇票未得到实际付款，芬雷选煤公司要求各票据债务人承担票据付款义务及相应法律责任。重庆市第一中级人民法院（2020）渝01民终3327号判决认为，案涉汇票在电子商业汇票系统中有关信息记载不实，力帆财务公司至今未实际履行汇票付款义务，其行为构成拒绝付款，当票据在电子商业汇票系统中载明的状态与客观事实不符，应当以客观事实来判断。而在广东长征电气工程有限公司（简称"长征公司"）、河南埃菲尔建筑设计有限公司（简称"埃菲尔公司"）等票据追索权纠纷案中，广东省中山市中级人民法院（2022）粤20民终8820号民事判决认为，即案涉票据显示"票据已结清"的票据状态为双方协商一致后进行操作的结果。虽然承兑人作出承诺后未依约向埃菲尔公司实际履行付款义务，但对案涉票据关系已经消灭的法律事实并无影响，埃菲尔公司再依据票据关系起诉长征公司对案涉款项承担连带责任已无法律和事实依据。

---

[1] 重庆市高级人民法院（2020）渝民终398号民事判决书。

3. 电子商业汇票可否直接进行线下追索分歧较大

电子商业汇票一般通过票据系统提示付款,在提示付款被拒绝后,通过票据系统进行追索,即线上追索。那么,持票人可否直接起诉进行线下追索?实践中对此存在较大分歧。湖北省荆州市中级人民法院(2022)鄂10民终2255号判决的福建省中马(武汉)建设工程有限公司新洲分公司、任丘市坤泰玻璃纤维布厂等票据追索权纠纷案中,法院认为,电子商业汇票的出票、承兑、背书、保证、提示付款和追索等业务,必须通过电子商业汇票系统办理。因此,追索等业务必须通过电票系统办理。若持票人进行线下追索,将客观上无法向清偿人交付票据,导致被追索人丧失再追索权。广东省深圳市中级人民法院(2021)粤03民终2348号民事判决审理的浙商银行股份有限公司深圳分行与广东省深圳市沃特玛电池有限公司等票据追索权纠纷案中,法院认为,电子商业汇票的追索必须在法定期限内按照法定方式通过电子商业汇票系统办理,持票人以向被追索人发函或径行起诉的方式要求被追索人承担票据责任,人民法院不予支持。但在上海金融法院审理的上海际华物流有限公司与重庆宝亚金融服务有限公司票据追索权纠纷案中,法院认为线上追索并非票据法规定的行使追索权的必备要件,未在系统中进行线上追索,不影响直接在线下追索。

4. 被代理人是否需要显名存在不同认识

代持票据是当前电子票据资产证券化业务中出现的典型问题。基于规避行业监管和电子票据系统操作的限制,实践中出现大量电子票据"代持"现象,即在票据系统中显示的与他人达成协议,约定票载权利人仅是代理他人接受票据背书,委托方是实质权利人。在此情形下,委托方能否据此享有票据权利存在争议。

在瑞高商业保理(上海)有限公司(简称"瑞高公司")与西藏东方财富证券股份有限公司(简称"东方财富公司")等票据追索权纠纷上诉案中,因购买铜精矿和粗铜,正信公司作为出票人和承兑人向和源公司开具电子商业承兑汇票一张,收款人为和源公司,后和源公司将票据背书转让给瑞高公司,瑞高公司又将票据质押给东方财富公司,东方财富公司委托中信银行从事票据服务,于是中信银行在该票据质权人处签章,无东方财富公司的签章。中信银行上海分行就系争汇票进行提示付款遭拒付,拒付理由记载为"商业承兑汇票承兑人账户余额不足",该系统中显示系争汇票目前的状态为

"拒付追索待清偿"。后东方财富公司起诉,要求行使对正信公司、和源公司、瑞高公司的追索权,一审法院支持了东方财富公司的诉讼请求。但是二审法院认为,系争汇票背书显示出质人为瑞高公司,质权人为中信银行上海分行,并无东方财富公司的相关记载,东方财富公司并非系争汇票权利人。票据当事人可以委托其代理人在票据上签章,并应当在票据上表明其代理关系。系争汇票并未载明中信银行上海分行为东方财富公司的代理人[1],于是撤销了一审判决,驳回了东方财富公司的请求。

5. 到期日提示付款后,票据系统显示"提示付款待签收"是否构成拒付

由于《票据法》与电子票据系统实际情形不对应,对票据追索权行使的问题,司法实践中分歧较大,同案不同判情形较多。例如,在"宝塔案"系列票据纠纷案中,涉及大量纠纷,截至2020年8月底,宝塔石化集团应付票据为171亿元[2],宝塔石化集团在其承兑的电子票据到期后,既没有付款,也未在ECDS系统中点击拒付,多家银行等金融机构和众多持票人被卷入其中,多家持票人对宝塔石化集团发起了追索权诉讼。"宝塔案"拒付票据有一个显著特征就是几乎所有的票据状态均显示为"提示付款待签收"。票据的提示付款包括发送和签收两个步骤,企业集团财务公司票据不能兑付事件出现后,其银行承兑汇票开户行(电子汇票接入机构)商业银行通常会关闭其代理接入的电子商业汇票系统,当地金融监管机构也会暂停银行承兑票据业务。因此,票据到期后,提示付款根本无法送达承兑人的电子票据系统终端,结果必然显示为"提示付款待签收"状态,客观上根本就无法签收。司法实践中对提示付款后系统显示"待签收",是否行使了票据的付款请求权一度存在较大争议,在处理"宝塔案"的纠纷中存在不同做法。在大冶华新公司与宝塔财务公司等票据纠纷案中,2017年12月20日,宁夏宁武大古公司作为出票人向宁夏宝塔能源公司签发电子票据,汇票到期日为2018年6月20日,承兑人为宝塔财务公司。同日,宝塔能源公司将该汇票背书给上海妃律公司,后该公司将该汇票背书给湖北健强公司,该公司再将该汇票背书给华新水泥

---

〔1〕 上海市高级人民法院(2018)沪民终241号民事判决书。
〔2〕 参见《21说案:宝塔石化集团票据诈骗案开庭 未兑付票据金额171亿元》,载 https://m.21jingji.com/article/20200826/herald/6fb47b98dbd2174ee0d00df0aba1a5a9.html,最后访问日期:2022年12月16日。

鄂州公司。华新水泥鄂州公司于 2017 年 12 月 28 日将汇票背书转让给大冶华新公司用以支付货款。2018 年 6 月 7 日和 7 月 4 日，大冶华新公司通过电子商业汇票系统向大古公司、宝塔能源公司、宝塔财务公司提示付款。7 月 2 日，大冶华新公司向宝塔财务公司发出书面《催款函》，请求宝塔财务公司在同年 7 月 16 日前承兑票金。7 月 18 日，电子商业汇票系统中显示，票据状态为：提示付款待签收。而后大冶华新公司因所持汇票未及时获得付款，故以其前手宝塔财务公司为被告向鄂州市华容区人民法院提起电子票据追索权诉讼。法院认为提示付款权利人在汇票系统中向付款人发出付款提示，付款人系统中出现票据状态为"提示付款待签收"时，即已经行使了票据付款请求权，可以行使追索权，也有法院认为提示付款待签收不足以证明拒绝付款，持票人应提供拒绝证明才可行使追索权。"宝塔案"之后，主流的裁判观点认为，承兑人不予签收，系统显示"提示付款待签收"已构成拒付。

6. 票据纠纷线上与线下环节存在规则适用"两张皮"现象

随着票据市场进入纸票与电子票据融合的阶段，纸票电子化之后票据使用流转存在线上和线下操作的不同环节，而因线上与线下规则不统一导致了实践争议的出现。票据市场参与者加入票交所，受《票据交易主协议》约束，同时为保证交易安全或实现线下清算等目的，签订线下双边转贴现协议，而往往线下协议遵循的是《票据法》的规定，而因线上的《票据交易主协议》以及《上海票据交易所票据交易规则》与《票据法》在票据追索方面存在不一致的规定，导致票据追索问题产生法律适用的争议。

第二章 Chapter 2
电子化背景下票据法理论面临的挑战及更新

第一节　数据控制的持票方式对票据权利取得理论的冲击

一、传统票据法理论的构建基础

（一）传统票据法理论的载体基础

到目前为止，世界各国票据法的理论与制度都是以纸质票据为载体确立的，我国现行《票据法》同样是以纸质票据作为制度构建的基础。首先，从票据的起源及发展历程上看，世界各国所发展的票据虽在具体制度设计和内涵边界上存在差异，但均以纸质证券为票据权利的载体[1]，票据的权利载体就是纸质票据本身。无论是票据的票面形式、签名、票据的当事人、票据的持有以及各种票据行为都是在纸质票据的基础上规定的。《票据法》上对于票据票面形式的要求仅针对纸质票据而言，票据是有价证券，就物质言，证券即纸张[2]。作为表征票据权利义务必备程序的"签章"，即票据行为人通过签字、盖章或者摁手印的方式将自己的名字表现在票据上的行为，也指向纸质票据而非其他形式。所谓票据意义上的"持票"，意味着对纸质票据的持有，即现实占有纸质票据。票据权利的取得与行使、法律所调整的票据关系和票据权利义务内容都体现在纸质票据这一载体上，而非其他任何载体，可谓纸质载体乃传统票据法之立法基础。

（二）纸质载体下票据权利取得与行使的理论

如前所述，传统票据的载体是纸质票据，传统票据法中持票的涵义为对

---

[1] 参见何勤华等：《法律名词的起源》（下），北京大学出版社2009年版，第794~798页。
[2] 参见曾世雄等：《票据法论》，中国人民大学出版社2002年版，第10页。

纸质票据的持有，即对纸质票据在事实上的有形占有及物理控制。纸质票据是由出票人对票据进行签发，持票人直接接受纸质票据并对纸质票据进行持有，票据权利义务关系的产生与消灭都是直接通过纸质票据在各当事人间的物质上的占有转移来实现的，票据流通的过程直接反映为纸质票据的传递过程。虽然各个国家和地区的票据形式和管理制度不尽相同，但却有着基本一致的法律理念，即建立在有价证券法律属性的基础上，票据属于有价证券的一种[1]，而有价证券是一种表示民事权利的证券，权利的发生、移转和行使，原则上以持有证券为必要[2]。有价证券的实质是物权或债权的证券化，将抽象的权利记载于证券纸面上，通过证券占有变动来实现物所表彰的权利转移[3]。票据作为一种完全有价证券，是证券与权利的结合体，票据作为设权证券，票据权利是一种证券化权利，票据权利体现在票据上，票据权利与票据不可分离。获得票据权利以持有票据为必要，主张票据权利时须提示票据，转移票据权利时须交付票据，实现票据权利后须收回票据，离开票据原则上无从取得和行使票据权利。

(三)"持票"及持票人概念的基础地位

持票的概念在票据法理论中具有基础地位。我国《票据法》整体上采用日内瓦票据法体系，《统一汇票和本票法公约》的逻辑体系是依据票据行为建立而成的。现行《票据法》多处使用"持票人"之概念，《票据法》中的"持票"之涵义可以理解为对有价证券这种纸质票据的持有，即对纸质票据在事实上的有形占有及物理控制。总的来说，我国现行票据法中的"持票人"更偏向于一个事实概念，即事实上持有票据之人，至于持票人能否最终依据所持票据获得对应的票据权利，还要根据其他要件进行判断。与日内瓦公约体系不同，在英国法中，并非任何实际持有票据的人都是法律意义上的持票人。票据法意义上的持票人是拥有票据的收款人或被背书人或拥有来人票据的票据持有人。持票人有权凭该票据以自己的名义起诉，成为持票人是拥有完整票据权利的必要条件，但持票人并不一定是票据的真正所有人，当持票

---

[1] 参见杨继:《"票据"概念再探》，载《比较法研究》2007年第4期。
[2] 参见谢怀栻:《票据法概论（增订版）》，法律出版社2006年版，第4页。
[3] 参见郭鹏:《电子商务环境下的权利证券化——以电子提单为视角》，载《武汉大学学报（哲学社会科学版）》2013年第4期。

人与票据真正所有人不一致时，真正所有人有权要求返还票据[1]。对价持票人是本人对汇票付过对价的持票人或某一前手持票人付过对价的持票人，对价持票人拥有持票人可以享有的一切权利。对价持票人自己未向其直接前手支付对价的，不能向其直接前手主张权利，但可以向其他取得对价的前手主张权利，对价持票人受前手转让人权利缺陷的约束。正当持票人是对价持票人的一种特殊类型，是针对票据流通中取得票据的一方当事人而言的，构成正当持票人的要件是：首先必须是持票人；其次票据记载事项必须是完全的，票据上没有载明"不可转让"等字样，取得票据时没有超过到期日；持票人自己向转让给他票据的前手支付了对价；如果转让给他票据的前手权利有缺陷，持票人对此在主观上是善意的，即对前手权利的缺陷不知情。正当持票人对票据具有完全的无可争议的权利，不受任何前手权利缺陷的约束[2]。《美国统一商法典》同样规定了持票人、正当持票人的概念、权利、构成要件，与英国法关于正当持票人的含义、构成要件大致相同[3]。

二、权利与证券不可分理论面临的挑战与更新

（一）票据权利与证券不可分理论

票据权利取得理论以有价证券权利理论为基础，其结果是权利证券化，证券是一种特定的纸质文件，权利取得的一般情形是对纸质文件的持有，称为持票。基于有价证券的法律属性，在以纸质票据为载体的传统票据法理论中，票据权利取得与行使的基本理论是权利与证券原则上不分离理论。持票虽不当然获得票据权利，但持票是获得票据权利的前提条件[4]。在通常情况下，票据权利的取得以持有证券为必要条件：无记名票据，推定持票人为票据权利人；记名票据，若票据未经转让，推定票据上记载的收款人为权利人，票据经过转让，推定持有连续背书的票据持票人为票据权利人。只有在例外情形下，票据与权利才可以分离，即票据丧失时的公示催告及除权判决。公示催告是大陆法系国家在民事诉讼程序与票据法中规定的失票救济方式，

---

[1] 参见江徐来、吕来明：《英国法中的票据权利》，载《法制日报》2002年11月21日。
[2] 参见吕来明：《票据法学》，北京大学出版社2017年版，第64~65页。
[3] 参见李兵巍：《中美票据权利人类型划分规则差异化研究》，载《学术交流》2015年第2期。
[4] 参见徐吉伟：《试论票据权利的丧失与补救》，载《时代金融》2014年第36期。

基于有价证券权利和证券原则上不得分离的原则，持票人丧失票据后因未持有票据，失票人在恢复票据占有之前，无法行使票据权利，公示催告程序可以为失票人提供一定补救[1]，只有通过特定的司法程序，法院判决权利与证券相分离时，才可以行使票据权利。

（二）权利与证券不可分理论面临的挑战

电子票据则依赖于计算机技术，电子票据是由使用人通过在接入电子商务汇票系统的网上银行向计算机终端进行信息的读取与录入，从而完成各项操作，借助计算机将经过电子商务汇票处理的票据信息在各方当事人之间进行传递。此种情况下，电子票面脱离纸介质而存在于电子介质之中，电子信息完全取代传统票据，实现了无纸化，电子票据的权利载体为各方当事人所收到的数据电文信息。票据所代表的权利义务变化全部体现为电子信息的传递，对账户或票据的控制代表拥有了账户记载、票据记载的财产权，对电子记录控制、修改的权利即对应了占有和处分财产的权能，也即代表了对具体资产的控制和管理[2]。从纸质票据的"持票"到电子票据的"数据控制"，严格意义上的证券实质上已经不复存在，当事人无法通过物理上占有型的纸质文件彰显其票据权利，票据权利的行使须通过系统来实现，系统并非证券，因此权利与证券不可分离的理论事实上无法应用于电子票据场景，电子票据权利取得与行使时权利与系统不可分离，而非权利与证券不可分离。此外，由于特定纸质文件的唯一性，一个人在物理上持有一张票据，其他人就不可能持有，持票人对纸质票据的持有是一种支配性的物理控制，持有票据后无需借助他人的行为即可在外观上显示其占有状态并且出示，因此可依次从持有票据的外观上推定票据权利的归属，权利与证券不可分具有现实基础。而在电子化背景下，权利人行使权利并非完全可以自身控制，而是同时受系统运营者控制，需要系统运营者实施相应的行为才能够取得或行使票据权利，因而持票人对电子票据的支配控制是不完全的，即使把数据电文解释为电子证券，则由于持票人的不完全控制地位，权利与证券事实上存在某种程度的分离，或者说证券已然由多个主体共同控制，无所谓权利与证券不分离的问题。

---

[1] 参见邢海宝：《票据公示催告的限缩与转向》，载《法学》2018年第5期。
[2] 参见郑佳宁：《数字财产权论纲》，载《东方法学》2022年第2期。

（三）权利与证券不可分理论的更新

基于电子化背景下带来的挑战，传统票据法理论中基于有价证券属性形成的权利与不可分理论需要在以下几个方面进行更新。第一，有价证券范围及要件的更新。票据权利是权利证券化的体现。为了发挥权利证券化的优势，电子票据权利的属性依然应定位为证券化权利，鉴于持有证券改变为数据控制，有必要对证券以及有价证券的理论予以更新，将证券的纸质载体要件扩展到数字形式，证券载体从依赖于纸质材料扩展到依赖于数字记录系统，权利证券化的涵义不仅表现为权利与纸质凭证结合，同时也包括权利数字化，即权利与特定的数字信息形式相结合。第二，权利与证券的融合向权利与网络系统不可分转变。考虑到权利的取得与行使过程与当事人对数据的控制相关，而非与有形证券不可分离，而数据控制的实现以网络系统服务的提供为条件，因此，电子票据中权利的取得理论应从权利与证券的不可分理论向权利与网络系统不可分理论转变，以进入法定网络系统并取得对数据信息的控制作为票据权利取得的要件，以相应指令的发送作为行使权利的方式，以网络系统中账户密钥及认证证书的转移作为票据权利转让的条件。第三，持票涵义的更新。电子票据中的"持票"为票据当事人对数据电文的控制。我国《电子签名法》第2条第2款将数据电文规定为"以电子、光学、磁或者类似手段生成、发送、接收或者储存的信息"。以电子票据的背书行为为例，背书人进行背书行为，首先要通过接入银行向收款人发出转让申请，此申请信息通过电子商业汇票系统的一系列处理和确认后，将提示收款信息入库，此后，电子商业汇票系统会向收款人的接入银行发出通知，收款人接入点收到通知，此时，当事人可选择接受或拒绝申请人的背书行为，即拥有了对电子票据的处分权，被背书人通过电子签章控制了该数据电文，也就实现了对电子票据在权利状态上的"持有"。据此，电子票据的"持票"就是票据当事人对数据电文的控制。民法上的占有是指对动产或不动产事实上的控制与支配，[1]显然，对于数据电文的控制很难说是传统意义上的占有，传统票据法中的"持票"之概念并不能很好地涵盖对数据电文的控制，传统票据法中的"持票"是对有形物实际占有的概念，从字面涵义上已无法准确涵盖电子票据的场合。尽管出于习惯以及法律概念连续性的考虑。可以把相关的权利主体仍称为持票

---

[1] 参见黄薇主编：《中华人民共和国民法典释义》（上），法律出版社2020年版，第873页。

人，掌握票据系统相应账户密码、取得对数字化票据信息控制的状态仍称为"持票"，但是此种意义下的持票与前文所述纸质票据载体下的持票所指的具体事实已然不同，因而，应当对传统票据法理论中持票的涵义进行扩张解释或类型化解释。持票不仅指实际占有纸质票据，而且包括能够通过票据系统控制支配代表一定票据权利的相关数据。第四，票据权利行使方式的理论更新。纸质票据权利行使方式是持票人向债务人提示票据，提示即为提交出示的意思。结合电子票据持票人行使票据权利通过网络系统进行的特点，票据权利行使方式的理论，应由提示票据的相关理论向网络系统发送指令的理论转变，明确持票人行使票据权利应通过在法定系统中发送相关指令的方式进行。

三、票据要式性理论面临的问题及变化

（一）票据要式性理论

为了防止票据款式混乱对流通产生的阻碍，各国法律均规定票据为要式证券。票据作为要式证券，在票据形式上坚持"严格法定主义"。在做成证券时必须严格遵守关于记载事项的法定性规定，既不能在法律规定以外任意增加记载内容，也不能任意减少法律所规定的记载内容[1]。票据的作成，必须依照法律规定的方式进行，才能发生作为票据的效力，换言之，只有依法定方式作成的票据，才能成为有效票据，否则即为无效票据或者根本不构成票据[2]，各国票据立法均有对票据要式性的体现。在我国表现为法律通过对票据印刷格式、记载事项的填写等外在形式上的强制性规定，便利人们审查票据的形式内容，避免当事人误解票据记载内容而影响其权利的取得与行使。票据要式性包括票据和票据行为两个层面，其一，票据用纸应当根据法定的统一格式制成。其二，票据上记载事项须符合法定的形式和条款。票据作为证券，其本身是一种书面法律文书，各种票据行为也必须在此书面及其特定位置上为之。例如，我国《票据法》规定承兑必须在书面票据的正面予以记载，而背书行为则须记载于票据的背面或粘单上。

---

[1] 参见刘甲一：《票据法新论》，台湾五南图书出版公司 1978 年版，第 31 页。

[2] 参见梁宇贤：《票据法实例解说》，中国人民大学出版社 2004 年版，第 9 页。

（二）要式性理论面临的挑战

在电子化的场景下，票据的要式性理论面临一定挑战。一是有价证券要式性要求是一种形式方面的要求，因而应以在固定的载体上体现并在外观上直观能够观察到为适用前提，而在电子化的背景下，当事人发送的数据电文存在于网络系统之中，并非一种有形的载体，不存在固定有形的凭证，其载体无法直观观察，载体的要式性要求无法体现，不存在因凭证本身真伪或错误而影响票据效力和票据权利取得的问题。二是要式性要求的另一方面是记载内容与格式，在电子票据中，"记载"表现为在系统中输入相关信息，尽管持票人出票时在系统中输入的信息内容也有法定要求，比如按照票据法的规定输入出票信息，但出票人输入信息时并非"固定"在某个位置，出票人在接入机构系统页面相应位置上输入后，接入机构转换成相应的报文，向电子票据系统发送，在此过程中，相关信息的格式发生了变化。因此，要式性要求的输入内容虽然可以与纸票相同，但记载位置的要求无法始终固定，票据要式性的理论不能完全适用于电子票据。至于系统信息接收方在电脑页面终端看到转换成类似于纸票的显示样式，不属于电子票据载体。

（三）要式性理论的更新

基于票据要式性理论面临适用场景发生变化的问题，有必要在以下几个方面予以更新，以适应票据电子化时代的需求。第一，数据电文格式取代凭证格式的要式性。电子票据的信息表现形式是票据行为人在系统中录入的信息转为数据电文的形式发送在票据系统中，考虑到电子票据使用流通的规范性和系统处理信息的效率保障，仍应当坚持票据的要式性要求，只是要式性要求的内涵发生变化，由统一的纸质凭证格式转变为统一的数据电文报文格式。第二，真实凭证的要式性要求不复存在。有价证券要式性理论的内容之一是要求证券凭证格式符合法定格式，当法律对凭证格式的印制有限制或指定途径时，法定格式的要求同时包括对凭证格式真实性的要求，仿冒法定印制渠道而制作的证券，属于不符合要式性要求的证券。《票据法》规定票据的格式和印制，由中国人民银行规定，因此票据的要式性要求包括票据凭证格式真实性的要求，在规定途径之外，假冒仿照法定凭证格式印制的票据，属于无效的票据[1]。由于电子票据权利的确认和付款提示只能通过票据系统进

---

[1] 参见王艳梅：《票据效力确认的起源、原则与外在表达》，载《当代法学》2012年第6期。

行，因此只有通过法定票据系统按照一定要求发送的数据电文才能生成电子票据，因而不可能像纸质票据那样存在复制、仿冒虚假凭证票证格式的问题，票据要式性要求中使用真实凭证要求的内容失去了应用的基础，因此电子票据的要式性应当仅指票据系统中数据电文格式的要求和输入事项的要求，不涉及凭证格式的真实性。第三，记载位置的要式性要求转变为系统技术的要求，并非对当事人的要求。电子票据相应票据行为实施过程中，当事人录入相关信息发送到票据系统过程中，不存在位置要求，电脑终端录入的信息也并非"记载"于相应位置，信息录入后传送到票据系统后生成数据电文，因此数据电文的编排格式及内容的位置由系统自动生成，而非票据行为人所能控制，如果说发送的数据电文报文可以视为电子票据的记载事项，则当事人发送的数据电文报文在系统中如何编排是系统运行的结果，记载事项位置的要式性要求体现为系统设计的技术要求，而非票据行为人的义务，这将改变风险和责任承担规则。第四，要式性要求的严格性程度应当减弱。由于电子票据的要式性要求内容发生变化，且需通过票据系统来实现，数据电文的格式以及平面文件展现转换技术和转换后的显示样式，都依赖于票据系统的技术设计，因而电子票据的要式性最终落实在票据系统设计的要求上。要式性要求的目的是防止假冒和统一标准提高效率，而随着技术的进步，防止假冒和提高效率的目标可以通过系统优化实现，并不完全依赖于当事人行为的要式性要求，并且系统设计优化不断进行，当事人行为的操作要求也相应不断调整，因而电子票据要式性要求的严格程度应当减弱，以适应票据系统不断优化的需求。

四、票据权利外观主义理论面临的问题及更新

（一）商法中的外观主义理论在票据法中的体现

外观主义理论起源于19世纪初，由德国学者创立，后逐渐被广泛应用于商事规则建构中，并在商事裁判中发挥着重要作用，其内涵可概括为赋予交易中外在表现形式某种法律后果，而不追究客观真实状况。即使法律事实与真实状态不一致，在符合外观主义构成要件的前提下，亦将法律事实所显示的状态视为真实状态，以此来评估该法律行为的法律后果，以保障交易相对人对于外观事实的信赖[1]。外观主义在票据法中的极端体现是票据的文义

---

[1] 参见李延书：《论外观主义的理论基础与适用分析》，载《文化学刊》2021年第3期。

性，拥有票据权利的外观以持有票据和文字记载体现，票据行为的效力认定及法律后果只能基于票据文义记载确定。此外票据权利的转让以转移占有票据实物为条件，票据权利的变动时间并非以意思表示发生时间或其他时间为准，而是以转移占有时为准，此外，持有票据的事实与票据文字记载内容反映的权利状态不能相互冲突，在外观上自相矛盾。例如记名票据应以背书转让，记名票据直接交付转让时，票据记载的收款人属于权利人，收款人与持票人不属于同一人时，持票人不具有取得票据权利的外观要件。

（二）外观主义理论在票据领域适用场景的变化

在电子票据或者转化为电子票据的纸质票据中，由于持有票据是依赖于系统展示，持有的方式是持票人自身可以在系统中打开相应页面进行观察或处理相关信息，而实现这一操作的前提是掌握相关系统账户电子签名密钥。这一方式与占有票据实物在外观上的区别在于脱离系统后无法进行对外展示，反过来系统可以设置更为直观便捷的对外展示方式，即票据权属登记。而票据权属记载时间与系统中控制权的转让时间可能并不同步，此外，无需实物交割也可在系统中划转票据权利进行过户，票据权利外观往往通过过户和权属登记体现，具有股票电子化类似的特征，权属登记的内容和票据记载的权利主体也可能发生不一致的情形。与此相关，票据权利善意取得的适用要件的相关理论也面临调整。票据权利善意取得制度解决的是原票据权利人与最后持票人之间的权利冲突问题，是对处于票据流转不同环节的当事人之间利益冲突的平衡与调整。票据权利善意取得的适用除了要求受让人对转让人为无权利人不知情这一善意的要件外，还要求受让人按照票据法规定的转让方式取得票据。对于记名票据而言，转让方必须在形式上是合法持票人，即转让方必须持有连续背书票据，如果转让方持有不连续背书，则转让方在形式上并不能证明其权利的合法性[1]。在此情况下，受让方仍受让票据，不能构成善意取得。在电子票据中，持票人基于欺诈、胁迫从他人受让票据后再行转让的情形仍有可能发生，善意取得制度仍有适用空间，但受让人对转让人权利外观的信赖途径发生了改变。

（三）电子票据权利外观理论更新

基于票据权利外观的基础发生改变，电子票据权利外观理论面临以下的

---

[1] 参见吕来明：《票据权利善意取得的适用》，载《法学研究》1998年第5期。

更新。一是享有票据权利的外观事实由持票向控制系统账户密码或进行权属登记转变。电子票据不存在纸质实物，当事人通过在系统中注册的账户、登录密码和电子签名认证密钥体现其身份和相应的权利，控制相应账户及密码、电子签名的人，推定为有权实施相关票据行为或享有票据权利的人。此外，票据系统进行的权属登记也具有票据权利的外观，权属登记中登记的票据权利人，推定为票据权利人[1]。新的权利外观理论对于票据权利取得中相对人的审查义务具有指导意义，按照新的权利外观理论，相对人无需另行对其持票的合法性和身份真实性承担审查义务。二是信赖关系的转变。在电子票据中，只有通过票据系统注册的用户并且符合票据系统技术规范和操作程序要求的行为，才有可能在系统中实施票据行为，尽管系统不对信息的真实性进行审核，但操作的形式要求由系统确定，因而票据签发转让中形式要件上的信赖关系由持票人对票据书面事项审查的信赖向对票据系统审查的信赖转变，通过票据系统进行的票据转让，转让形式是否符合票据法的规定，由系统加以控制和约束，受让方的信赖来源于系统显示的转让方权利状态，无需审查背书连续性。

第二节　技术应用对票据行为理论的挑战与更新

一、票据行为实施环节的变化对票据行为属性认定的影响

（一）传统票据法理论中票据行为的属性

票据关系产生、变更的直接依据通常是由当事人以一定的形式在票据上所实施的法律行为，这种行为称为票据行为。比如在票据上记载相应事项签字开出票据、在票据上签字转让票据、在票据上签字对票据承兑等。广义的票据行为是依照票据法规定的形式要件加以实施，旨在产生、变更、消灭票据关系的法律行为。票据行为作为一种法律行为，预期所要创设、变更或消灭的权利义务是票据关系，即票据权利义务。对于票据行为属于何种法律行

---

[1] 参见朱冰杰：《一文读懂票交所》，载 https://www.sohu.com/a/407562073_270543，最后访问日期：2022年12月21日。

为，一种是契约行为说，认为票据本身就是契约[1]。另一种是单方行为说，认为票据行为是一种单方法律行为，当行为人在票据上签章时，对于不特定的持票人都是意思表示，持票人无需进行另外的承诺[2]。大陆法系国家的票据法理论，主流学说认为票据行为是单方行为，德国学者 Jacobi 曾提出票据上的债权债务依交付成立，只要在票据外观上有行为人签章，就具有可归责性，签章人应当承担票据责任[3]。日本票据法理论中较晚出现了二阶段说，该学说把票据行为分为票据债务负担行为和票据权利移转行为。票据债务负担行为是因票据的做成而成立的无因行为，票据权利的移转行为是通过票据交付而成立的行为，是以转让结合在票据上的权利为目的的有因行为[4]。英美法系票据法理论主流学说是契约行为说[5]，我国票据法理论中的通说是单方行为说[6]。

(二) 单方行为说在电子票据行为中面临的问题

票据行为是按照票据法规定的形式要求实施的法律行为，例如，必须使用统一规定的票据格式凭证，必须按法定要求记载某些事项等。狭义的票据行为是指当事人一方实施的，以承担票据义务为目的的法律行为。纸质票据中的票据行为，记载内容由行为人单方决定，并且只要按照法定要求记载了相关事项，票据行为人即以其签章和记载的内容承担票据责任。未交付之前，尽管记载了相关事项，票据行为尚未完成，但记载事项本身的效力，无需他人确认。比如，出票人记载相关事项之后，有效的票据就产生，只要完成交付，行为人即应承担责任，有些情形下，未发生交付行为而票据被他人持有的，也依然有可能依记载事项承担责任。

---

[1] 参见沈达明编著：《美国银行业务法》，对外经贸大学出版社1995年版，第3页。

[2] 参见刘甲一：《票据法新论》，台湾五南图书出版公司1978年版，第121页。

[3] Ernst Jacobi, *Wechsel-und Scheckrecht*, de Gruyter, 1956, pp. 41-143.

[4] 参见贾海洋：《日本票据行为二阶段说释评与重构》，载《国家检察官学院学报》2012年第1期。

[5] 参见 Richard E. Speidel, Steve H. Nickles, *Negotiable Instruments and Check Collection*, West Publishing Co., 4th ed, 1991, p. 17. [美]詹姆斯·布鲁克：《支付系统：案例与解析（影印系列）》，中信出版社2003年版。

[6] 参见谢怀栻：《票据法概论（增订版）》，法律出版社2006年版，第23页；王小能主编：《中国票据法律制度研究》，北京大学出版社1999年版，第40页；董安生主编：《票据法》，中国人民大学出版社2000年版，第53页；吕来明：《票据法学》，北京大学出版社2017年版，第165页。

但在电子票据中，票据行为的实施方式发生了较大变化，行为人直接在系统中输入相关信息并不能直接形成有效的票据行为，票据行为的实施需要经过行为人在系统中传输相关信息和相对方在系统中通过数据电文予以接收确认，才能形成有效的票据行为。票据行为的实施方式由单方记载相关事项转化为数据信息传输中的发送与相对方的确认，存在两个不同环节的意思表示，因此，票据行为属性的单方行为说理论受到挑战。

(三) 电子票据中票据行为属性理论的调整

在电子票据行为的场景下，单方行为说确实面临如何解释两个环节意思表示完成之后票据行为才完成的难题，因而票据行为属性认定的单方行为说理论需要调整和更新。由于当事人实施票据活动的基础关系往往是双方法律行为，单方行为说的立足点是在票据行为实施载体上，并不存在相对方的意思表示，因而具有一定的合理性。但是，在电子票据系统中，双方的意思表示均完成并经系统确认后，一个票据行为才结束。因而，票据行为双方法律行为说更能符合我国电子票据实践。理由是：第一，仅有信息的发出并不能产生票据行为生效的后果。对于票据行为信息发出的性质，有观点认为，可以把行为人发出的申请指令视为一种要约，该要约到达相应的系统时生效。若该系统拒绝该请求，则该行为不成立[1]。在纸票中票据行为人记载相关事项时，尽管未交付时票据行为未完成，但是即使是无意思表示情形下票据脱离实施该票据行为的人占有，其他人持有票据，也产生票据有效或相关票据行为独立性的效果。而在电子票据领域，发起实施票据行为的一方进行的信息发送在特定网络系统中运行，其对象是特定的，其他人无法接收到，不会出现行为人无意思表示情形下票据被他人"占有"的情形。因而如果没有系统中指定的对象进行回复，就不可能创设有效票据，无法进行到下一环节，也就不会产生若干个票据行为独立生效的后果。仅有信息发出行为，不会产生票据行为生效的效力。

第二，票据行为信息的发出不是直接向信息接收方作出，票据信息的回复也不是直接向信息发出人作出，也要向电子票据系统作出，并经其检查通过。只有检查通过，才产生相应的法律后果。因此，电子商业汇票领域，对票据信息的回复类似一种承诺行为。如果没有回复，单方的信息发出没有法

---

[1] 参见李蓓:《电子商业汇票法律问题研究》，北京工商大学2012年硕士学位论文。

律意义,不产生票据关系的约束力。当然,这种"承诺"也是以电子票据系统的检查通过为生效要件,当信息的回复通过电子票据系统的检查并完成票据状态变更时,承诺生效,票据权利义务发生转移;若该信息的回复没有检查通过,则承诺不成立和生效,此时票据回到最初始的状态,票据权利义务不发生转移。

二、信息传输替代实物占有对票据交付理论的影响

(一)民法理论中交付的涵义及性质

民法理论中,交付作为具有法律意义的术语适用于动产转让的场合,动产所有权让与中的交付,是指出卖人对于标的物的占有转移。作为占有的移转的交付,也就是对于标的物事实上的管领支配的变更,即由出让人将标的物移交于受让人,使得其对该标的物实施管领、支配。交付类型中为主要形态的现实交付是转让方放弃对动产事实上的支配管领力,并直接为受让人建立对物的事实上管领力,现实交付系由占有物的交付而形成占有的让与,于此情形下,让与人自己保有的物的支配权已由外形上移转给受让人。除现实交付外,民法中还有观念交付,主要包括简易交付、占有改定、指示交付等。在有价证券的交付中,与动产作相同的对待,也就是以交付为这些权利变动的要件[1]。

(二)传统票据法理论中的交付

票据法理论中交付的涵义与纸质票据法意义上的交付是指票据行为人基于其意志将票据交付持票人占有的行为。主流票据法理论认为,交付是票据行为的生效要件之一。票据法理论中通说认为票据行为的生效要件包括形式要件与实质要件。对于交付的性质认定有两种意见,一是认定为票据行为的形式要件[2],另一种意见认为,交付是与实质要件、形式要件并列的第三类要件[3]。我们赞同第三类要件说,因为形式要件是固定在某一物质载体上,人们从外观上可以观察到的要素。不论何人,只要看到相应的载体就能得知

---

[1] 参见陈华彬:《论动产所有权让与中的交付》,载《比较法研究》2021年第2期。

[2] 参见范健主编:《商法》,高等教育出版社2000年版,第197页;参见刘家琛主编:《票据法原理与法律适用》,人民法院出版社1996年版,第70页。

[3] 参见施文森:《票据法新论》,台湾三民书局1986年版,第29页。

该要件的状态。而票据的交付是基于当事人的意志转移占有的行为,该行为无法体现在票据券面上,他人从外观上无法直接认定持票人取得票据时是否有交付行为的存在,因此交付在性质上并非形式要件,也非实质要件,而是票据行为的一种独立的要件,因此欠缺交付的后果,不能与欠缺形式要件的后果相等同。

(三) 票据交付样态变化与理论更新

电子票据中,票据行为的实施方式发生了改变。纸质票据中票据行为生效的两个环节包括完成记载事项和交付。电子票据中,票据行为人通过在票据系统中发送传输信息的方式体现创设、变更票据关系,承担票据义务的意思表示,因此,电子票据无法或不存在像纸质票据那样转移占有的交付行为。在票据的签发、转让中,信息传输发送后未经对方确认并不生效,而经过对方确认同时也就使相关数据控制的权利转移,因而数据传输和确认既是实施票据行为中"记载"相关事项的方式,也是交付的方式,实质上无法严格区分为两个环节。因此,传统票据行为理论中有关交付内涵需要更新。一是传统理论中作为交付要件的占有转移,在电子票据中不复存在,转移占有不再是交付的构成要件。二是赋予交付新的涵义,交付包括两种内涵,纸质票据的交付为票据实物的转移占有,电子票据的交付为系统中特定票据账户中所控制的数据信息的转移,票据行为人通过系统向另一方发送包含其电子签名的票据信息和承担相应票据义务的数据电文,另一方依据其密钥在系统中接收上述信息后,票据账户中所控制的相关数据发生转移和变动,简单言之,交付即为代表票据权利的相关信息控制权的转移。三是由于交付的形式为特定主体之间的数据传输,如果比照民法中交付类型的话,此种交付属于现实交付。观念交付中的简易交付、占有改定、指示交付等,均不适用于电子票据行为的交付。

三、人工控制转变为技术控制导致对票据行为独立性的影响

(一) 票据行为独立性理论

按照票据法的一般理论,票据行为具有以下特征:一是要式性,即票据行为必须具备法律规定的形式要件,否则不发生效力。二是无因性,票据行为的无因性与票据的无因性涵义相同,即票据行为的效力与原因关系或资金关系的效力原则上相互分离,彼此独立。三是文义性,是指票据行为的内容

完全以票据上的文字记载为准，即使文字记载与实际情形不一致，仍以文字记载的内容确定其效力，不允许当事人以票据上文字记载以外的证据推翻文字记载的内容。四是票据行为的独立性，是指票据上存在若干票据行为时，各个票据行为原则上均依其票据所记载的文义，分别独立发生效力，其中一个无效，不影响其他行为的效力。票据行为的独立性原则使当事人无需考虑票据上其他票据行为对自己票据行为效力的影响，各个当事人票据权利分离保护，更有力地保障了交易安全。前面已经分析了电子票据使用中对票据要式性理论的影响及其更新，这里分析由于技术性特征所决定的对于票据行为独立性理论的影响。

（二）电子票据的技术性特征对票据行为独立性适用的影响

随着科技水平的不断提高，金融科技作为一种新型的金融业态，在支付、证券、保险等各个行业快速发展[1]。电子票据是金融科技的体现，电子票据行为除了票据行为的要式性、文义性、无因性特征外，还具有技术性特征。由于电子票据的使用依赖于票据系统进行，相关行为并非完全由票据行为当事人实施即可完成，还需要借助于票据系统提供相关的服务和管理，按照票据系统的运营流程和方式进行，而票据系统也设计并提供了相应的技术方案。只有符合其技术规程要求，才能够在系统中实施相应的操作。在多个票据行为的场合，每个票据行为都符合相应的技术规程要求，才可能进行下一个票据行为，当一个票据行为因为其签章或其他形式要件不符合系统设定的要求时，系统技术控制上就无法进入下一个票据行为的操作。纸票时代，票据的辨识、查询、保管及所有票据行为都需人工处理，而这一切将随着电子票据的全面普及和数字化人工智能的迅速发展而改变[2]。冒用他人身份开户签发票据，虽然无法在票据系统中从技术上绝对排除，但只有在出票环节才可能发生，而盗用他人密钥实施票据行为的概率又非常低，因此，由于票据行为的实施同时受系统的控制，系统通过技术设计基本上排除了多个票据行为中部分票据行为欠缺形式要件的问题，也很大程度防控了伪造签章的情形，因此，电子票据中票据行为独立性的应用场景明显减少。

---

[1] 参见杨东等：《中国金融科技安全教程》，人民出版社2020年版，第6页。

[2] 参见赵慈拉：《金融科技赋能电子商业汇票交易研究》，载《上海立信会计金融学院学报》2021年第1期。

(三) 票据行为独立性理论的更新

基于以上分析，电子票据中票据行为独立性的适用应当在以下两个方面予以更新修正：一是应考虑技术原因导致部分票据行为无效时，票据行为独立性的适用。关于票据行为独立性的适用条件，传统票据法理论认为仅适用于实质要件欠缺的场合[1]。在电子票据中，由于票据行为的实施依托于票据系统，系统正常时，不会出现形式要件不符合要求的问题，但当票据系统技术设计存在问题或运行出现故障时，可能出现技术原因导致的部分票据行为不符合形式要求的问题，为了保障票据整体流通安全，应考虑即使由于形式要件欠缺票据行为独立性也可以有条件适用的情形，不应固守票据行为独立性仅适用于实质原因无效的理论。二是考虑票据行为独立性适用服从于票据签发流转的技术规则。如果在流程上需要以一个票据行为的完成作为另一票据行为生效的条件，则排除票据行为独立性的适用，例如电子票据中出票与承兑的关系。三是鉴于电子票据中票据行为形式要件欠缺导致票据行为无效的情形较少，票据签章是以数据电文和认证证书加密钥的形式进行，无法在外观上展现，为了保障票据流通中善意持票人的利益，票据行为独立性的适用，不仅适用于密钥被盗用而签章要件无瑕疵的情形，而且应适用于电子签章认证证书不符合要求，行为人采用非法手段完成票据行为的情形。

第三节　票据系统的介入对责任承担理论的影响

一、系统介入对票据法调整法律关系及责任承担主体范围的影响

(一) 票据法调整的法律关系及承担责任的主体

理论中将票据法所调整的法律关系概括为票据关系和票据法调整的非票据关系两类。票据关系是指当事人之间基于票据行为或其他合法事由而发生的，体现在票据上的债权债务关系，也称票据上的关系。票据关系是体现在票据上的一种权利义务关系，这种法律关系的主体以及权利义务的内容都体现在票据所记载的内容中，而不能体现在票据以外的其他载体上，这与合同等

---

[1] 参见刘甲一：《票据法新论》，台湾五南图书出版公司1978年版，第37页；刘英：《论票据行为的独立性》，载《改革与战略》2009年第11期。

基础交易中的权利义务关系不同。票据关系的内容是票据权利与票据义务。根据《票据法》第 4 条的规定，票据权利是持票人向票据债务人请求支付票据金额的权利，包括对付款人的付款请求权和对前手的追索权。在我国，票据责任是票据义务的同义语，是票据债务人对持票人支付票据金额的义务。即票据上签名的票据债务人，如出票人、背书人、承兑人、保证人等对票据权利人所承担的一种支付一定金额或担保支付一定金额的义务。

票据法规定的非票据关系是指并非基于票据行为产生，不是体现在票据上而是由票据法直接规定的权利义务关系。这类关系的共同特点是，并非体现在票据上的权利义务关系，不包括票据权利人的付款请求权与追索权，因而不是票据关系。但这类关系是票据关系的权利义务产生、行使变更、消灭过程中所引发的，为平衡当事人之间的权利义务或作为票据使用必要程序的法律关系[1]。此种关系由票据法直接规定，其他法律一般不作规定，因此也属于票据法调整的法律关系。主要包括票据返还请求权、利益偿还请求权、回单签发请求权、票据交付请求权、票据使用损害赔偿关系。票据法规定的非票据关系中，承担责任的主体有三类，一是票据关系当事人，二是代理付款、受委托收款的银行等为票据支付结算提供服务的银行等主体，三是实施非法行为造成他人损害的主体。

（二）系统介入情形下参与主体的变化

与纸质票据不同，电子票据的最大特点是数字化的载体依托于网络系统而存在，电子票据制作、生成、流转、使用等一系列活动都需要通过电子票据系统来完成。当事人在电子签章后也需要认证机构认证才能够成为系统参与人，因而特定的网络系统的介入成为电子票据运行的必要条件。网络系统的介入使得参与票据活动的主体更加复杂多元。纸质票据中票据关系的当事人可以不借助于其他主体的行为独立创设、变更票据关系，也就是说，纸质票据中票据行为人和持票人外，其他主体并非参与票据活动的必要主体，而在电子票据中，仅有票据行为人和持票人无法开展票据活动，以下几类主体也成为开展票据活动的必要参与主体：一是票据系统运营者，即开发、管理、运营电子票据系统的运营主体，即票据交易所。二是接入机构，即接入票据系统提供相关服务的运营者。在我国的电子票据实务中，票据当事人不能直

---

[1] 参见吕来明：《票据法学》，北京大学出版社 2017 年版，第 33 页。

接进入票据系统，须由开户银行等金融机构的网络系统接入票据系统，票据当事人通过开户银行的网络系统从事票据活动，开户银行提供接入和数据转发服务[1]。三是电子签名认证机构。电子票据活动须进行电子签章，按照相关规则，通过认证机构认证的电子签名才能作为票据电子签章，因此电子签名认证机构也成为电子票据活动的必要参与主体。四是某些特定的电子票据模式中，相关主体通过协议连接，成为票据活动的参与主体。例如上海票据交易所推出的贴现通中的票据经纪机构、票付通产品中的合作金融机构等。

(三) 参与主体多元化对票据法调整范围理论的影响及更新

票据活动参与主体的多元化导致票据法调整范围的理论面临挑战，需要予以更新。一是调整重心方面，传统票据法理论以票据关系的调整为主要内容，票据关系以外的其他法律关系，除特定情形外，不纳入票据法的调整范围，而纳入票据法调整的特定情形也属于零散规定的例外情形，如利益返还、票据返还、未按期进行追索通知的赔偿、不出示拒绝证书的赔偿等，这些是在特定情形下为平衡当事人之间的利益或保障票据行为正常进行而设，并非票据法调整的重心。而在电子票据场景中，系统运营者、介入机构、认证机构成为参与票据活动的必要主体，其活动成为电子票据运行常态化的行为，其应承担的义务和享有的权利，是每一次以及每个电子票据活动都牵涉的问题，因此这些主体的责任，虽然不属于票据关系中的义务，但也成为电子票据活动的普遍性问题和必要性内容，因而，票据法以调整票据关系为重心的理论应当向调整票据关系与非票据关系并重的理论转变。二是"票据法规定的非票据关系"这一概念及分类本身也需要更新，因为在方法上用排除式规定无法明确内涵和范围，此外，这一概念是以票据关系为重心，其他处于次要地位这一理论的产物。在电子票据中票据关系当事人的权利义务和票据系统参与方当事人的权利义务的法律调整并重的局面下，这一概念并不能反映票据关系以外其他法律关系在票据运行实践中的实质作用和地位，因而电子票据中票据法调整的法律关系，可以分为以下几类，一类称为票据关系，另一类可以电子票据运行条件为核心要素，称为票据系统运行及服务关系。第三类主要是利益返还、票据返还以及部分票据活动环节违反规定的责任等现行票据法规定的非票据关系，可以称之为票据关系派生的法律关系。三是票

---

[1]《电子票据管理办法》第7条。

据法调整的非票据关系的范围应当重新划分。传统票据法理论中票据法规定的非票据关系中，票据损害赔偿关系的范围界限不清，一般以票据法明文规定的为限，同时基本不涉及系统运营者和接入机构等系统参与者的责任。在拓展票据法调整法律关系的前提下，系统运营者和参与者的责任可纳入票据系统运行及服务关系之中，票据损害赔偿关系的范围限于票据当事人违反规定产生的损害赔偿关系，从而清晰划分各类关系的界限和内容。

二、票据系统运营中平台责任理论的引入

（一）平台责任理论的主要内容

平台责任理论是互联网时代网络平台普遍应用于社会经济生活领域的产物。广义上网络平台是指提供互联网接入、信息传输、发布、托管、存储、缓存、搜索等服务的互联网服务提供者。按照《中华人民共和国电子商务法》（以下简称《电子商务法》）的规定，电子商务平台经营者是为交易双方或者多方提供网络经营场所、交易撮合、信息发布等服务的法人或非法人组织。这一定义也成为界定网络平台核心功能的标准。网络平台不仅是互联网技术创新的主导者，更是用户行为的"守门人"，拥有影响和规制用户行为的能力，通过法律给各种网络服务平台施加一定的法律责任，激励网络平台利用其自身的技术和商业模式所产生的规制能力阻断不良信息和识别违规用户，从而间接规制用户行为，网络平台责任制度便在此背景下应运而生[1]。

由于传统的自发秩序和制度秩序部分失效，平台承担了塑造和维护新市场空间秩序的治理功能。平台自治是以技术为基础的治理秩序，即技术秩序。其约束力量强于传统的市场自发秩序又弱于行政和法律秩序[2]。随着新经济新业态的不断涌现，政府单独对数字经济进行规制的效用日趋降低，平台正逐渐承担起本应由行政机关肩负的义务和责任，由于技术赋能和法定义务不断增加，平台不再是纯粹的信息传输管道，其实质功能已经发生变化[3]，平

---

[1] 参见魏露露：《网络平台责任的理论与实践——兼议与我国电子商务平台责任制度的对接》，载《北京航空航天大学学报（社会科学版）》2018年第6期。

[2] 参见江小涓、黄颖轩：《数字时代的市场秩序、市场监管与平台治理》，载《经济研究》2021年第12期。

[3] 参见刘权：《网络平台的公共性及其实现——以电商平台的法律规制为视角》，载《法学研究》2020年第2期。

台通过制定和实施交易规则，实际上行使着监督管理用户行为权力。明确规定电子商务经营者在协同治理体系中的地位和作用，是我国《电子商务法》的重要特色之一，电子商务平台经营者通过制定和实施有关交易规则，获得了事实上的规范平台上的电子商务的管理权，电子商务平台既是电子商务交易市场监管中的被监管对象，同时通过制定和实施平台内网络交易规则和信用管理制度，实现平台内当事人的自我管理和约束[1]。

(二) 电子票据运行中引入平台责任理论的依据

鉴于电子票据的运行需要通过网络系统进行，而随着票据活动模式和参与主体的变化，传统票据法责任承担理论需要发展更新，引入平台责任理论则是合理确定相关主体义务和责任的基本路径。理由如下：

第一，现行法律规则对系统运营者、接入机构等票据系统参与各方的责任没有明确、系统的规定，系统运营者、接入机构、票据当事人各自的责任义务并不明确，需要相应的理论作为指导。第二，2009年《电子票据管理办法》制定之时，平台责任的理论尚未在我国被普遍接受，法律层面上也没有可供参考借鉴的制度，因而没有明确提出系统运营者的平台责任。但是，按照《电子票据管理办法》的规定，电子商业汇票系统是经中国人民银行批准建立，依托网络和计算机技术，接收、存储、发送电子商业汇票数据电文，提供与电子商业汇票货币给付、资金清算行为相关服务的业务处理平台。电子商业汇票系统运营者由中国人民银行指定和监管。可见，从功能和定位上看，票据系统属于网络平台，系统运营者属于平台服务提供者或平台经营者。平台责任的理论可以适用于票据系统运营者。第三，票据系统属于网络系统，票据当事人及接入机构通过该系统从事票据活动，在性质上属于为当事人提供相应活动的网络空间场所；票据系统为当事人进行数据发送、传输、确认，进行报价询价、支付、清算等服务，属于提供信息发布和交易撮合服务，属于典型的平台服务内容；票据系统确立了相应的运营模式和行为规则、交易规则，体现了平台对平台内用户予以管理的职能；票据系统不参与当事人票据活动，体现了平台的中介性地位。因而，票据系统的功能和模式符合互联网平台的基本特征和功能，平台责任理论可以适用于票据系统。第四，互联

---

[1] 参见吕来明：《我国电子商务法确立的协同治理模式解析》，载《中国市场监管研究》2019年第1期。

网平台具有完全的开放性和双边市场的特性〔1〕，票据系统尽管是半开放性质的网络运营系统，在平台责任的细节方面可能有所区别，但票据系统平台依然具有众多直接和间接的用户，系统与用户之间的关系同样是以技术为基础并通过协议确定的治理秩序，这与互联网平台的技术治理属性相同，基于技术控制的平台自治的基本理论依然适用于票据系统平台。

（三）平台责任理论对确定票据系统相关主体责任的意义

基于平台责任理论与票据系统的特征与功能具有高度相关性，我们认为，在票据法的责任承担理论体系中引入平台责任理论，对于合理确定票据系统相关主体的责任承担具有现实意义。一方面，《电子商务法》系统规定了电子商务平台经营者的义务与责任，包括对平台内经营者的主体核验义务、交易规则制定义务、对平台内经营者发布的信息或实施的行为进行必要的监督管理义务、保障网络系统安全的义务、消费者保护义务、知识产权保护义务、协助配合执法义务等。按照平台责任理论，票据系统运营者和接入机构等系统参与者具有类似于平台经营者和平台内经营者或非经营用户的法律地位，可以为参照《电子商务法》中电子商务平台经营者的制度、明确票据系统运营和参与各方的责任提供理论依据。另一方面，在执法和司法实践中，运营平台责任理论可以合理确定票据系统运营者的责任界限。随着平台在技术、规模、市场等方面的不断扩张，网络平台已经从只提供信息的技术中立方发展为"市场组织者"。它对于人们行为的预测、干预、引导是深入、全面、隐性的，并且对事后的约束也趋于常态化，平台义务的内容不以信息服务为限，平台责任不断加重成为最近以来各国相关制度的新动向。同时，平台责任并不是无限制的责任，平台责任的一般界限应与其技术和其他控制能力相匹配。一般情形下，平台侵权责任以过错责任原则作为归责原则。平台责任的设定应当注重平台经济与消费者利益之间的权衡，符合商业逻辑及合理性，承担与其业务类型需要及可行性相匹配的过程监管和事先预防义务。票据平台的模式与技术也是不断发展的，平台责任的相关理论对于实践中明确票据系统运营者和接入机构在系统安全保障、身份审核、规则制定、风险监测、服务提供等方面的义务和责任界限具有指导意义。

---

〔1〕参见李韬、冯贺霞：《平台经济的市场逻辑、价值逻辑与治理逻辑研究》，载《电子政务》2022年第3期。

三、技术应用与票据流通风险承担理论的更新

（一）票据使用流通中票据责任及风险承担的基本理论

票据义务是与票据权利相对应的概念。我国《票据法》及理论中所称的票据责任的概念是指票据义务[1]。票据责任是票据当事人基于自身意思表示而为自己设定的义务，承担票据责任的主体只能是承担票据债务的票据当事人。承担票据责任的条件是在有效的票据上实施有效的签章，没有在票据上签章或签章无效，就不承担票据责任，签章有效，票据债务人也只对合法取得票据的持票人承担票据责任。

不具备上述条件的，被请求承担票据责任的主体有权进行抗辩。票据抗辩，是指票据债务人对于票据债权人提出的请求（请求权），提出某种合法的事由而予以拒绝的行为。票据是流通证券，在票据流通过程中，可能存在多个环节，票据债务人进行抗辩时，抗辩事由不同，可以抗辩的对象也不同。一般认为，根据票据抗辩的事由对票据抗辩进行分类，可以分为物的抗辩与人的抗辩两大类型。物的抗辩是指基于票据本身的内容即记载事项或票据的性质发生的抗辩，这种抗辩可以对抗一切持票人。人的抗辩又称相对的抗辩，是指票据债务人基于与特定的持票人之间的一定关系或因特定持票人自身的某种原因而产生的抗辩。人的抗辩的基本特点是仅能对特定的持票人主张。

是否承担票据责任及抗辩是否成立，涉及票据流通法律风险的分配问题。所谓票据流通中的风险承担，实质上是票据流通过程中存在违法情形或丧失产生从损失时，除了实施违法行为的一方直接或最终承担责任外，在其他相关当事人之间法律责任的分配规则。一般而言，票据流通中风险承担的原则应当包括以下几个方面：一是恶意当事人承担风险的原则，恶意当事人是指明知票据使用流通过程中，存在导致流通不正常的事由而仍然接受票据或支付票据款项的当事人。二是违反形式要件的当事人承担风险的原则，当不存在恶意当事人时，应由不按照票据法规定的形式要件接受票据或予以审查的当事人承担风险。三是持票人对直接前手签章的真实性承担风险的原则[2]，持票人既非恶意，票据形式上又不存在瑕疵或经必要审查不能发现瑕疵，则

---

[1] 参见杨忠孝：《票据法论》，立信会计出版社2001年版，第129页。
[2] 参见吕来明：《票据法基本制度评判》，中国法制出版社2003年版，第48页。

应实行由持票人对直接前手签章的真实性承担风险的原则。

（二）技术应用对于票据流通中风险与责任承担理论的冲击

电子票据的另一特征是技术的应用，无论是在电子签章还是系统中电子票据行为的实施以及其他相关服务的提供，都依赖于现代信息技术的应用，由此给票据流通中的风险承担带来新的问题。一是身份识别技术的应用。目前电子票据实践中普遍应用的身份识别技术是数字电子签名技术，未来还可能使用区块链技术、生物识别技术等[1]。在身份识别技术应用过程中，识别技术的提供和识别错误责任以及由此产生的风险由谁承担，并未有比较一致的理论，传统票据法人工识别纸票和身份证件的标准及风险承担规则不能完全适用。二是电子票据制作及信息传输技术的应用。电子票据的制作及信息的传输、确认等都由票据系统组织和实施，电子票据系统运营方是相关技术的应用和实施者，票据形式和相关票据行为的形式由系统设定，则票据流通中形式要件的风险控制主体发生了改变，纸质票据中违反形式要件的票据当事人承担风险的原则失去了存在的基础，票据当事人对票据的审查仅剩下信息内容的审查，而不存在凭证本身的审查。三是技术失误或故障的风险。技术的应用可能会出现技术失败或故障的情形，当技术失败或故障时，可能会出现票据无法正常签发、转让或信息不匹配、密钥不符、信息缺失等情形，当事人之间的票据责任以及抗辩、造成损失的风险承担等，在传统票据法中均不存在对应的规则。

（三）票据责任与风险承担理论的更新

基于电子票据与技术应用的相关性，因而票据流通中风险与责任承担的理论在以下几个方面需要完善或更新。一是身份识别责任与风险承担，由于身份识别需要特定的技术应用以及需由多方主体协作完成，所以传统票据法中身份识别责任的风险主要由票据受让人和付款人承担的理论应当调整为由票据当事人和电子签名服务提供者、系统运营者以及接入机构等技术应用参与者共同承担，并根据其在身份识别中的实际作用和地位，确定相应的责任。二是违反形式要件的风险承担，纸质票据的形式从票据上直接可以观察到，

---

[1] 参见宾建伟、相里朋：《区块链与电子签名的关系》，载《现代计算机》2020年第33期；杨复卫、白家烨：《人脸识别技术的法律风险及其场景化治理》，载《重庆理工大学学报（社会科学）》2022年第1期。

持票人或付款人能够而且应当对票据外观承担审查义务，承担票据形式要件违反法律规定的风险。但是，电子票据中票据的数据电文格式由接入机构和系统运营者在数据传输过程中自动形成，票据行为人对相关信息进行填写后发出，持票人、付款人核验的是发送方的相应身份和票据要素的相关信息，在技术实现上，并不具备对数据电文格式进行审核的环节和条件。整个票据生命周期内票据关系当事人使用票据，建立在对票据系统形成和认可的电子票据格式合法性予以信赖的基础上，因此违反形式要件的法律风险，原则上不应由票据关系当事人承担，而应由系统运营者及接入机构等系统参与者承担。三是物的抗辩事由的扩张，票据的物的抗辩事由主要包括记载事项的欠缺、票据上记载的到期日未到、票据被法院作出除权判决、背书不连续、票据签章伪造、时效超过的抗辩等。电子票据在技术应用过程中，可能因技术故障或系统漏洞，导致票据债务人无法通过系统接收或识别相关票据信息或信息不完整，此种情形相当于不存在有效票据，应纳入物的抗辩事由。四是失票风险方面，如前所述，电子票据的"持票"并非占有有形实物，而是通过控制票据系统账户和电子签名密钥的方式实现。与纸票失票可以类比的情形是持票人无法对代表票据权利的相关数据信息进行处理或者无法成为控制相关账号及数据信息的唯一主体，导致此类失去控制电子票据的原因主要包括系统故障和密钥被盗用或泄露两种情形，即电子票据的相对丧失，主要表现为电子签名的相对丧失[1]。因此，电子票据的失票风险理论应当予以调整，从单一的由持票人承担失票风险向根据失去票据控制权的不同情形确定风险与责任承担。

---

[1] 参见卢家瑜等：《电子票据法律问题研究》，载《金融纵横》2018年第1期。

第三章 Chapter 3
二元载体下票据法的体系完善与修改要点

第一节 电子化背景下票据法完善的立法模式

一、《票据法》修改模式的主要观点评析

在电子化背景下票据法完善的立法模式上，主要存在以下三种观点：第一，扩张解释原有《票据法》中的概念，将电子票据纳入《票据法》，结合《电子签名法》等法律法规规范电子票据。第二，制定单行法或条例。第三，在《票据法》中设专章规定电子票据。以下就学说中的主要观点进行分析。

（一）仅在《票据法》中作出有关电子票据的基础性规定

这种立法模式是指仅修改《票据法》总则中基础性规定部分，具体而言需要修改《票据法》明确电子票据的法律地位，并明确电子签名符合《票据法》中对于签章的要求。其他问题则应通过单行法和条例的方式解决。有学者认为：电子票据的制度设计都还处于不成熟的阶段，建议在《票据法》的修改中加入有关电子票据的原则性规定，电子票据的具体规定可以单行法或条例等形式存在[1]。因为，电子票据相对于传统纸质票据的载体完全相异，应该有其他专门的法律规范对其进行规制[2]。还有学者建议在《票据法》中规定，票据是指汇票、本票、支票和电子票据，从而扩大票据的范围，确立电子票据的法律地位。通过修订或扩大解释《票据法》的方式将电子票据

---

[1] 参见董惠江：《尽快启动〈票据法〉修改》，载《中国社会科学报》2015年11月11日，第5版。

[2] 参见侯双梅：《借鉴国际经验完善我国电子票据法律制度》，载《南方金融》2010年第5期。

纳入《票据法》的调整范围[1]。由于电子票据既具有传统票据的一般特征，又有其特殊性，应该有专门的法律对其进行规定。对于票据签章伪造等，在《票据法》中增加电子票据不适用票据法规则的例外规定[2]。这种观点具有一定的合理性，这种修改立法成本较低，能够较为迅速地解决电子票据活动中的基础性问题，但多数是电子票据发展的早期提出的意见。从当时的时间节点来看是具有一定合理性的。但是到目前阶段，我国实践中电子票据比例已经占据主导地位，在电子化背景下的票据法修改不能仅仅解决电子票据的效力问题，也要解决电子票据和电子化票据交易中新出现的法律主体问题等一系列问题，仅仅对电子票据进行基础性规定是不够的。如前文所述，我国已经建立了一套电子票据及票据交易相关规则，但这些规则缺乏体系性而且其中也含有与其法律层级不符的规定，亟须通过《票据法》的修改来梳理这一系列规定，将其中合理且须由法律规定的规则吸收到《票据法》的体系之内。因此仅对《票据法》中的基础性规定进行修改不符合我国当下对《票据法》的需求。

(二) 制定单行法律

近年来，有学者提出应当将电子票据的主体作用体现出来，颁布并实施独立的电子票据法[3]。这种立法模式是指设立一部单独的电子票据法，不需要更改现有的票据法体系。但此种方式也有一定的缺陷，电子票据并非独立于票据法体系之外，电子票据只是票据的一种特殊形式，电子票据活动并没有脱离传统纸质票据的运行原理，如果单独立法必将大量准用《票据法》中的现有规定，这样会造成一定的法律检索困难，而且只适用于电子票据的规定数量较少，单独立法似无必要。此外，通过单独设立电子票据法也无法解决票据交易的问题，将电子票据的规定融入现有《票据法》才是更加合理的选择。

(三) 在《票据法》中单独增设电子票据一章

有学者建议，电子票据的法律地位应于《票据法》中加以明晰，具体方

---

[1] 参见李遐桢:《效力等同视角下的电子票据立法》，载《中国社会科学院研究生院学报》2013年第5期。

[2] 参见陈红:《电子票据法律规则研究》，吉林大学2013年博士学位论文。

[3] 参见杨屹峰:《互联网背景下电子票据法律问题探讨》，载《产业与科技论坛》2020年第8期。

式可通过新增电子票据一章予以落实[1]。在我国现行的《票据法》中单独增设电子票据一章，来对电子票据进行规范[2]。立法技术上，电子票据可以作为第五章，放在第四章"支票"之后，对电子票据的定义、电子票据的主体、适用范围、流通转让以及抗辩等内容进行规定[3]。还有学者认为，在《票据法》当中构建"电子票据"一章，以及在其余章节进行部分修改与完善的做法，既可以节省立法的成本，又可以使电子票据推广使用，不必单行立法[4]。这一观点主张电子票据的具体规则应通过《票据法》予以确立是正确的，但是主要通过增设电子票据章节也并非最佳立法模式选择。现行《票据法》中各章并不是以载体进行的分类，如果在现行《票据法》中增加电子票据一章会导致电子票据与汇票、支票、本票三种概念并列，破坏《票据法》各章之间的逻辑关系，此外，电子票据已然取代纸质票据成为主要载体，《票据法》的框架和内容应当以电子票据为主体构建，而不是在现行《票据法》框架下作为特殊情形规定一章。

二、融合与区分相结合式立法模式的构想

基于以上分析，我们认为，在电子化背景下，我国《票据法》修改时的立法模式不应当选择过于简单的修改方式，而是应当采取成体系的修改方式，以协调我国已经存在的票据规则体系。具体而言，应当选择融合与区分相结合的立法模式，融合是指将基本概念、原理、共同适用的制度加以整合，区分是指将纸票和电子票据各自特殊的问题专章规定。基本思路是：在现有《票据法》框架的基础上对纸质票据和电子票据中特有问题进行提取，对《票据法》中的基本概念、原理、共同适用的制度加以整合融合，对纸质票据和电子票据中存在的共性问题，修改《票据法》中的现有规定，使《票据法》更符合当下经济环境对票据的需求；对纸质票据和电子票据的特有问题进行特别规定，使《票据法》适应票据载体二元化的需求。例如，电子票据的票

---

[1] 参见孙铭成：《电子票据适用现行票据法律制度的困境及完善思路》，载《重庆电子工程职业学院学报》2020年第6期。

[2] 参见冯敏怡、王鑫磊：《关于电子票据立法的反思与建议》，载《珠江论丛》2021年第Z1期。

[3] 参见陈红：《电子票据法律规则研究》，吉林大学2013年博士学位论文。

[4] 参见李光宇、王峙焯：《从实体空间走向虚拟空间——论我国〈票据法〉对电子票据的适用》，载《社会科学战线》2011年第1期。

据行为虽然在原理上依然遵从传统的票据行为体系，但是在具体的体现形式上产生了较大的变化，具体而言是因为传统票据双方当事人意思表示一般是通过对话的方式作出，对话方式即刻生效，而在电子票据系统中，票据当事人的意思表示是通过非对话的方式作出，达成合意需要通过一方"发送"以及另一方的"签收"，票据行为的生效产生了形式上的变化，形式上的变化影响了票据行为生效的判断标准，这种影响票据行为效力的规定，应直接体现在《票据法》当中。

三、融合与区分相结合模式的依据

第一，电子票据与纸质票据在功能和权利属性上存在共同之处，存在融合的基础。电子票据的主要功能与纸票一样是支付结算、融资和信用工具，其权利内容和纸票相同，即付款请求权和追索权，因此，应在票据法理论更新的基础上，重新整合票据法的核心概念、权利义务关系，融合纸票与电子票据，由《票据法》统一加以调整。例如，整合票据的概念及要件，明确电子票据与纸票的法律地位。应该将电子票据界定为票据，明确票据包括电子支票、电子本票、电子商业汇票，确认电子票据的法律属性，使票据的内涵和外延能包括电子票据；重新确定票据签章的概念及规则，确认电子签名的法律效力；统一设计票据使用中电子票据与纸质票据当事人的法律地位与权利义务等。

第二，仅有原则性的规定明确电子票据的地位不能解决电子票据法律调整的主要问题。《票据法》修改中电子票据法律调整面临的主要任务不在于如何从表层上消除电子票据交易的法律障碍，而是如何使人们消除对电子票据行为的可预见性、确定性和安全性的担忧，因此，仅明确票据的电子形式和票据行为的法律地位，还不足以使《票据法》对电子票据的适用产生实际的法律效果[1]。因此更适合我国现实的方案是，在电子化背景下我国《票据法》应当选择融合与区分相结合的立法模式，既要对《票据法》总则中的基础性规定进行修改，又在《票据法》各章中分别加入新增主体的法律地位和举证责任、行为制度和交易制度的规定。在构建基础性规定方面，要明确电子票据的法律地位，明确电子票据和纸质票据都是法定的票据形式，但电子票据有其特有的法律问题，依靠现有《票据法》中的规定是不能够处理的，例如

---

[1] 参见刘满达：《论电子票据适用票据法的可行性》，载《法学》2017年第6期。

票据权利的行使方式和场所就需要对电子票据和纸质票据进行区分规定[1]。

第三,其他国家和地区电子票据立法模式主要解决效力等同问题,无法直接借鉴,需要立足于我们的制度和实践创新立法模式。其他国家和地区电子票据立法模式选择主要有以下几种:

1. 联合国电子票据立法

1996年12月16日,《电子商务示范法》在联合国国际贸易法委员会第85次全体大会被通过,虽然该法并非国际条约,但是可以给世界各国制定相关法律范本提供参考,该法适用于在商业活动中使用的、以数据电文为形式的任何种类的信息,电子票据当然处在此列。《电子商务示范法》中对电子票据的书面形式和电子票据的签名均进行了规定,确认了电子票据在符合该法规定的情况下具有与票据原件相同的法律地位,例如该法第8条对原件规定了两项要求,明确了在满足何种情况下的数据电文可以视为原件。[2]《电子商务示范法》意在通过规定平等对待纸面信息和电子信息,克服无法通过契约改变的成文法规定所造成的障碍。现在有83个国家共156个法域以《电子商务示范法》为范本颁布了相关法规[3]。

2. 美国电子票据立法

美国是最早应用电子票据的国家。在美国法中,有三个法律概念与电子票据有关,分别是"可转让电子记录"、"支付命令"和电子支票。1999年颁布了《统一电子交易法》(UETA),使用"可转让电子记录"这一概念来表示电子票据或者电子簿记式证券。该法第16条规定,可转让电子记录是指经签发人同意,可以被用来转让的书面电子记录,这种记录可以是一个票据或一个单据[4]。2000年通过的《国际与国内商务电子签名法》也规定了"可转让记录"。2003年通过了《21世纪支票交换法案》,通过支票影像以电子

---

[1] 参见陈红:《电子票据法律规则研究》,吉林大学2013年博士学位论文。

[2] 参见《贸易法委员会电子商业示范法及其颁布指南1996年》,载 https://uncitral. un. org/sites/uncitral. un. org/files/media-documents/uncitral/zh/mlec_ c_ v05-89449_ ebook. pdf,最后访问日期:2021年4月30日。

[3] 参见《〈贸易法委员会电子商务示范法〉(1996年)-状况》,载 https://uncitral. un. org/zh/texts/ecommerce/modellaw/electronic_ commerce/status,最后访问日期:2021年4月30日。

[4] 参见霍原:《从电子票据角度谈我国〈票据法〉改革新思路》,载《财会月刊》2012年第11期。

形式传递来促进美国清算系统的现代化。同时该法案也提供了一种新的流通票据——替代支票，这种替代支票即电子支票，从而使银行之间的电子提示变得更为方便，整个支票系统也变得更有效率[1]。《统一电子交易法》的立法模式与《电子商务示范法》的立法模式类似，赋予了电子票据和传统票据相同的法律地位[2]。《美国统一商法典》第4A编创设了"支付命令"和"安全程序"等全新的概念与规则，支付命令是适用于除信用卡、信用证、支票以外大额的贷记划拨，支付命令对确定第4A编的调整范围和大额电子资金划拨中各当事方权利义务具有重要的意义[3]。可转让的记录是适用于"商业与银行本票及物权凭证票据"。

由此我们可以发现，美国并未采取"电子票据"单独立法的模式，而是单独对"可转让的记录"以及"支付命令"进行规制。美国在涉及电子票据的立法中都采用了十分抽象的概念来指代电子票据，这些抽象的法律概念在未来很长一段时间内都不会因为技术的更迭而过时，但是这也使电子票据同时成了"可转让的记录"和"支付命令"两个概念的外延，可能会发生法律适用上的冲突。这种模式虽然灵活，但是可能导致法律缺乏体系性，还有可能导致不同法律之间的矛盾。

3. 日本电子票据立法

在日本法上，对于电子票据的调整，主要是《电子签名与认证服务法》、《电子文书法》以及《电子记录债权法》三部法律。《电子签名与认证服务法》主要是针对电子签名的概念、法律地位、效力认定及安全问题进行规范；《电子文书法》以立法的形式确立了电子文书保存机制；《电子记录债权法》涵盖了电子记录所规范的各项商事活动，其亮点在于无因性规则和融资性电子记录债权法律地位的确立[4]，同时对电子记录债权的发生、让与及保证等

---

[1] 参见李良、陈晓红：《美国〈21世纪支票交换法案〉及其对我国的借鉴意义》，载《国际金融研究》2004年第8期。

[2] Thierry Moreau, "The emergence of a legal framework for electronic transactions", *Computers & Security*, Vol. 18, No. 5., 1999, pp. 423-428.

[3] 参见刘颖：《支付命令与安全程序——美国〈统一商法典〉第4A编的核心概念及对我国电子商务立法的启示》，载《中国法学》2004年第1期。

[4] 参见冯银东、高悦凡：《我国电子票据法律制度的缺陷及完善》，载《中共南宁市委党校学报》2019年第6期。

流通活动以及登记、监督、管理有明确规定[1]，标志着日本电子票据立法进入了较为成熟的阶段。

4. 我国台湾地区电子票据规定

台湾地区并未专门对电子票据加以规制。通过"票据法"规定电子票据与支票相同的基础内容，而电子票据所特有的问题规制则散落在其他相关规定中。除了电子签章相关规定外，还另外配套票据交换所制订的"金融业者参加电子票据交换规约"与"电子票据往来约定书"，以及银行公会制订的电子凭证规格[2]，在电子签章相关规定第4条、第9条中规定了电子文件的法律效力，其中第4条规定，在征得相对人同意的情况下，可以通过电子文件作为意思表示的方法；第9条规定，法律要求应以书面形式保留的文书，在满足一定条件的情况下，可以通过电子文件的形式制作文书。根据电子签章相关规定中的规定，台湾地区的票据可以通过电子文件方式制作和流通。以上规定和技术上的措施有力地保障了电子票据的高效使用，满足了企业多元化的需求，与世界趋势相接轨，也为我国大陆电子票据的后续发展以及相关立法提供了可供参考的范例。

综上所述，我们发现"效力同等"原则是解决电子票据问题的核心。这种以《电子商务示范法》为代表的，仅以"效力同等"为目的的立法模式并没有直接规定电子票据的法律效力，而是通过规定在何种情况下电子形式能够同纸质票据有相同效力的方式间接地赋予了电子票据同纸质票据相同的法律效力。这种立法模式有着如下几点优势：一是立法成本低，可以通过一次立法一揽子解决诸如电子合同、电子票据、电子签名的法律效力问题，不需要对分散于各个部门法的问题分别修改，只需要进行一次立法解决多种问题。二是立法效率高，《电子商务示范法》中规定了在何种情况下电子形式法律文件具有同纸质文件相同的法律效力，它只处理数据电文与原件的关系问题，并不涉及其他具体的法律规定，这就使《电子商务示范法》不会与现有的法律产生矛盾，通过此种方式立法可以立即解决电子票据的法律效力问题且不涉及具体票据制度的修改问题。

---

[1] 参见霍昶旭：《电子票据问题探析——以日本电子记录债权法为视角》，载《吉林建筑工程学院学报》2013年第5期。

[2] 参见侯双梅：《借鉴国际经验完善我国电子票据法律制度》，载《南方金融》2010年第5期。

相应地，这种立法模式的缺陷也十分明显，《电子商务示范法》只能解决电子票据的形式和效力问题，不能解决电子票据在使用过程中的具体问题，例如在电子票据活动中出现的新主体的法律责任问题。我们认为，这种立法模式并不适合我国当今票据电子化实践发展的需求。一是从我国的电子票据立法现状来看，我国已经形成了一套成熟稳定的电子票据法规体系，且已经平稳运行多年。修改我国《票据法》的目的并不是设立一套全新电子票据法律体系，而是通过修改《票据法》为我国的电子票据发展扫清法律上的障碍，将我国现有电子票据法律法规体系中合理成熟且应当由法律规定的部分吸纳到《票据法》之中，无需吸纳外国立法中"支付指令"等不符合我国当下电子票据发展现状的概念。二是从"效力同等"的角度来看，我国的《电子签名法》已经吸收了《电子商务示范法》中的规定，《电子签名法》第5条规定了在何种情况下的数据电文可以视为满足法律、法规规定的原件形式要求，也就是说符合《电子签名法》规定的电子票据即可视为符合法律、法规规定的票据。从这一角度看我国的电子票据效力问题已经通过《电子签名法》解决，司法案例中也无法检索到仅因为电子形式而否认电子票据效力的案例。三是票据有着不同于一般法律文件的特征，在《票据法》中单独确认电子票据效力的具体规则具有必要性。首先，票据具有要式性，其具体形式应当由《票据法》规定，电子票据作为票据的一种形式，电子票据的效力和形式也应当通过《票据法》进行规定。更需要注意的是，仅符合《电子签名法》规定的电子票据并不一定是有效的电子票据，这是因为我国的电子票据业务必须通过中国人民银行建立的电子票据系统办理，脱离指定系统的电子票据即使满足《电子签名法》的规定也不能视为票据原件。也就是说，我们需要通过修改《票据法》中的相关规定，才能够彻底解决电子票据的有效性问题。综上所述，以联合国《电子商务示范法》为代表的效力等同类的立法模式并不能解决我国电子化背景下票据业务发展面临的具体问题。电子票据的法律调整主要应立足于我国现行制度和实践。

第四，我国现行电子票据的相关规则制度为《票据法》修改完善时采取融合和区分的模式提供了现实基础。目前《票据法》没有关于电子票据的规定，但如前所述，我国已经相继颁布了一些与电子票据相关的规则，包括《电子签名法》及其两个配套规则、《电子票据管理办法》及其配套规则、《票据交易管理办法》及其配套规则等调整电子票据的一系列规章制度。但是这些法规缺乏体系，而且有些规定的部分条款也已经超越了规章及规范性文件可以规定的权限范围，对这些规定需要在《票据法》修改过程中进行梳理，将其中合理且适合法律规定的内容吸收到《票据法》之中。这些内容一部分需要在总则中规定，例如其中关于签章的规定。而另一部分则需要特别规定，特别是在电子票据流通和交易环节中，产生了新的票据当事人，这类主体的权利义务以及特殊的举证责任应当是电子化背景下《票据法》完善的重点。另一方面，我国已经具有较为丰富的电子票据业务实践经验，电子票据法律调整的具体规则虽然在法律位阶和体系性上还有不足，但就具体内容而言已经相对明确，电子票据法律调整更新迭代的条件基本成熟，电子化背景下票据法修改模式的选择，应当立足于我国电子票据现行制度和实践经验，将规范票据交易和电子票据的文件中的合理规定吸收到《票据法》中。

第二节　电子化背景下我国票据法完善的思路与结构

一、总体思路

（一）除个别调整外维持现行票据法的核心架构

我国现行《票据法》的核心架构采用总分结构，并将汇票、本票、支票都纳入票据法之中，采取合并主义。其他国家和地区立法中，日内瓦体系下汇票本票法和支票法分别立法，且均不设总则，在两部法律中，以汇票、本票和支票使用流通过程中的各个环节为框架，规定相应的形式要件和当事人的权利义务。《英国票据法》除一条定义性条款外，没有实质的总则，将汇票、本票、支票规定于一部票据法中。在汇票一章中规定票据规则的主要内容，支票和本票两章除特别规定的内容外，其他规则适用汇票的规定，而汇票章中的内容首先是形式要件方面的规定，其他内容没有完全按照票据流通使用环节进行规定，而是把票据使用流通过程不同环节中当事人的权利义务糅合在一起加以规定[1]。而《美国统一商法典》中的流通票据篇，在定义条款中明确流通票据包括汇票、本票、支票和存单，在内容框架上不区分票

---

[1] 英国《1882年票据法》，中文翻译文本。参见［英］杜德莱·理查逊：《流通票据及票据法规入门》，李广英、马卫英译，复旦大学出版社1990年版。

据种类，统一规定流通票据的制度，具体框架与英国票据法中汇票部分大体相同[1]。联合国《国际汇票本票公约》的框架结构与美国法大体相同。我国《票据法》的框架结构有以下特点：一是设立总则，规定各种票据共同适用的规则，其内容主要是票据关系及票据使用流通过程中其他权利义务的一般规定。二是把汇票、本票和支票纳入一部票据法中加以规定，这与英美票据法相同，而与日内瓦体系下汇票本票法与支票法分别立法有所不同。三是分则汇票、本票、支票分别规定，本票和支票没有特别规定的，适用汇票的规定。这与日内瓦体系、《英国票据法》基本相同，而与《美国统一商法典》《国际汇票本票公约》不同。四是汇票、本票、支票各章按照票据使用流转的环节进行规定，分为出票、承兑、背书、保证、付款、追索六个环节，这一点则与日内瓦体系相同，而与英美票据立法相区别。五是设立法律责任一章。我们认为，电子化背景下我国票据法的完善，除个别调整外，现行票据法的核心架构和特点仍应维持。依据如下：

1. 现行电子票据制度规则的架构与票据法的架构大体相同

电子化背景下票据法制度的完善，其目的是使我国的票据法律制度能够适应电子化时代的需求，使调整纸质票据的法律制度和调整电子票据的法律制度相融合，形成现代票据法律制度。我国现行调整电子票据制度规则主要是《电子票据管理办法》等一系列规章、规范性文件和配套制度，这些法律制度除了涉及电子票据系统运营的问题之外，在票据行为及票据关系上，和现行票据法的框架是一致的。因此可以在《票据法》的架构中融入电子票据规则的相关内容。

2. 电子票据业务流程的实践与现行票据法票据行为制度的结构基本一致

从电子票据业务的实践来看，我国自建立电子票据系统以来，在系统的设计、流转、使用的流程上，是按照出票、背书、承兑、保证等票据使用流转环节为顺序的，这一点和《票据法》的结构相同。而之后的《票据交易管理办法》以及票据交易所的相关规则和系统流程设计，也是以《票据法》的结构为基本依据的。也就是说，我国多年来电子票据业务实践的流程设计和使用中的相关环节与我国《票据法》的核心结构所体现的票据流程是基本一致的，《票据法》现行架构能够基本适应电子票据使用流转过程中当事人权利

---

[1] 参见《美国统一商法典》，潘琪译，法律出版社2020年版，第194~323页。

义务的处理需求。

3. 其他国家和地区电子票据立法没有系统借鉴的架构体系

尽管其他国家和地区票据法律制度有比较成熟的体系，但这只是针对纸质载体下的票据法体系，而电子票据方面，虽然实践方面不断发展，但在法律制度上，票据立法没有系统的可以借鉴的架构体系。电子票据的立法大多数是立足于确认电子票据的地位及功能等同原则，少数是和现行的票据法衔接加以调整的，个别的如日本的《电子债权记录法》虽然部分内容可以适用于电子票据，但也不是电子票据使用流转的全流程的制度，可见，其他国家和地区法律制度中，目前没有独立的、完整的、单独的电子票据法律体系。而我国既有电子票据运行比较成熟的系统，也有实践中运用的一系列规则，因此，电子化背景下我国《票据法》的修改以及票据法制度的完善，应立足于我国现行《票据法》中的纸质票据和电子票据规则，在架构体系的确立上应当从我国的现实出发。我国现行的电子票据法律制度和纸质票据法律制度的核心架构体系是基本一致的，没有必要另起炉灶。再者，电子票据和纸质票据载体不同，在具体的规则设计上存在差异性。但是其权利的内容和权利的属性是一致的，而在票据权利内容的法律调整上，我国《票据法》的框架设计综合了日内瓦体系和英美法体系各自的特点，具有我国的特色和一定的优越性，因此应当保留。

4. 总分结构和合并主义的优势

在电子化背景下仍然应当坚持总分结构和合并主义的优势在于，可以明确地对各种不同票据的共同规则加以归纳和提炼，尤其是在纸质票据和电子票据相融合的情况下，把电子票据和纸质票据共同的规则加以规定，使实践中对电子票据的法律调整，有机地融入票据法的体系之中，从而使《票据法》转型为以电子票据为主的新型法律。此外，虽然我国现在电子票据的实践主要是电子商业汇票，电子支票主要限于电子影像支票，严格来说不是票据载体的电子化而是纸质票据的影像化，本票、支票电子化并没有实质性地开展。但是，这并不意味着未来本票和支票电子化就不可能实现，相反，随着电子汇票成为票据使用流通过程中的主要部分，将来电子本票、电子支票也会逐步推行，因此票据立法中要有一定的前瞻性，不仅把电子汇票规定在《票据法》之中，还应当对电子本票、电子支票方面作出原则性的规定，从而使《票据法》能够适应未来电子本票、电子支票发展的需求。因此，电子化背景下完善《票据法》，实行合并主义，把汇票、本票、支票统一规定，融合电子化的元素是有必要性的。

5. 法律适用传统、立法成本和法律实施成本效用考量

从法律传统、立法成本、法律实施成本和效用的角度考虑，我国《票据法》虽然采取总分结构并且实行合并主义，但是在实质性的框架内容上，按照汇票、本票、支票三章分列，并且以票据使用流转过程中的相关环节为主线规定相关制度，这和日内瓦公约的体系相一致，形成了较为稳定的票据法律思维和适用模式，在不影响票据法律制度完善应体现电子化趋势的前提下，从立法成本的角度考虑[1]，维持现行《票据法》的核心框架，融入电子票据的相关内容，是成本最小的立法路径。从法律实施的成本和效益的角度考虑[2]，《票据法》已经实施多年，电子商业汇票的制度实践也经过了十几年时间，在制度实施和法律适用方面形成了相对成熟的方法和思维，如果打破现行《票据法》的框架，采用另外的结构模式，势必引起法律实施中的重新适应和调整，从而引起法律实施成本的增加。所以，在内容可以加以改进的情形下，维持现行法律的基本框架，符合我国现行票据立法的现实和我国的实际情况。

6. 载体二元化下纸质票据调整的考虑

电子化背景下，虽然电子票据成为主要的存在形态，但是纸质票据仍将存在。而纸质票据按照现行《票据法》的框架调整是比较成熟的立法选择，因此从票据载体二元化的角度考虑，为了使纸质票据和电子票据在《票据法》中能够共同有效地加以调整，不致二者的不协调或者紊乱，维持《票据法》既有的核心框架是最佳的选择。

(二) 将电子票据的相关要素融入《票据法》的基本概念

在电子票据实践和现行相关规则中使用的有关票据关系的基本概念在名称上与票据法一致，如商业汇票、商业承兑汇票、银行承兑汇票、票据行为、出票、背书、承兑、保证、追索等，电子票据在权利属性和权利内容上依然

---

[1] 参见汪全胜、黄兰松：《论立法的正当性——以立法成本效益评估制度的建立为视角》，载《山东社会科学》2016年第1期。

[2] 参见王红霞：《论法律实施的一般特性与基本原则——基于法理思维和实践理性的分析》，载《法制与社会发展》2018年第4期。

是票据，《票据法》的完善目标是将电子化票据纳入票据法体系而不是把广义上的各种电子金融支付工具和债权票权凭证全部囊括而形成一部汇编性质的电子支付法，《票据法》调整的范围依然是狭义的票据这种支付结算和融资工具，电子票据与纸票统一纳入《票据法》时在基本概念的用语上沿用《票据法》的词语无疑是必要的，没有必要用电子支付记录、电子债权凭证等概念。

但是由于电子票据的实施方式与纸质票据的实施方式截然不同，因而这些概念中所蕴含的具体含义和要件是不同的。比如纸质票据的持票、持票人和电子票据的持票及持票人，其表现形态是完全不同的。所以，一方面要维持《票据法》的核心框架结构，另一方面要把电子票据和纸质票据的法律调整有机融合，这就需要对电子票据和纸票使用相同名称的一些基本概念重新界定，在具体的表述和构成要件上需要加以更新，从而能够同时体现和容纳电子票据与纸质票据，使《票据法》中纸质票据和电子票据的基本概念融为一体。具体来说，大致可涉及以下几个方面：

一是某些概念的涵义需要拓展，并对接入、发送、接受、驳回等电子票据行为中的常用概念与票据法中出票、背书、交付、票据行为等相关概念融合更新。《票据法》《支付结算办法》等制度中规定的概念，其界定含义的角度是从纸质票据的前提出发的，这就需要拓展其覆盖范围，从而能够共同覆盖纸质票据和电子票据，比如《票据法》对汇票的种类规定包括商业汇票和银行汇票。对于商业汇票的定义，在《支付结算办法》中规定的是"出票人签发的，委托付款人在指定日期无条件支付确定的金额给收款人或者持票人的票据。"《电子票据管理办法》中的表述是"依托电子商业汇票系统，以数据电文形式制作的，委托付款人在指定日期无条件支付确定金额给收款人或者持票人的票据。"二者存在差别，再如，对于出票的概念，《票据法》规定的是"出票人签发票据并将其交付给收款人的票据行为。"《电子票据管理办法》也使用了这一表述，但事实上，电子汇票的出票是通过系统填写相关信息，以数据电文的形式发送、接收的过程完成的，和纸质票据的签发交付环节在形态上不能直接对应。再如，交付的一般理解是，在物理空间之内，交接动产或不动产等有形物。而在电子票据中直接沿袭这一表述并不能够确切反映电子票据的业务状态。所以对于类似问题，有两种处理方式，一是规定基础概念的涵义时直接拓展外延。例如在《票据法》中对商业汇票的涵义表述进行修正拓展，包括"在票据上签发"和"通过票据系统以数据电文制作"两种形态。对出票的涵义可以表述为：出票人签发并交付给收款人或通过电子票据系统发送数据电文并由收款人接收创设票据关系的行为。

二是如果继续使用统一签发、交付等概念，则需要界定其新的涵义，把接入、发送、接受、驳回等电子票据中出现的行为融入这些概念中。例如，将签发、交付等概念表述为：签发是指出票人在纸质票据上记载相关事项并签章或通过电子票据系统发送相关数据创设票据关系的行为。交付是指当事人当面交接纸质票据或通过电子票据系统发送并确认接收代表票据权利的数据电文的行为。

三是对一些涉及电子汇票系统运行的特定概念，无法融合或扩展到统一的定义中时，单独加以规定。例如电子汇票系统、发送、应答、驳回、申请、接入机构、系统营运者等。

四是接入既有规则。《票据法》没有涉及电子票据的规定，但是我国其他法律中有些制度则是用于电子票据中的某些环节，比如电子票据的签章问题，《电子签名法》对电子签名的相关规定可以适用。针对此类情形，没有必要在《票据法》中完全重复《电子签名法》的规定，只需针对电子票据签章的特定问题进行规定，其他可以适用《电子签名法》一般规定的情形，在《票据法》中规定与《电子签名法》加以衔接的条款即可。

（三）不设电子票据专章，以票据流转环节或特定问题为单元，在相关章节中对纸质票据与电子票据共同适用的规则、纸质票据与电子票据单独适用的规则同步予以规定

理论中有学者提出在《票据法》中设立"电子票据"一章以解决《票据法》适应电子化的问题。我们认为，此种方式固然简便，但是在《票据法》完善的框架结构上并不是最佳选择。因为，专设电子票据一章，其他章节仍然是以纸质票据为载体下的票据制度，实际上意味着《票据法》的基本制度依然是以纸票规则为主，这并不符合我国票据运行发展的趋势和目前的状况。《票据法》的修改应该逐步以调整电子票据为主，至少是两种载体并重，打补丁式的立法模式并不能适应电子化时代的票据实践。此外，将电子票据专章规定，而在现行《票据法》的纸质规则体系为主的情形下，纸质票据中相关规定不能适用电子票据的问题，依然没有从整体上和体系上加以解决，目前电子票据运行中存在的许多问题在纸质票据规则中无法得到有效解决。专章规定电子票据实际上意味着电子票据的规定游离于一般的票据制度之外，受

纸质票据规则整体概念和体系的限制，纸质票据的许多规则不能适用于电子票据，在体系上无法形成有机的联系，必须在电子票据一章中全面规定电子票据的概念、流程、制度才能解决电子票据法律制度供给不足的问题。但这就使电子票据和纸质票据事实上形成两个并列的制度体系，这和单独制定电子票据法的缺陷基本相同，立法成本高、难度大，且因纸质票据与电子票据立法事实上分立，存在立法资源浪费问题。通过融合与区分相结合模式，把每一章节中共同的制度和纸质票据、电子票据各自不同的规则加以规定，才能使整个《票据法》的体系中对纸质票据与电子票据的调整形成具有包容和弹性的有机整体。

（四）在维持现行《票据法》核心架构的基础上，扩展《票据法》的框架体系

一方面，电子票据使用与交易需通过电子票据系统进行，电子票据运行平台是保障电子票据流通和功能实现的前提。电子商业汇票与纸票流通使用的重大区别是存在票据交易所等系统运营者、电子票据业务接入机构、电子票据当事人三类主体，各类新型主体作为电子票据活动中不可或缺的主体，《票据法》中仅调整票据当事人的制度体系显然无法适应这一变化，所以，针对此问题，需要扩展《票据法》体系，规定电子票据系统平台运营与服务主体的地位，厘清电子票据活动中各参与主体的法律责任。具体而言，可参考《电子票据管理办法》《电子商业汇票系统管理办法》等规则，将新法律主体加入现有《票据法》体系之中，如接入机构、系统运营者、电子认证机构，明确相关法律主体的定义、法律地位以及权利义务。

另一方面，2016年上海票据交易所成立以来，我国票据交易业务蓬勃发展，建立了电子票据和纸票电子化之后通过票据交易系统进行交易的运行模式，全国统一的票据交易所采用电子化的交易方式[1]，纸质票据通过信息登记和权属登记实现了电子化，为融合纸票与电子票据制度提供了基础条件。目前票据交易的调整主要通过《票据交易管理办法》和《上海票据交易所票据交易规则》等章程、文件实行，现行《票据法》对此没有作出规定。而现有规则存在效力位阶较低、稳定性不够、与上位法在体系和某些内容上冲突、

---

[1] 参见宋汉光：《以科技创新为引领，促进票据市场健康发展》，载《中国金融电脑》2022年第1期。

部分内容不够完善等问题，因此，电子化背景下票据法的完善，需要拓展《票据法》的框架体系，参考《票据交易管理办法》和《上海票据交易所票据交易规则》等制度和票据交易实践经验，规定票据交易的专门章节，对电子票据交易的方式和流程加以规定，如询价、定价、报价、票据贴现、转贴现等。

（五）其他与票据有关的金融产品规则单独规定，但可以采用衔接性规定

近几年来，随着金融业务的发展和金融产品、工具的创新，上海票据交易所及一些金融机构利用电子化时代信息技术，推出了与票据有关的新产品，包括区块链票据、标准化票据、供应链票据等。但这些名称中带有"票据"字样的金融创新产品，其权利属性、内容和功能方面与《票据法》意义上的票据并不相同。例如，标准化票据是以大规模票据为底层资产而设计的债权凭证或资产受益权凭证，并非《票据法》意义上的票据本身。区块链票据是以区块链技术为基础，利用区块链"去中心化、分布式账本、智能合约"等技术优势，实现了区块链技术与票据业务创造性结合的一种新型支付工具[1]，区块链票据的法律性质并非《票据法》中的票据，而是一种新型的有价证券[2]。因此，类似上述与票据有关，但在性质上不属于《票据法》中票据的金融创新产品的法律调整，主要不应通过《票据法》来实现，而是应当制定单独的规则，个别内容需要适用《票据法》规则的，可以通过衔接性条款加以解决。

二、《票据法》修改应当构建的框架结构

基于以上思路，本课题对电子化背景下我国《票据法》修改完善的框架结构提出如下建议。

（一）总则

总则部分规定票据制度基本概念以及普遍适用于电子票据和纸质票据、票据使用流转各个环节的制度。现行《票据法》总则部分不分节，电子票据纳入《票据法》调整后，可以设三节，分别规定纸票和电子票据共同适用的一般规则、纸票单独适用的一般规则、电子票据单独适用的一般规则。

---

[1] 参见臧铖、周林娜：《区块链票据场景的应用》，载《中国金融》2018年第2期。
[2] 参见李爱君：《区块链票据的本质、法律性质与特征》，载《东方法学》2019年第3期。

1. 纸票与电子票据共同适用的一般规则

现行《票据法》总则的主要内容经过改造之后大部分可以作为纸票与电子票据共同适用的规则。包括：(1) 立法目的；(2) 调整范围；(3) 核心概念的定义条款；(4) 票据活动的原则；(5) 票据关系创设及票据责任；(6) 票据权利的取得及行使；(7) 票据签章的概括规定；(8) 票据记载事项的一般要求；(9) 票据使用流通是否要求基础交易背景的规定；(10) 无对价取得票据的权利限制；(11) 票据抗辩；(12) 签章伪造；(13) 票据时效；(14) 利益返还请求权、票据返还请求权等。

此外，电子票据纳入《票据法》之后，一些新的概念需要引入，《票据法》中原有的一些概念也需要结合纸票与电子票据二元载体的特点进行重新定义，所以需要在总则中增设定义条款统一规定相关概念。

2. 电子票据单独适用的一般规则

电子票据纳入《票据法》调整后，有些只能适用于电子票据的规则需要单独加以规定。由于现行《票据法》总则中没有电子票据的规定，所以需要参考调整电子票据现行规章、文件的规定，在总则中补充规定仅能适用于电子票据使用流通的一般规则。主要包括：(1) 电子票据的范围；(2) 电子票据的签章与认证；(3) 电子票据系统故障和安全事故导致无法行使权利的救济；(4) 密钥丢失的救济等。

3. 纸质票据单独适用的一般规则

现行《票据法》总则中的部分制度，只能适用于纸质票据，在电子票据纳入《票据法》调整之后，这些规则无法适用于电子票据，需要单独规定只适用于纸票活动的一般规则。主要包括以下条款：(1) 票据格式；(2) 票据变造、更改；(3) 票据丧失及失票救济中的挂失止付、公示催告等制度；(4) 无行为能力人和限制行为能力人签章规则等。

(二) 票据系统运营者与相关服务提供者

票据系统运营者与相关服务提供者为第二章。如前所述，电子票据时代，票据法修改完善需要扩展票据法体系。电子票据使用与交易需通过平台进行，电子票据运行中票据系统是保障电子票据流通和功能实现的前提，而现行《票据法》缺乏相应制度。所以需要专门规定票据运营系统一章。目前商业汇票的签发使用大部分采用电子汇票，票据交易则既包括纸票数字化之后的交易，也包括电子汇票的交易，此外，电子影像支票的生成、传输也需要通过一定的系统或平台进行。纸质票据的使用虽然不以通过特定系统为必要条件，但是实践中票据的付款环节都通过票据当事人委托的银行进行，银行之间的票据业务流程有时也通过系统进行操作，因此，纸票业务中实际上也部分涉及系统运行问题。所以票据系统运营制度虽然主要针对电子票据，但同时涉及纸质票据，所以这一部分的内容可以采取在总则中单设一节或总则之后专门设一章的方式。考虑到总则体系的自身逻辑以票据关系为主，因此，我们倾向于将票据系统运营制度放在总则之后单设一章加以规定。主要内容是针对电子票据系统和票据交易系统的规则，同时包括影像支票系统运行和纸票交换系统等，规定电子票据平台运营与服务主体的地位与责任。主要包括：第一节票据交易所，规定票据交易所的法律地位与职责、票据系统运营及票据交易所的责任；第二节电子票据系统接入机构，规定接入机构的法律地位与权利义务；第三节支票影像交换系统，规定支票影像交换系统的流程、运营者及其责任；第四节电子签章认证服务机构，规定电子签章认证服务机构的权利义务与责任。

(三) 汇票

汇票作为第三章，基本框架和现行《票据法》一致，即以票据使用流转各环节为主线，规定相关制度。如同总则部分一样，汇票章每一环节的内容先安排纸票和电子票据共同适用的规则，然后规定纸票和电子票据各自单独适用的规则。我国现行票据实践中的汇票包括银行汇票和商业汇票，《票据法》仅列举了两种类型，并未对两种票据的规则区分规定，事实上，《票据法》现行规定主要与商业汇票的特征相符合，而与银行汇票存在较大差异，也就是说，现行《票据法》虽然规定汇票包括银行汇票和商业汇票，但在制度规则上很多内容不适用于银行汇票。对于银行汇票的调整及运行，主要通过《支付结算办法》进行。另外，目前我国电子票据的实践主要是商业汇票，银行汇票尚未开展。因此，电子化背景下，《票据法》完善应结合我国实践，同时应有一定前瞻性。主要结构分为以下各节：第一节出票，规定出票的涵义、出票类型、记载事项、法律后果；电子票据出票程序；纸票出票程序等内容。第二节背书，背书的涵义、出票类型、记载事项、法律后果；电子票据背书方式；纸票背书。第三节承兑，规定承兑的涵义及要件、承兑期限、法律后果；电子票据承兑；纸票承兑。第四节保证，规定票据保证的涵义、要件及后果；电子票据保证的实施。第五节付款，规定票据付款的涵义及法律后果；付款人的审查义务；错误付款的责任；电子票据付款程序与方式；纸票付款程序与方式。第六节追索权，规定追索权的事由、追索主体与义务主体；追索方式；纸票追索；电子票据追索。第七节银行汇票的特别规定。由于银行汇票目前尚未开展电子化业务，但为了预留发展空间，可以在银行汇票定义及出票规则中规定包括电子银行汇票的原则条款。但在具体规则设计上主要参照汇票纸票规则。同时规定仅适用于银行汇票的特别规则，例如，允许出票人与收款人之间无基础交易关系、申请人的地位及权利、代理付款人的地位及责任等。

（四）本票

本票作为第四章，除了在本票类型中通过概括规定为电子本票预留空间外，其基本架构与现行《票据法》规定相同，不分节，规定以下内容，一是本票相对于汇票的特殊规定，二是本票对于汇票规则的适用。

（五）支票

支票作为第五章。考虑到支票的使用目前主要是纸质票据，但由于电子支付取代纸质支票支付功能的趋势不断加强，电子支票的使用将是支票业务未来的发展方向。目前有些场合下推行的影像支票是纸质支票的影像化或数字化，是纸票与电子支票的中间形态。在规则适用上，主要需要规定影像支票系统运行和影像支票的确认及效力问题，影像支票的出票规则与纸质支票基本相同，因此影像支票效力、签章、要件适用纸质支票的规则，同时支票影像信息传输中，还需要数字签名，影像支票交换系统及识别也需要有特殊规定。所以，支票一章可分为二节，一是一般规定，概括规定支票的类型、功能、要件、票据关系权利义务等，为电子支票预留空间。二是影像支票交换系统的特别条款及规则适用。

（六）票据交易

票据交易是票据融资功能的主要体现。目前我国票据交易主要适用2016年中国人民银行颁布的《票据交易管理办法》，该办法法律位阶较低，无法规定票据交易过程中当事人的民事权利义务，而票据融资纠纷是我国司法实践中票据纠纷案件的重点和难点问题。所以为了适应票据交易发展的需求，有必要拓展票据法体系，专门规定票据交易作为第六章。本章主要规定票据市场交易的定义、交易形式、票据市场交易的基本规定以及票据市场交易中相关主体的责任以及票据交易中的登记、托管、查询等相关服务。

(七) 法律责任

法律责任部分为第七章，主要规定民事责任与修正责任。对纸票与电子票据使用流通过程中涉及的票据损害赔偿责任，除其他章节有规定外，都集中在此规定。并且除个别条款外，法律责任的承担实行纸票与电子票据一致的原则，原则上不区分纸票或电子票据。

(八) 附则

……

三、票据法律制度规则体系及适用

我国票据法律制度有着不同层次的规则体系，票据法的完善，也包括相关规则体系适用关系的清晰、明确，具体分析如下：

(一) 法律行政法规层面

调整票据活动的法律、行政法规主要是《票据法》《电子签名法》等法律及《票据管理实施办法》，根据法律位阶，当下位法与上位法冲突时，上位法优先，故当部门规章等规定与法律规定冲突时，法律规定优先。在电子票据流通中与纸质票据相同的票据行为，应当受《票据法》约束。电子票据相关的操作行为是通过线上系统进行的，为表明主体身份需要使用电子签名，相关当事人关于电子签名的使用问题由《电子签名法》进行规范。

(二) 司法解释及部门规章层面

中国人民银行对纸质票据和电子票据的管理进行了规定，颁布了一系列规章。从业务操作和监管角度，票据当事人在实施票据行为时应当符合此类规定的要求：如《支付结算办法》《电子票据管理办法》《票据交易管理办法》等。其中《支付结算办法》适用于纸质票据，《电子票据管理办法》适用于电子票据，《票据交易管理办法》适用于纸票电子化和已贴现的票据，包括已贴现的纸质票据和已贴现的电子票据。司法解释是人民法院审理票据纠纷时对如何适用法律的解释，如最高人民法院公布的《票据法司法解释》，规定了票据纠纷受理和管辖、票据保全、举证责任、票据权利及抗辩、票据效力、票据背书、票据保证、法律适用等方面的内容，虽然其也是以纸质票据为对象进行规定的，但同《票据法》一样，其效力同样及于电子票据行为与纸质票据行为共同的部分。规章与法律、行政法规不存在冲突的，可以在司法实践中予以适用。

（三）行业规则层面

行业规则是票据交易市场的自治规则。为了规范行业自身行为，票据交易所出台了一系列行业规则，对相关票据行为进行规范，具体包括《上海票据交易所票据交易规则》《上海票据交易所票据登记托管清算结算业务规则》《上海票据交易所纸质商业汇票业务操作规程》《上海票据交易所应急服务规则》《上海票据交易所集中接入技术服务机构管理办法（暂行）》《上海票据交易所票据质押式回购特殊场景业务操作规程》《上海票据交易所U盾管理规程》《上海票据交易所系统参与者资金账户业务操作规程》《上海票据交易所票据非交易过户业务操作规程》等。这些行业规范明确了票据交易所票据业务的处理规则，有利于规范票据交易所自身行为及使用票据交易所系统的各个当事人的行为，对参与上海票据交易所业务的当事人具有约束力。

（四）票据交易主协议层面

《票据交易主协议》（以下简称《主协议》）是上海票据交易所制定的，票据交易参与者必须签订的并受其约束的开放式多边协议，在性质上属于协议，但因为对整个票据交易行业具有普遍约束力，因而也属于行业规则。此协议符合合同的一般特性——相对性，即仅对合同当事人具有约束力，对未签订此协议的当事人没有约束力。又因为票据交易的参与者必须签订此协议，所以所有的票据交易参与者均受此协议的约束，应当根据此协议享有权利、履行义务。

除《主协议》外，票据交易参与者可以根据需求自主选择签订《补充协议》，该协议通常为双边协议。《补充协议》是对《主协议》内容的补充，根据合同的自愿性，当事人可以对相关内容进行自主约定和变更，《主协议》第1条第3款也明确"补充协议与主协议不一致的，补充协议有优先效力"，但《主协议》第3条第（二）款要求主协议签署方签署的其他协议与本条款内容没有冲突，故对与相对人签署与《主协议》第3条冲突的补充协议的行为的效力和处理是值得探讨的法律问题。

我们认为，合同应当体现当事人的意思自治，其可以根据自身利益需要对合同内容进行变更，票交所制定的交易规则、相关协议的性质类似于行业内的"自治规章"，票交所制定的规则、协议是参与票据交易的当事人应当遵守的制度。但基于合同的相对性，《补充协议》的效力仅约束签订《补充协议》的双方，而不能以此约束《主协议》的其他当事人，也就是说，《补充协议》的双方约定不放弃部分追索权的，此约定仅在双方当事人的交易中产生效力，其他当事人不会受此影响。此外，如果票交所制定的规则、协议违反法律、行政法规的强制性规定，或违反《中华人民共和国民法典》（以下简称《民法典》）对格式合同规制的条款时，其效力将受影响。行业规则、协议违反部门规章时，监管部门有权采取相应的处罚措施，但其效力是否受影响还需要根据具体内容确定。

第三节 电子化背景下我国票据法完善的制度构建与修改要点

一、纸质票据与电子票据共同适用的修改要点

除了涉及电子票据的相关内容外，《票据法》中涉及纸票与电子票据共同适用的规则也需要修改完善。这里主要针对需要在内容上实质修改的要点，分析如下：

（一）立法目的

立法目的是一部法律的基本特色，因此《票据法》中立法目的的条款应当是首要条款。除了现行法律中规定的规范票据行为，保障票据活动中当事人的合法权益，《票据法》的完善还面临着规范和保护电子化时代票据系统运行和相关主体利益以及促进票据流通的任务。因此，立法目的条款应体现以上内容。

（二）调整范围

调整范围涉及空间范围和社会关系领域两个角度。应当分设两个条款规定或在一个条款中规定法律适用的空间范围，同时通过定义性条款限定所调整的行业或领域。前者的典型代表是《民法典》，后者如《中华人民共和国保险法》（以下简称《保险法》）、《电子商务法》等。现行《票据法》采取后一种模式，规定中华人民共和国境内的票据活动，适用本法。但在定义条款中仅列举了票据类型，并未直接规定票据活动的定义。《票据法》《保险法》《电子商务法》等法律相同，属于领域法。因此，我们建议《票据法》的调整范围条款，仍然维持现行模式，即直接规定调整空间范围条款。此外，在《票据法》调整的空间范围上，应增设一款或通过但书规定跨境票据活动法律适用的原则性规定，从而使我国票据法在一定情形下可以适用跨境票据活动。至于调整社会关系或票据的范围，通过定义条款体现。

(三) 核心概念的定义条款

第一，定义条款中首先需要规定票据活动和票据的涵义，从而确定《票据法》所调整的社会关系范围。《票据法》调整的核心关系是票据关系及票据行为。但票据活动不仅限于票据行为，特别是电子票据的使用流通需要通过网络系统进行，涉及系统运行及相关主体的行为，因此票据活动包括当事人实施的票据行为及票据使用流通中的相关活动。对于票据的含义，现行《票据法》采取的是列举式的规定："本法所称票据，是指汇票、本票和支票。"如何在总则调整范围条款中包括电子票据，有观点认为在第2条第2款汇票、本票、支票的列举之后增加"电子票据"一项，将《票据法》的适用范围明确由纸质票据扩展到电子票据。[1]我们认为，汇票、本票、支票是从票据当事人及票据权利义务特点角度加以分类的，而电子票据是从票据载体角度加以界定的，其相对应的类型应当是纸质票据。所以，在汇票、本票、支票之后增加电子支票和前者并列，并非同一划分标准，存在逻辑上的不一致。尽管《票据法》中规定的汇票、本票、支票是指纸质票据，但这几类票据的概念本身可以进行扩大解释，不仅限于纸质票据，目前《电子票据管理办法》中对电子商业汇票的定义即采取如此方式。因此，对于票据的定义，可以采取内涵与外延相结合的方式，内涵定义应包括统一纸票与电子票据的载体特性，外延界定仍然维持汇票、本票、支票合并主义。具体可采取如下表述：本法所称票据是出票人通过纸质或数据电文的方式制作的，指示第三人或由自己承诺向持票人无条件支付一定金额的权利凭证，包括汇票、本票、支票。现行理论中对票据定义的通说称为有价证券，这里之所以采用权利凭证而放弃有价证券的称呼，是因为有价证券的概念主要体现纸质文件的特点，权利凭证更能包含电子和纸质两种载体。

第二，定义条款中还需要规定适用于票据使用流转各环节的一些基本概念。有些概念在现行《票据法》中存在相应词语，但未界定概念涵义，例如，签发、持票人、签章、交付等。有的界定了概念，例如票据抗辩、票据责任、票据权利、前手等。上述概念属于基本概念，既适用于纸票，也可适用于电子票据。不涉及或不需要体现票据载体特性的，大体保留现行《票据法》的规定，如票据权利、票据义务、票据抗辩等。需要体现电子特点并与纸票融

---

[1] 参见陈红：《电子票据法律规则研究》，吉林大学2013年博士学位论文。

合的,对其概念进行界定,主要包括签发、持票人、签章、交付等概念。例如,持票、签章人的概念,持票可以表述为:持有纸质票据或掌握密钥通过票据网络系统对数据电文形态的权利凭证加以控制的客观状态。签章是指以纸质记载或电子签名方式确定票据活动当事人身份的行为。

(四)票据无因性与融资票据问题

我国《票据法》通过若干条款规定了基础关系。《票据法》第10条第1款规定:"票据的签发、取得和转让,应当遵循诚实信用的原则,具有真实的交易关系和债权债务关系。"第21条第1款规定:"汇票的出票人必须与付款人具有真实的委托付款关系,并且具有支付汇票金额的可靠资金来源。"第82条第2款规定:"开立支票存款账户和领用支票,应当有可靠的资信,并存入一定的资金。"理论中对票据无因性原则的含义以及应当把无因性原则作为票据制度的基本规则基本上不存在争议,《票据法》实施以来,许多学者从票据无因性理论出发,对《票据法》第10条提出修改建议,但对《票据法》第10条的规定如何理解与适用、如何进行修改以及是否删除存在争议。

第一,票据无因性如何理解,《票据法》第10条是否需要修改或者如何修改?无因性规则是否适用于直接前后手,持票人基于他人签发或转让票据而取得票据,如果没有真实的交易关系和债权债务关系,该持票人是否可以取得票据权利?对于第10条第1款的性质,理论中有学者认为,该条规定把基础关系和票据关系的效力联系在一起,导致真实交易关系是出票行为、票据权利转让行为的有效要件的结论,是对无因性的否定,应当予以纠正,删除该条规定。[1]也有学者认为,无因性是相对的,在直接前后手之间的适用受到限制。[2]无因性是否适用于直接前后手之间,通说认为,无因性规则适用于整个票据关系,例外的是,票据关系直接前后手之间,票据债务人可用原因关系对抗票据关系。理论中有学者主张二阶段论,票据债务负担行为须

---

[1] 参见谢怀栻:《评新公布的我国票据法》,载《法学研究》1995年第6期;李伟群:《对我国〈票据法〉第10条之修改建议》,载《法学》2011年第9期;王崎炜、曹锦秋:《票据行为无因性理论清源与我国票据法修订研究》,载《江西社会科学》2014年第6期;董惠江:《中国票据法理念与立法技术的反思》,载《环球法律评论》2020年第5期。

[2] 参见于莹:《论票据的无因性原则及其相对性——票据无因性原则"射程距离"之思考》,载《吉林大学社会科学学报》2003年第4期;曹守晔:《〈关于审理票据纠纷案件若干问题的规定〉的理解和适用》,载《人民司法》2001年第4期。

无因，原因关系上的事实不影响票据行为人的票据债务负担。即使原因关系不存在或归于无效，只要存在形式合法的票据，票据签章人必须对合法持票人承担票据责任，而票据权利移转行为须有因，原因关系不存在或归于无效时，票据权利移转行为亦归于无效，从而直接后手持票人无法取得票据权利，票据行为人亦无需向其履行票据债务。[1]在司法实践中，对于上述问题因地域、时间不同而存在不同的认识与处理。一种认识是当事人之间没有基础交易关系转让票据的行为无效。[2]也有判决认为，《票据法》第10条规定属管理性法条，基础关系欠缺并不导致票据行为无效。[3]

第二，何为真实的交易关系和债权债务关系？签发票据直接融资或转让票据融资，是否属于没有真实交易关系和债权债务关系，是否违反本条规定，产生何种后果？一般而言，真实的交易关系是票据关系之外的商品或服务等实质交易关系，票据关系是为了履行实质交易关系而创设的。没有真实的交易关系和债权债务关系通常指虚构但实际上并不存在的交易关系。但是对于签发票据直接融资或转让票据融资，是否属于没有真实交易关系和债权债务关系则有不同的认识。多数认为，我国《票据法》确立的是真实票据原则，签发票据直接融资或转让票据融资属于我国《票据法》第10条禁止的行为，因而属于没有真实交易关系而签发或转让票据。但也有理解认为，签发或转让票据融资，也存在基础交易关系，该基础交易关系实质上类似于贷款，也有认为票据买卖本身就是真实交易关系，不属于没有真实交易关系。由于上述规定对票据无因性的适用产生较大争议，因此是票据法修改中需要重点研究的问题。对此问题，我们的意见是：

其一，无因性原则上适用于票据整体，但在直接前后手之间属于适用无因性规则的例外情形。因为绝对无因性理论将导致法律适用上出现无因性与法律基本价值和正义原则的冲突，按照绝对无因性理论，伪造交易、欺诈、串通损害他人利益取得票据的，依然取得票据权利，只是直接当事人可以抗辩，其他债务人不能抗辩。但是，这并非票据无因性的立法目的，因此，应

---

[1] 参见金锦花：《票据行为无因性理论的困境及其解决》，载《大连理工大学学报（社会科学版）》2018年第4期。

[2] 最高人民法院（2014）民申字第2060号民事裁定书，案件来源：中国裁判文书网。

[3] 最高人民法院（2014）民申字第1405号民事裁定书，案件来源：中国裁判文书网。

当坚持相对无因性规则，区分票据的效力和票据行为的效力，票据有效性是无因的，特定票据行为应当考虑实质要件和基础关系的合法性和真实性，无因性规则不能适用于基于虚假交易关系取得票据的当事人之间，从这个意义上说，二阶段说与票据行为相对无因性接近。所以不应简单删除《票据法》第 10 条的规定，为了避免引起与无因性冲突的歧义，在要求票据签发应有真实关系和债权债务关系后，从反面进行规定，排除串通合谋虚构基础交易关系以及基于其他非法目的签发、转让票据取得票据权利的效力。

其二，《票据法》第 10 条第 1 款规定的实质意义并不是否定票据的无因性，而是限定票据的性质为真实票据以及对票据欺诈效力的否定。从《票据法》的体系及第 13 条、第 14 条等规定的内容看，并无完全否定无因性的意图。《票据法》第 10 条第 1 款的规定确立了我国票据的基本属性是真实票据而不能是融资票据。融资性票据在《票据法》中的地位不是因为第 10 条对特殊情形下某些持票人的票据权利的否定，而是因为《票据法》的设计从来没有考虑过融资性票据的存在[1]。真实票据是以实际存在的商品或劳务等交易为基础而签发或使用的票据，与此相对应，融资票据又称空票，是当事人签发的、不以真实的商品或劳务等交易为基础，而是仅作为融资工具在市场上流通的票据，融资票据的持票人因向票据的出票人或背书人提供资金而取得票据，即所谓票据的买卖或票据交易。我国现行《票据法》实行的是真实票据原则，排除了融资票据。不允许直接签发票据融资，除贴现、转贴现限制外，不允许无金融业务资质的主体之间转让票据融资，即票据只能是基础交易关系支付结算的工具，原则上不得把票据直接进行买卖。《票据法》修改时，如果依然坚持票据属性为真实票据的定位，《票据法》第 10 条对真实交易关系要求的内容就依然应当保留。如果允许融资票据，则需要对《票据法》第 10 条的规定进行修改。近些年来，在理论与实践中都有人主张修改票据法、确认融资性票据的合法性。[2]我们认为，考虑到控制金融风险和信用膨

---

[1] 参见赵意奋：《论融资性票据的入法》，载《宁波大学学报（人文科学版）》2016 年第 4 期。

[2] 参见易文家：《对我国发展融资性票据的思考——基于商业本票的视角》，载《中国商论》2021 年第 19 期；李思阳：《票据融资的理论清源与监管研究》，载《北方金融》2020 年第 4 期；汪办兴：《新时期建设我国多元结构化票据市场的思考——基于融资性票据发展的 SWOT 分析》，载《上海立信会计金融学院学报》2019 年第 2 期；于永芹、李遐桢：《论电子商业汇票融资功能的法律制度保障》，载《烟台大学学报（哲学社会科学版）》2016 年第 1 期。

胀仍有必要，《票据法》修改完善时，应当对作为支付结算根据的票据和作为纯粹融资工具的票据区别对待，作为支付结算工具的票据，票据属性为真实票据；作为融资票据，不再要求基础交易关系。具体可规定为：票据的签发、取得和转让，应当具有真实的基础交易关系。法律、行政法规对融资性票据另有规定的除外。

除了第 10 条的原则规定外，融资票据的另一问题是民间票据贴现等直接签发或转让票据进行融资的效力。民间票据贴现交易标的是票据本身，属于没有基础交易关系的票据转让行为，属于银行等金融机构进行的票据融资活动。按照近几年的司法政策，除向具有贴现等金融业务资质的主体转让票据外，其他主体之间不具有基础关系情形下进行票据买卖交易的行为无效。[1]我们建议，《票据法》修改时对此不作明确规定，保留出一定的弹性。理由是：虽然近年来的司法政策对此按照无效处理，但考虑到金融监管政策的变动性和法律稳定性的差异，仍有必要对不具备贴现资质的主体进行票据贴现融资的效力留出一定的法律解释空间。

（五）票据代理

《票据法》第 5 条规定："票据当事人可以委托其代理人在票据上签章，并应当在票据上表明其代理关系。没有代理权而以代理人名义在票据上签章的，应当由签章人承担票据责任；代理人超越代理权限的，应当就其超越权限的部分承担票据责任。"这一规定是针对纸质票据代理的规定。在理论中对这一制度的探讨主要在于是否适用无权代理追认、表见代理认定等问题。从《票据法》和《民法典》的关系出发，无权代理和越权代理问题应与《民法典》的相关规定一致，无需在《票据法》中特别规定。至于越权代理情形下，被代理人和代理人分别承担责任的规则适用难度较大的问题，可以通过举证责任配置加以解决。此外，目前电子票据业务中，存在接入机构和票据代理机构，其法律地位是实施票据行为的客户的代理人，但此种代理是接入机构与客户形成的代理关系，主要是代理客户向票据系统中发送、接收票据行为的相关数据电文，在签收、驳回、应答等操作中代理签章，并非《票据法》

---

[1]《全国法院民商事审判工作会议纪要》第 101 条规定，票据贴现属于国家特许经营业务，合法持票人向不具有法定贴现资质的当事人进行"贴现"的，该行为应当认定无效，贴现款和票据应当相互返还。

意义的票据代理行为。目前电子票据业务系统中票据行为人也无法标记代理关系。在企业客户相关的票据申请类报文中，只有"提示付款申请"和"逾期提示付款申请"报文标准格式中包含"代理申请标识"字段，在"通用回复"报文中，收票回复、单位间转让背书的背书回复、提示付款回复和逾期提示付款回复，允许代理回复标识为"银行代理"或"客户自己签章"，其他回复必须为"客户自己签章"。另外，在"通用票据转发"报文中，承兑、收票、背书、贴现、贴现赎回、保证、质押、质押解除、提示付款、逾期提示付款、追索相关信息，均包含"代理回复标识"，但只适用于金融机构承接关系中，承接行代理被承接行的代理签章动作，对于代理企业客户并不适用。[1]

但是，随着电子票据业务的发展，票据代理也有现实需求。受制于资产证券化行业监管和电子票据系统实际操作的双重因素，实践中出现了大量电子票据代持现象，即在票载权利人的表象之外，直接前后手与第三方另行达成协议，约定票载权利人仅是代理第三方接受票据背书，第三方才是实质权利人，[2]司法实践中对此存在不同认识。故我们建议，应当把票据代理规则扩展到电子票据，并应综合考量符合可靠性原则，明确审查授权文书主体、验证程序等规则，[3]允许电子票据在报文表现形式上由代理人签章，并在票据上表明代理关系。

（六）善意取得制度

《票据法》第 12 条规定了非法取得及明知非法情形的存在而恶意取得票据的，不得享有票据权利，从反面规定了善意取得制度。但是，对于善意取得制度与其他相关制度的适用仍存在不明确之处。因此需要规定善意取得制度的除外情形加以解决。一是票据权利善意取得只适用于持票人转让票据的场合，不适用于非依票据行为取得票据的情形，如继承、公司合并、破产等。由于这些方式取得的票据不属于票据流通的范围，故不能适用善意取得票据权利的制度。二是超过付款提示期间的票据或出票人禁止背书的票据。上述

---

[1] 参见闫东：《关于电子票据的代理签章》，载 https://mp.weixin.qq.com/s/854nyRlx7AyZuOrsCMkRrA，最后访问日期：2021 年 12 月 10 日。

[2] 参见孙倩：《电子票据代理应适用严格显名主义》，载《人民司法》2020 年第 5 期。

[3] 参见张雪楳：《票据法修改若干问题探析》，载《法律适用》2011 年第 11 期。

情形的票据已丧失流通性，且从票据外观可以得知，故不适用善意取得制度。三是从无行为能力人或限制行为能力人处取得票据的或基于直接前手伪造签章取得票据。无行为能力人和限制行为能力人在一切票据上的签章均无效，这是法律为保护无行为能力人和限制行为能力人的利益的特别规定，因此受让人从无行为能力人或限制行为能力人处取得票据的，无论是否善意，均不享有票据权利。基于伪造签章取得的票据，后手应当对直接前手背书签章的真实性负责，直接前手背书签章为伪造的签章时，后手应当承担相应的风险，不得主张善意取得。

（七）票据行为独立性的制度

票据行为独立性是一项公认的理论，在制度规定上体现为《票据法》中关于伪造签章无效不影响其他签章效力、无行为能力人签章不影响其他签章效力等规定。但是票据行为的独立性不仅限于签章无效的情形，因意思表示不自由导致票据行为无效的情形依然适用。纸质票据中票据行为独立性规则不适用于因形式要件欠缺导致票据无效或票据行为无效的情形，前手背书行为因形式要件欠缺将影响后手背书行为的效力或持票人的权利，《票据法司法解释》第45条的规定未进行具体区分，笼统规定背书人、承兑人、保证人签章无效不影响其他签章的效力。[1]这一规定存在不准确问题，需要通过法律修改加以纠正，明确票据行为独立性的适用情形与除外适用制度。

（八）利益返还请求权制度

《票据法》第18条规定："持票人因超过票据权利时效或者因票据记载事项欠缺而丧失票据权利的，仍享有民事权利，可以请求出票人或者承兑人返还其与未支付的票据金额相当的利益。"理论中有学者认为利益返还请求权制度没有必要和合理性，应予废除。[2]也有学者认为废除《票据法》第18条的观点难以成立，但该法条尚有必要予以精简。[3]我们认为，利益返还请求

---

[1]《关于审理票据纠纷案件若干问题的规定》第45条："票据的背书人、承兑人、保证人在票据上的签章不符合票据法以及《票据管理实施办法》规定的，或者无民事行为能力、限制民事行为能力人在票据上签章的，其签章无效，但不影响人民法院对票据上其他签章效力的认定。"

[2] 参见刘江伟：《票据利益返还请求权的合理性分析——兼论票据利益返还请求权的废除》，载《河南科技大学学报（社会科学版）》2017年第1期。

[3] 参见曾大鹏：《为我国票据利益返还请求权制度辩护——基于〈票据法〉第18条的法教义学分析》，载《华东政法大学学报》2020年第5期。

权制度是基于衡平观念对持票人的特别救济,是《票据法》上特有的制度,用不当得利等制度替代也会增加制度适用成本,因此并无废止的必要。但是,该条规定存在技术上的失误,因为"票据记载事项欠缺"会导致票据权利自始不存在。无论后续如何进行善意地流转,票据不可能自行产生权利,谈不上丧失,也就无从主张利益返还请求权,此外,"返还其与未支付的票据金额相当的利益"实质上应当是指因无需承担票据义务而额外获得的利益。因此,建议将此处的"票据记载事项欠缺"修改为"票据保全手续欠缺",将"返还其与未支付的票据金额相当的利益"修改为"返还其与额外获得利益相当的金额"。

(九) 票据返还请求权

票据返还请求权是《票据法》调整的非票据关系,但是,《票据法》中没有明确规定票据返还请求权,《票据法司法解释》中对此有所涉及。实践中票据返还请求权纠纷大量存在,因此需要在《票据法》中规定其行使权利的要件。但是,对于电子票据而言,通过系统发送相关数据电文,对方签收确认以后,须通过特定的程序和技术手段,由票据系统运营者介入才能返还,持票人无法径直返还。

(十) 基础交易关系债权与票据权利的行使关系

在票据关系的直接前后手之间,存在票据关系与票据原因关系两类不同的法律关系,也就是说,出现两种不同性质的债权债务关系并列的情况。《票据法》中对基础关系债权与原因关系债权的行使问题没有规定,实践中存在争议。《票据法》理论中,日本学界的通说是区分"为担保原因债务"的票据授受和"为支付原因债务"的票据授受,前者是指票据第一次付款人与原因关系债务人为同一人,后者则付款人并非原因关系债务人,前者持票人可以选择行使两种债权,后者则只能先行使票据权利,被拒绝时,可行使原因关系债权。也有学说主张不作区分,应先行使票据权利。[1]我们认为,此类争议是票据流通中经常出现的问题,具有典型性,应当在《票据法》中予以规定,具体意见如下:[2]

---

[1] 参见张凝、[日]末永敏和:《日本票据法原理与实务》,中国法制出版社2012年版,第88~89页。

[2] 参见吕来明:《票据法学》,北京大学出版社2011年版,第63~64页。

1. 基础交易关系债务人为履行债务向持票人签发或转让票据后，持票人票据权利未丧失时，若没有行使票据权利，暂时阻却其行使基础交易关系的债权。

2. 当持票人行使票据权利请求付款人付款，付款人支付了票据款项后，票据权利实现，基础交易关系中债务人的债务同时消灭。

3. 持票人行使付款请求权被拒绝或请求承兑被拒绝或具备其他追索原因时，持票人一方面享有追索权，另一方面对其直接前手的原因关系债权并不因之丧失，持票人既可以选择行使票据追索权，也可以选择行使基础交易关系债权。

当票据的签发或转让是为了履行原因关系债务时，持票人行使第一顺序票据权利没有实现时或因拒绝承兑没有实现付款请求权的信用基础时，说明基础交易关系中债权实现也同时受阻，以票据方式支付原因关系中的债务没有实现，则基础关系债权仍然存在，因此应当允许持票人就行使票据追索权还是向直接前手行使原因关系的债权进行选择。

4. 当持票人怠于行使票据权利或因其他事由而使票据权利丧失的，持票人享有利益返还请求权或基础交易关系债权。

如果持票人的直接前手（原因关系债务人）是出票人，则只要原因关系债权未超过时效，持票人仍可向出票人选择行使基础交易关系债权或利益返还请求权，但是如果因为上述情形使基础交易关系中债务人履行债务的期限超过合同约定期限的，债务人并不承担违约责任。

如果持票人的直接前手（基础交易关系债务人）是背书人，则当持票人怠于行使票据权利或因其他事由而使票据权利丧失时，持票人只能向出票人或承兑人行使利益返还请求权，至于他与直接前手的原因关系的债权视为消灭，因为允许持票人行使基础交易关系债权，将会使持票人的直接前手产生双重支付对价的问题，其损失不得不由直接前手向出票人或承兑人主张利益返还请求权，而如果利益返还请求权行使时无法得到实际清偿（如出票人破产、下落不明等），则持票人的直接前手遭到损失。而票据时效超过是持票人的行为导致的风险，转嫁给基础交易关系债务人（直接前手）承担，这对基础交易关系债务人不公平。因此，在此情形下，持票人只能行使利益返还请求权，无权再要求直接前手承担原因关系中的债务。至于持票人的直接前手（原因关系债务人）是出票人时，持票人无论行使利益返还请求权，还是行使原因关系的债权,都不会发生出票人双重支付的问题,因此,应当允许选择行使。

5. 在持票人丧失对出票人以外的其他前手(包括原因关系债权人)的票据权利,但对出票人和承兑人的权利依然存在的情形下,持票人可以选择向出票人、承兑人行使票据权利,也可以选择向其直接前手行使原因关系债权,向直接前手行使原因关系债权时,直接前手有权要求返还票据,不能返还票据时,直接前手有权对持票人进行抗辩。

(十一) 商业汇票当事人的范围

票据当事人的范围从另一角度讲是票据的使用范围,即某种票据可以由哪些人使用。《票据法》本身没有直接对汇票当事人范围予以限制的规定,但根据《票据法》第109条的授权以及中国人民银行的相关规定及制定的票据格式来看,我国对票据当事人范围的限制是,商业汇票的出票人、收款人、付款人均必须是单位,个人不能成为商业汇票的当事人,[1]换句话说,自然人不能使用商业汇票。本票的出票人只能是银行。从自然人是否有签发汇票需求的角度来看,虽然历史上汇票的使用主体主要为商人,但是我们也不能否认自然人作为商事主体的存在。退一步讲,即使自然人不作为商事主体,其在日常生活中也有使用汇票的可能,自然人也可以通过签发商业汇票避免通过银行汇兑、结算产生的成本。因此,《票据法》修改时,需要明确自然人可以成为商业汇票的当事人。

(十二) 票据信息披露

票据信息披露是票据电子化时代加强票据信用体系建设,完善市场化约束机制,保障持票人合法权益的重要措施。2020年中国人民银行公布规范商业承兑汇票信息披露的公告,上海票据交易所配套印发《商业承兑汇票信息披露操作细则》。上海票据交易所建设运营的票据信息披露平台是中国人民银行认可的票据信息披露平台,按照现行规则,承兑人应当将其承兑票据的承兑信息、承兑信用信息等通过票据信息披露平台向社会公开披露。商业汇票承兑信息披露的是票据本身的信息,如出票日期、承兑日期、票据号码、出票人名称、承兑人名称、票面金额、到期日等。商业汇票承兑信用信息是指承兑人的票据承兑信用状况信息,如累计承兑发生额、承兑余额、累计逾期

---

[1] 参见《支付结算办法》第54条、第74条,《票据管理实施办法》第6条、第8条。

发生额、逾期余额等。承兑人应当对其披露信息的真实性、准确性、及时性和完整性负责。票据信息披露平台实时对承兑人披露的承兑信息和承兑信用信息与票据业务相关系统中记载的票据业务行为信息进行比对，并根据比对结果在披露信息中备注披露信息与系统信息是否一致。票据承兑信息不存在或者票面记载事项与承兑人披露的信息不一致的，金融机构不得办理贴现、质押、保证等业务。

尽管票据承兑信息披露不属于票据关系的内容，但属于票据信用管理和风险防范的必要措施，违反信息披露义务给当事人造成损害的，其责任承担具有票据损害赔偿的性质，应纳入票据法规定的范畴，在《票据法》修改时予以概括规定。

二、针对电子票据的修改要点

（一）电子票据的范围

目前我国的电子票据主要是电子商业汇票，《票据法》完善时电子商业汇票无疑应当归入电子票据范围中。我国已经颁布并实施了《电子票据管理办法》，并且电子商业汇票系统——ECDS已经运行十多年，在此基础上与票据交易系统合并，于2022年6月启用了新票据系统，电子商业汇票规则相对成熟完善，在修改《票据法》制定相关内容时可以参考现行制度。

就电子票据的范围而言，我国台湾地区电子票据的适用对象包括金融业者付款的电子汇票、委托支付的电子本票、电子支票。在电子支票方面，美国关于电子支票的立法与我国《票据法》中规定的"见票即付"规则一致，为即期支票，仅能作为一种支付手段，既不能转让，也不具备融资功能。反观我国台湾地区关于支票的规定中包括远期支票。在现今电子支付的时代，网上银行、网上转账等新型支付手段应用便捷、操作简单，纸质支票的应用空间逐渐萎缩。

在本票方面，我国《票据法》仅承认了银行本票，究其原因，是因为我国信用机制仍不健全，商业信用完全无法和银行信用比较。但是在实践中，以我国发行的企业短期融资券为例，商业本票对于企业融资具有重要意义。票据法理论中有学者主张应当修改《票据法》，允许商业本票的存在，因为商业本票可以发挥商业信用的作用，不允许签发商业本票在立法例上绝无仅有，《票据法》中的本票制度即没有存在必要，除银行汇票已有类似功能外，只要签发已付汇票即可实现这一功能，[1]我国市场已发生变化，不应在本票签发主体上再差别对待。[2]由于电子票据替代纸票占据主导地位已经是事实，考虑到电子票据的快速发展和实践中商业运营的需要，充分发挥电子票据的信用功能和融资功能，有必要为电子本票预留发展空间，因此建议将电子票据的适用范围扩大，包括电子汇票、电子本票和电子支票，以便有利于我国企业融资和经济发展。

（二）电子票据运行中的特定概念

为适应票据电子化的实践，有必要在总则中对电子票据各个环节的一些基本概念加以规定。比如，票据系统、接入机构、发送、签收、驳回等。具体含义可参照《电子票据管理办法》予以规定。

（三）电子签章与认证服务

电子签名是推行电子票据的必要条件，在电子化背景下，我国《票据法》中关于签章的规定必须衔接《电子签名法》以及配套规则的规定，具体而言应当考虑以下几个方面的内容：

一是在《票据法》总则中明确电子签名的效力。电子票据的签名问题是电子票据法律调整的核心问题之一，近些年来，一些学者在《票据法》修改的探讨中，均主张在《票据法》中确认电子签章的合法性。[3]从目前《票据法》的规定来看，基本上任何票据行为发生效力都需要合乎法律规定的有效签章。签章也是传统票据的票面必需记载事项。如果签章出现错误或者缺少，相应的票据行为归于无效。现行《票据法》规定的传统票据的签章行为是绝对的、严格的书面行为，必须在票据有形的载体上进行。然而电子票据并没有传统的书面载体，要求其按照《票据法》的规定书面签章没有可能性。与电子票据签章关联最为密切的法律即为《电子签名法》。《电子签名法》在一定程度上解决了电子票据的法律适用问题，但在《票据法》中并没有规定电子签章的问题，虽然后续还相继颁布了《电子票据管理办法》《电子商业汇票

---

[1] 参见郑孟状等：《中国票据法专家建议稿及说明》，法律出版社2014年版，第223~224页。
[2] 参见董惠江：《中国票据法理念与立法技术的反思》，载《环球法律评论》2020年第5期。
[3] 参见李遐桢：《效力等同视角下的电子票据立法》，载《中国社会科学院研究生院学报》2013年第5期；左志方等：《修订票据法：逻辑与建议》，载《上海金融学院学报》2015年第6期；薛贵：《商业票据市场的相关法律问题探析——兼议〈票据法〉的修改》，载《黑龙江省政法管理干部学院学报》2020年第1期。

系统数字证书管理办法》等一系列部门规章和规范性文件，但是这些制度一是位阶较低，二是侧重于管理性规则，并没有解决《电子签名法》中的规定与《票据法》相衔接的问题。因此，从《票据法》对签章的严格要式性要求这一角度看，票据中使用电子签章并不符合要式性要求。若要将电子票据纳入《票据法》的规制范围，必须将《电子签名法》的规定与票据法中的签章要求相衔接，区分纸质票据的签章和电子票据签章，明确电子签章应作为电子票据的法定签章形式。

二是明确电子票据中有效签名的标准。电子签名作为数据电文，是电子票据的签章方式，如何使这种数据电文具有可靠识别身份的作用，需要规定统一的标准。虽然《电子签名法》中对可靠的电子签名进行了规定，但在《票据法》中尚未规定。因此我国《票据法》中仍有必要对电子签名的标准进行规定，为电子认证服务机构提供认证标准，提高电子签名的安全性。在对电子票据签章的规定上，应包括两个方面的条款，一方面规定电子票据签章除本法另有规定外，适用《电子签名法》中的规定。《电子签名法》第2条规定了电子签名的概念，第13条第1款规定了可靠电子签名的要件："电子签名同时符合下列条件的，视为可靠的电子签名：（一）电子签名制作数据用于电子签名时，属于电子签名人专有；（二）签署时电子签名制作数据仅由电子签名人控制；（三）签署后对电子签名的任何改动能够被发现；（四）签署后对数据电文内容和形式的任何改动能够被发现。"另一方面结合电子票据的特点和系统运营需求，对票据电子签章的要求作出特别规定。

三是明确电子认证服务机构责任，电子认证服务机构作为电子票据使用过程中的重要一环，承担着确认票据当事人身份的重要责任，所以，应当在规定电子签章时在总则中规定电子票据认证的一般要求。

（四）电子票据失去控制的救济

《票据法》第15条规定："票据丧失，失票人可以及时通知票据的付款人挂失止付，但是，未记载付款人或者无法确定付款人及其代理付款人的票据除外。收到挂失止付通知的付款人，应当暂停支付。失票人应当在通知挂失止付后三日内，也可以在票据丧失后，依法向人民法院申请公示催告，或者向人民法院提起诉讼。"这一制度并不能体现电子票据的特殊性，理论中对于票据丧失救济制度的修改完善提出了相应的意见，[1]但也主要是针对纸质票据的丧失提出的主张，较少涉及电子票据的失票救济问题。我们认为，电子票据是由数据电文构成的，存在于票据系统之中，并非持票人物理形态的"占有"，因此，严格来说不存在丧失的问题，只存在失去代表票据权利的数字信息的控制问题。基于这一特点，电子票据失去控制的救济，应有别于纸票的失票救济制度，主要如下：

1. 公示催告等失票救济方式的排除适用

《票据法》规定的票据丧失的救济方式包括挂失止付、公示催告、提起诉讼。其适用前提是票据丧失，在纸票使用中存在丧失的情形。在电子票据实践中，有出现票据权利人查询不到票据信息的情形。由于电子票据是储存托管在电子票据系统中的数据电文信息，不存在被盗、丢失等情形，一般来说，票据交易所票据系统对电子票据进行全流程的监管，金融机构将票据权属在登记托管结算机构指定的电子登记簿予以记载，电子票据以数据电文的形式保存在电子票据系统中，至于实践中查询不到电子票据流通信息，往往是由于信息流通的不对称性或者系统延迟，票据信息不能及时进入用户系统，不属于票据的灭失，只要将批号报给票据清算中心，就能查找到持票人所在银行。[2]因此，《票据法》中公示催告等票据丧失救济规则一般不适用于电子票据。司法实践中，2016年浙江省天台县法院发布一则公告，内容为：申请人浙江康和机械科技有限公司，出票人为天台县日成机械制造有限公司、付款人上海浦东发展银行台州天台支行，票据金额600万元人民币的电子银行承兑汇票丧失，因此向人民法院申请对该票据进行公示催告，这也是电子商业汇票首次被人民法院公示催告的案例[3]但此后，法院撤销了该公告。

2. 持票人对电子票据失去控制的救济方式

电子票据的持票本质上是对特定系统中数据的控制，失去控制后同样会产生无法行使票据权利的后果。因此需要在《票据法》修改时规定电子票据

---

〔1〕参见张雪楳：《票据法修改若干问题探析》，载《法律适用》2011年第11期；邢海宝：《票据公示催告的限缩与转向》，载《法学》2018年第5期。

〔2〕参见云票据《国内出现首例电票公示公众号催告》，载 www.cpiaoju.com，最后访问日期：2021年12月20日。

〔3〕参见马媛：《国内首例电票公示催告惹争议，电子汇票如何丢失》，载 http://finance.sina.com.cn/roll/2016-05-24/doc-ifxskpkx7692706.shtml，最后访问日期：2021年12月20日。

失去控制的救济制度，使电子票据失去控制时在一定条件下也能得到权利与系统相分离，恢复行使权利的救济途径。电子票据中失去控制的情形主要有以下类型：

第一种情形是遗失或忘记密钥导致无法进入系统或无法实施相应操作，不能行使票据权利。在此情形下并非电子票据灭失，而是当事人无法接触到数据电文，因此，应当通过重设或恢复密钥的救济方式予以解决。接入机构和电子票据系统运营者、认证机构应当承担配合恢复或重设密钥的义务，涉及相关费用的，可以由票据当事人承担。

第二种情形是他人伪造、冒用、盗用电子签章进行操作，使持票人失去对电子票据的控制。《电子签名法》第32条规定："伪造、冒用、盗用他人的电子签名，构成犯罪的，依法追究刑事责任；给他人造成损失的，依法承担民事责任。"按照该条规定，可以对伪造、冒用、盗用他人电子签名的人追究责任来保障票据权利人行使权利，但该条并没有涉及票据权利人失去票据控制时如何救济。我们认为，此种情形下属于特殊"失票"可以申请挂失止付和司法保全，防止票据款项被窃取密钥的人获得。但挂失止付和司法保全是临时性的救济措施，仍需要建立根本性的救济措施。由于被他人窃取密钥，伪造、冒名电子签章，并非票据灭失，而是相当于被盗，盗取人转让票据或领取款项也只能通过系统操作才能实现，而一旦通过系统操作，系统即可通过停止流转或控制相应风险，不存在纸票代理付款人不确定以及丧失后流转中持票人不确定的风险。因此，密钥被他人盗取，票据尚未流转或支付时，持票人可以采取更改原密钥和电子签名的方式，重新恢复对电子票据的控制，不宜采用公示催告、提起诉讼的救济方式。只是持票人申请更改密钥和电子签章需要提交一定的证据和身份证明材料。

第三种情形是系统原因导致票据"灭失"的情形。虽然电子票据不存在遗失的情形，但票据信息灭失的情形有可能存在。电子票据的流通信息统一存储于电子票据系统和票据交易系统中，虽然说系统的安全性较强，但是基于计算机系统本身固有的缺陷，不能排除系统被攻击至崩塌的可能。电子票据由于系统原因信息灭失的情形存在两种可能，一种是黑客的攻击导致整个系统崩塌，所有票据信息流通去向不明。此种风险不同于上文提到的系统错误或者被攻击导致的票据人身份被伪造。在整个票据系统崩塌时，认定该情形属于票据的灭失，能否用公示催告方式进行救济。我们认为，此种情形下依然很难用公示催告方式进行救济。一方面，整个电子商业汇票系统因被攻击而崩塌，这种情形属于关键信息基础设施的重大网络安全事件，适用公示催告程序，最终也会出现无法确定真正票据权利人的情形。这是因为从电子票据出票至票据到期被付款，整个电子商业汇票的生命流程均在电子商业汇票系统进行流转，一旦系统崩塌，所有电子票据的流通轨迹将难以确定，人民法院也难以实现对全国的电子票据进行公示催告。在电子商业汇票系统对票据信息没有记录情形下，当事人无从主张自己的票据权利，公示催告难以继续，也没有意义。所以，在不可抗力及因系统错误或者攻击导致系统整个崩塌时不适用公示催告程序。电子票据"灭失"的另一种可能是电子商业汇票系统被攻击但是未崩塌，导致特定持票人票据信息去向不明的情形，此种情形下特定持票人的票据信息去向不明，确实属于票据信息的"灭失"。但系统未崩塌，只是特定持票人的票据信息流转去向不明，这不同于整个系统崩塌，没有办法进行票据权利的救济，此情形下尽管从理论上说可以进行公示催告，但由于信息无从查询，公示催告也因缺失相关信息无从启动，另外特定票据信息在系统中灭失，没有必要采取时间长、高成本的公示催告救济方式。因为所有人都无法通过系统进行相关操作，不存在他人通过系统获得票据款项或转让票据的可能性，这与纸票丢失后他人有可能持票提示付款的情形不同。在此情形下，持票人可以向系统提交原有开户及记录等相关证明，申请恢复数据或通过技术手段重新设置相关数据等方式进行救济。

（五）电子票据行为及追索规则

《票据法》对于出票、背书、承兑、保证等票据行为各环节的规定，主要针对纸质载体的票据。按照融合与区分相结合的立法模式，需要在票据行为的一般规则中纳入电子票据的概念和因素，此外还应规定适用于电子票据行为的特殊规则，包括电子票据行为形式、交付以及部分特殊环节电子票据行为生效要件等。

电子票据行为制度的详细分析将在后面展开，这里仅就内容提要列举如下：（1）规定电子票据行为的完成形式及交付方式。（2）电子票据出票的特殊定义以及签发后撤销的规定。（3）电子票据的背书生效规则。纸质票据中的背书，只需要背书人与被背书人达成合意，并按照《票据法》中的规定在票据上完成相应记载和签章即可。在电子票据背书场景下，由于电子汇票系统与双方开户行的加入，背书从双方法律行为变为了多方法律行为。纸质票据中，背书后只存在背书有效和背书无效两种情况。在电子汇票系统中，由于达成合意这一行为需要通过发送和接受两个行为表达，因此背书人的电子票据背书行为可能产生三个结果，分别是票据背书待签收、票据背书被驳回以及背书被接受。因此《票据法》需要对这三种不同状态下的背书行为是否有效给出明确的答案。（4）付款人对电子票据的审查义务。我国《票据法》规定付款人有对票据进行审查的义务，但是在电子化背景下，电子票据行为需要通过票据系统审核后才能够发送到相对人的系统之中，如果背书不连续也无法进行票据的流转。因此电子票据审查义务的规则应当有别于纸质票据。[1]（5）设立电子票据追索权的特别规定。在近几年的电子票据追索权纠纷中存在承兑人在票据到期后，既不对票据进行付款，也不在系统中点击拒付的未应答情形。由于承兑人未予任何回复，因此无法获得拒付的证明，无法行使拒付追索权，同时未有任何应答的行为也不属于《电子票据管理办法》中规定的非拒付追索权的情形，持票人行使追索权存在困难，司法实践中存在争议。尽管近年来通过系统技术处理设定为拒付追索，司法实践中的认识也趋于一致，认为应确认持票人的追索权，但毕竟在法律层面上并不明确。此外，电子票据线上追索和线下追索的关系以及是否可以进行线下追索也存在争议，应当在《票据法》中作出规定。

（六）电子票据系统及票据交易

电子票据运行系统及当事人的地位与责任问题以及票据登记、托管、信息查询等是电子化背景下票据法体系需要拓展的部分，具体内容在第四章展开。票据交易则是指通过票据市场基础设施进行的，不再是支付工具的票据转让活动，[2]是以票据本身为交易标的的行为。票据交易并不限于电子票据，《票据交易管理办法》要求票据交易采取全国统一的市场运营管理，即应通过法定的交易场所——上海票据交易所进行交易，具体需通过上海票据交易所运营的中国票据交易系统进行，票据交易的方式依然是电子化、网络化的交易。《票据交易管理办法》对票据交易的主体、模式、相关方的权利义务等进行了规定。因此，应当参考其内容，结合票据交易实践中需要解决的问题，在《票据法》中增加贴现、转贴现以及其他票据交易形式中当事人权利义务

---

［1］ 参见张雪楳：《票据法修改若干问题探析》，载《法律适用》2011年第11期。
［2］ 参见《票据交易管理办法》。

及票据交易所等机构的责任,具体内容在第六章详细分析。

三、与纸质票据相关的修改要点

对于纸质票据而言,现行《票据法》的规定也存在一些不尽合理之处,需要修改完善的要点如下:

(一)是否允许签发无记名票据

无记名汇票是指汇票票面未记载收款人的姓名或名称,或者仅记载"来人"的汇票,由于《票据法》第22条中规定收款人名称为绝对记载事项,因此没有记载收款人姓名的汇票无效。我国《票据法》并未规定无记名汇票,这可能出于以下两个原因的考虑。一是为了保证票据背书转让的完整性;二是使收款人转让票据时承担票据责任,增加票据信用。但是实际上,票据上是否记载收款人是一个事实行为,如果收款人将票据转让,其后手对收款人名称补记,票据上的背书依然连续,从增加票据信用的角度来说,收款人完全可以通过记载"不得转让"来免除自己的担保责任。从保护收款人的角度而言,无记名票据利益受损可能性最大的主体是收款人,当发生票据遗失时收款人可能面临举证不能的情况,如果收款人拒绝记载其名称则是其利益权衡后进行选择的结果。综上所述,允许无记名汇票的存在不至威胁票据的安全流通,立法上不应施加干涉。但是电子票据由于其系统限制,不存在无记名汇票的情况,因此该条不应适用于电子票据。

(二)空白票据与空白背书

在票据法领域,严格性是基本属性,严格性是指法律对票据及各种票据行为的形式要件予以明确、固定、具体的规定,一般不允许当事人排除或任意创设。世界范围内关于流通票据的一切法律制度都坚实地建立在法律的严格性原则基础上。[1]《票据法》的严格性可能带来的不利影响主要是,在某些情况下影响票据流通的效率或给当事人的交易带来不便。为克服或减轻过分强调严格性所带来的不利影响,就需要以法律的灵活性来发挥作用,在票据形式要件的强制性程度上作出一定的变通,扩大允许当事人选择的某些记载事项,减少票据无效或票据行为无效的情形。例如,《美国统一商法典》规

---

[1] 参见[英]施米托夫:《国际贸易法文选》,赵秀文选译,中国大百科全书出版社1993年版,第78页。

定，在票据上使用任何名称，包括商业名称或虚构名称，均可构成签名，作为书写签名之替代的任何文字或标记，亦可构成签名。[1]日内瓦体系在坚持严格性的过程中表现出了相互矛盾、不合逻辑的立场，例如一方面坚持汇票必须是记名的，不允许无记名汇票，但另一方面又允许经过空白背书使汇票事实上转化为无记名票据，仅凭直接交付即可流通，正如有学者批评的，流通票据法的严格性原则战胜了理性。[2]我国现行票据立法在严格性与灵活性的问题上实行了坚定的严格性立场，严格性的程度不仅强于英美法系的票据法，甚至强于日内瓦体系。主要表现在不允许签发空白票据、不允许空白背书、对票据的更改做了严格限制等。由于电子票据系统运行中收款人姓名、金额空白时无法通过系统确定发送对象，因此上述空白票据的规则只适用于纸质票据，而在纸质票据使用中，对于空白票据的签发确有交易需求，既然支票中允许空白票据，汇票中没有禁止的实践基础，至于空白背书，更是实践中普遍存在的交易习惯，因此，在《票据法》修改时，需要适当降低严格性程度，承认空白票据和空白背书。

（三）票据更改、变造问题

在电子票据中不存在票据更改、变造问题。因此票据更改、变造的规定只适用于纸质票据。《票据法》第9条第2款规定："票据金额、日期、收款人名称不得更改，更改的票据无效。"第14条第3款对票据变造的规定是："票据上有其他记载事项被变造的，在变造之前签章的人，对原记载事项负责；在变造之后签章的人，对变造之后的记载事项负责。"这里对于更改的限制过于严格，不利于票据最大有效性的原则，而且实践中除了金额、日期等事项外，其他事项的更改无实际意义，这一规则实质上使票据更改失去了存在空间。另外，更改是合法行为，变造是违法行为，票据变造事项为金额变造的，并不导致票据无效，更改事项为金额的，票据无效，这一规定在逻辑上难以成立。因此，应当对票据更改规则进行修改，放宽更改事项的限制。

（四）票据记载金额问题

《票据法》第8条规定："票据金额以中文大写和数码同时记载，二者必

---

[1] 参见《美国统一商法典》第3-401条。

[2] Rene Rocliere《商法、商业票据、商事契约、破产》达劳兹精义丛书，巴黎，1970年，第38页。转引自［英］施米托夫：《国际贸易法文选》，赵秀文选译，中国大百科全书出版社1993年版，第75页。

须一致，二者不一致的，票据无效。"记载大小写不一致的情形只有在纸质票据中才有可能存在。在电子票据中，中文大写和数码记载不一致的，系统无法通过，一般不存在票据签发后大小写不一致的问题。在纸质票据中，严格要求金额记载大小写一致有利于避免当事人之间产生纷争，提高票据业务的效率。但其违反了票据的流通性特性，与国际通行做法不符。因此，应当尽量避免票据无效的情形，以使票据权利人获得最大限度的救济，规定大写和数码记载不一致时，以其中较小的金额为准。

第四章 Chapter 4
票据系统运营规则及相关服务提供者的责任

第一节 票据系统的运营模式

票据运营系统是电子化背景下票据业务赖以进行的基础设施，是指全国统一的票据使用、流转、交易网络平台。目前我国电子票据及纸质票据电子化的业务依托于上海票据交易所负责运营的两个系统，即电子票据系统和票据交易系统。2022年5月，两个系统合并升级为一个系统。现分述如下：

一、电子票据系统

（一）系统功能

电子票据系统即 ECDS 系统，是经中国人民银行批准建立，依托网络和计算机技术，接收、存储、发送电子商业汇票数据电文，提供与电子商业汇票货币给付、资金清算行为相关服务的业务处理平台。[1]该系统于2009年10月建成，由中国人民银行清算总中心运营，从2017年起，ECDS 系统运营相关的全部权利义务也相应转移至上海票据交易所。ECDS 负责电子票据贴现前的业务，即未贴现票据的管理，包括电子票据的出票、承兑、贴现以及到期的处理全流程。

电子票据系统支持电子商业汇票票据托管业务、信息接收和存储业务、信息发送业务、信息更新业务、电子商业汇票票款对付业务和信息服务业务。电子商业汇票的出票、承兑、背书、保证、提示付款和追索等业务，必须通

---

[1] 参见江西财经大学九银票据研究院编著：《票据基础理论与业务创新》，中国金融出版社2018年版，第157页。

过电子票据系统办理。电子商业汇票业务主体的类别分为：直接接入电子票据系统的金融机构（以下简称接入机构）、通过接入机构办理电子票据业务的金融机构（以下简称被代理机构）、金融机构以外的法人及其他组织。接入机构为系统参与者，被代理机构、金融机构以外的法人及其他组织办理电子商业汇票业务，应在接入机构开立账户。

（二）运营模式

电子票据不同于纸质票据电子化，其没有纸质实体，从产生到结束均以电子化形态呈现，所有的票据信息都以报文的形式存在，直接在票据系统中完成权利的产生、转移、消灭，所以电子票据运营过程中没有与保管纸质票据实体所对应的步骤。尽管在实施票据行为的时候，发送方会将票据的相关信息从信息系统数据库当中提取出来，转换成平面文件呈现在票据行为人的操作界面，显示出具有同纸质商业汇票看起来一致的外观，但此种显示所呈现的票面并非票据权利载体，而只是数据电文转换形式，因而此种平面文件并非票据，打印出来也不能作为权利凭证。在电子票据系统中，所有信息都可以报文的形式查询和传递，所有的行为都可以通过指令的形式由系统来下达和完成，所有的业务都是通过异步操作来完成的。在系统设计上，成功运用任务池的概念。任务池接收来自网银系统、电子票据系统、行内系统生成的请求，比如说票据卖出请求、贴现赎回请求、质押申请、质押解除申请或者承兑申请等。任务池不停接收来自各方的新建任务请求，并从中挑选出来部分任务进行审批处理，然后将处理过后的情况重新归还到任务池。

对于当事人来说，一个票据行为往往要经过申请并收到回复才算完成。在当事人需要作出一项行为时，首先应当进入接入机构的系统界面，根据自己的操作权限下达相应的指令。商业汇票系统将指令组装成报文文件发送至核心系统，由操作人员定期进行处理，并经由商业汇票系统将处理结果转发给用户。用户只有登录系统界面，才能看到自己行为的处理结果。以下是电子票据行为流程图：

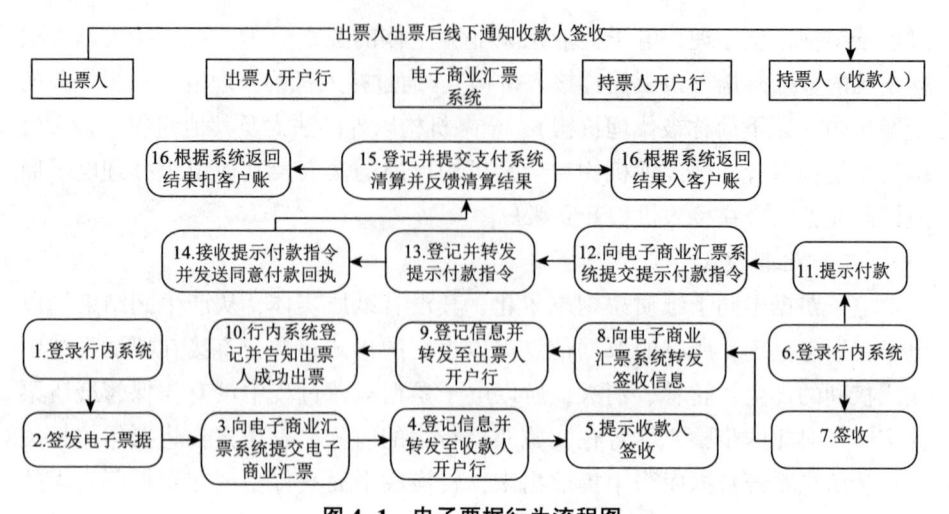

```
出票人出票后线下通知收款人签收
出票人 → 出票人开户行 → 电子商业汇票系统 → 持票人开户行 → 持票人（收款人）
```

图 4-1　电子票据行为流程图

二、票据交易系统

（一）系统功能

票据交易系统全称是中国票据交易系统，指由上海票据交易所建设并管理的，依托网络和计算机技术，向交易成员提供询价、报价、成交及登记、托管、清算、无纸化托收等服务的计算机业务处理系统和数据通信网络。票据交易系统负责纸质票据电子化的全流程。从 2018 年 10 月起，ECDS 仅处理电子票据贴现及贴现前业务，不再处理电子票据贴现后业务，电子票据贴现后业务通过票据交易系统办理，执行《票据交易管理办法》及上海票据交易所发布的相关业务规则。总之，票据交易系统负责纸票电子化全流程和电子票据贴现后业务，交易成员通过票交所系统进行票据交易。

（二）运营模式

票据交易系统的业务范围包括纸票和贴现后的电子票据。服务对象是市场参与者。按照《票据交易管理办法》的规定，市场参与者是依托票据交易系统从事票据承兑、贴现、质押、保证、交易、提示付款等业务的法人类参与者和非法人类参与者。法人类参与者是指金融机构法人，包括政策性银行、商业银行、农村信用社、企业集团财务公司、信托公司、证券公司、基金管理公司、期货公司、保险公司等经金融监督管理部门许可的金融机构。非法

第四章　票据系统运营规则及相关服务提供者的责任

人类参与者，是指金融机构等作为资产管理人，接受客户的委托或者授权，按照与客户约定的投资计划和方式开展资产管理业务所设立的各类投资产品，如证券投资基金、资产管理计划、银行理财产品、住房公积金、社会保障基金等。另外还有中国人民银行确定的其他市场参与者。票据交易系统包括会员管理子系统、纸票业务处理子系统、电子票据业务处理子系统、核心交易子系统、登记托管子系统、清算结算子系统、计费子系统、统计监测子系统等，通过票据交易系统，对各类票据实施电子化的业务处理，票据业务趋向无纸化。[1]

三、新一代票据业务系统

为进一步提高系统运行效率，提升用户体验，上海票据交易所对电子票据系统和票据交易系统进行全面优化升级，建设承载票据全生命周期业务功能的新一代票据业务系统（简称"票据业务系统"）。2021年5月上海票据交易所发布新一代票据业务系统方案，2022年6月初上线运行。票据业务系统是经中国人民银行批准建设的综合性票据业务平台，负责处理商业汇票的出票、承兑、背书、贴现、转贴现、回购、再贴现、质押、保证、追索等全生命周期业务。票交所负责建设运营票据业务系统，并接受中国人民银行的监督和指导。[2]票据业务系统以ECDS传统电子票据的成熟业务功能为依托，在延续业务参与者使用习惯的基础上，重构了票据出票、承兑、背书、贴现等贴现前业务流程；创新实现了按票据包形式签发票据，支持持票人按实际需要将所持票据包进行分包使用的业务功能；同时，融合优化了交易系统的交易、再贴现等贴现后业务流程；并且，同步补齐了票据市场新型风险的系统控制功能，支持以一套流程、一套接口兼容纸电票据、供应链票据全生命周期业务功能，支持通过客户端、直连接口两种接入渠道，按统一的业务规则办理各类票据业务。新系统投产上线后，电子票据系统、交易系统的业务参与者以及相关业务均融合至新系统办理。

---

〔1〕参见上海票据交易所编著：《票据业务知识100问》，中国金融出版社2018年版，第7页。
〔2〕参见《上海票据交易所关于做好新一代票据业务系统投产上线相关工作的通知》（票交所发〔2022〕53号）

第二节　票据系统运营者的法律地位与责任

电子票据与纸票电子化的最大特征之一是依赖于网络系统而存在、使用、流转，在此过程中除了票据行为当事人之外，系统运营者、接入机构、认证服务提供者等主体参与其中，才能进行电子票据和电子化纸票业务。因而，拓展票据法的体系，明确票据系统运营者及相关服务提供者的法律地位与责任，是电子化背景下票据法完善的重要内容。

一、票据系统运营者——票据交易所的性质

（一）票据交易所的产生背景

票据市场是金融市场体系的重要组成部分，对支持实体经济发展和中小企业融资具有不可替代的作用。2014年票据市场大案要案频发，票据市场存在的问题也日益突出：市场基础设施建设滞后、市场割裂、透明度低，票据中介业务不规范，票据市场法律法规等相关制度滞后于市场发展。尽管2009年央行推出了电子票据系统，电子票据市场占比始终不大，票据电子化水平提升缓慢。央行为强力推动电子票据占据票据市场的主导地位，于2016年公布《关于规范和促进电子商业汇票业务发展的通知》，制定纸质商业汇票出票限额，压缩大额纸票生存空间；取消直贴环节贸易背景审核，消除票源的监管套利；扩大转贴现市场的参与者范围，非银机构以及非法人产品可以直接参与票据转贴现交易，打破银行资金渠道垄断。

为实现"纸票电子化"，推动电子票据和纸票电子化取代纸票的地位，交易模式向集中统一的线上交易转变[1]，按国务院决策部署，中国人民银行批准设立上海票据交易所股份有限公司，又称票据交易所或"票交所"。设立票据交易所的目的是实现报价交易、登记托管、清算结算一体化，建立和运营全国统一、安全高效的电子化票据业务平台及最大、最全、最准确的票据信息数据库。票据交易所自2016年12月8日开始运营，中国票据市场正式进入"票交所时代"。票据交易所是央行指定的票据市场基础设施，经央行认可、

---

〔1〕参见朱冰杰：《一文读懂票交所》，载 https://www.sohu.com/a/407562073_270543，最后访问日期：2022年12月21日。

受央行监督，提供组织票据交易、公布即时行情、登记托管、清算结算、信息服务等票据交易的相关服务。票交所在推动实体经济发展、促进票据交易方面起到了十分重要的作用。2021年票交所全年票据市场业务总量167.32万亿元，同比增长12.87%。[1]

(二) 票据交易所法律性质认定中的公、私法人的划分考量

明确票据交易所的法律性质，是确定票据交易所职能与责任的重要前提。从票交所的职能看，公法人和私法人的划分理论对于确定票交所的性质具有重要的参考价值。私法人制度侧重于赋予已脱离权力体系的社会组织以主体资格，编织社会横向自由交往关系网；公法人制度则针对政府组织分权与公共服务社会化需要，力求形成衡量公法组织分权深浅程度的尺度，建立分权进程的控制机制。[2]私法人主要着眼于拥有独立财产，并以其承担财产上的责任，公法人的法律意义体现为它是实现特定行政任务的组织手段，是国家间接履行公共任务的一种方式。[3]

关于公、私法人的划分标准，学界有不同的观点，主流观点有三种：一是以法人设立依据的法律为标准。公法人是以公法为设立依据的法人，私法人是以私法为设立依据的法人。二是以法人设立目的为标准。公法人是以公共利益为设立目的的法人，也就是说其设立是为了提高政府的职能、满足人民需要、增加公共福利等；私法人是以私人利益为设立目的的法人，主要体现在为了其成员的利益而设立。三是以法人设立目的及依据为标准。公法人是以履行公共事务为目的、依据公法而设立的法人，私法人是为完成个人任务、依据私法而设立的法人。也就是说，第三种分类是前两种分类的整合，既需要分析其设立的目的，又需要探讨其设立的依据。对于这三种分类方式，笔者赞同第三种，因为仅以设立依据作为判断标准而不考虑设立目的，容易出现难以说明设立依据的情况或对设立依据属于公法还是私法存在问题的情况；而仅以设立目的为判断标准而不考虑设立依据，则容易出现行为与目的

---

[1] 参见上海票据交易所：《2021年票据市场发展回顾》，载上海票据交易所网站：市场动态（shcpe.com.cn），最后访问日期：2022年3月10日。

[2] 参见张力：《法人制度中的公、私法调整方法辨析——兼对公、私人区分标准另解》，载《东南学术》2016年第6期。

[3] 参见李昕：《论公法人制度建构的意义和治理功能》，载《甘肃行政学院学报》2009年第4期。

不一致问题,如对外宣称的设立目的与设立后行为不完全一致,且对设立后行为的解释有模棱两可的情况。故笔者赞同对公、私法人分类采用全面的标准进行判断。但现实中,国家社会化和社会国家化的变化使得公共权力领域与私人权利领域的交集越来越大,出现既非国家组织又非私人组织的自律组织,其是公法人与私法人逐步接近而出现的中间状态,如证券交易所就是其中之一。而票据交易所与证券交易所的设立目的、设立背景、设立依据等情况十分近似,所以,从本质上说,票据交易所的地位也"处于市场自由运行与政府监管运行的中间地带",即属于社会中间层的范畴。但针对证券交易所,有学者认为目前主流的公、私法人划分标准无法对其性质的确定提供适当的解释,其既具有公法人特点又有私法人基因[1]。笔者认为,在探讨票据交易所的性质时,也应注意全面分析,不能因为其具有公法人特点而忽视私法人表现,也不能因为其具有私法人基因而否认其公法人属性。应当在全面分析的基础上,在不同问题的探讨中,基于具体问题、目的而侧重其某一种属性。

(三)票据交易所属于私法人中的营利法人

大陆法系对私法人的划分一般是社团法人、财团法人,我国《民法典》对法人的基本分类是营利法人和非营利法人。我们认为,上海票据交易所具有私法人色彩,属于商法意义上的营利法人。主要体现在两个方面:一方面,其名称为上海票据交易所股份有限公司,设立依据为《公司法》,组织形式是股份有限公司,是具有营利性的公司企业,这一特点使得其在组织机构形式、人员编制安排以及资金来源等方面不同于行政机构,因而属于私法人。另一方面,票据交易所采取公司制,因而属于营利法人。对于证券交易所、票据交易所这类法人,既有营利目的又有公益目的的法人,对传统法人分类提出挑战,对此,日本、德国等国家提出了中间法人的概念。美国将法人分为营利法人与非营利法人[2],后者又细分为公益法人、互益法人、宗教法人[3]。互益法人的设立和运行均以意思自治为原则,本质上属于私法人,其通常采取会员制的建构方式。会员不同于与营利法人中的股东,仅享有包括共益

---

[1] 参见韩朝炜:《证券交易所自律的司法介入》,上海人民出版社 2015 年版,第 111 页。

[2] 参见蒋大兴:《〈民法总则〉的商法意义——以法人类型区分及规范构造为中心》,载《比较法研究》2017 年第 4 期。

[3] 张新宝、汪榆淼:《论"为其他非营利目的"成立的法人》,载《法学评论》2018 年第 4 期。

权和自益权在内的社员权，不包括利润分配请求权；除了遵守法人章程、内部规则，还需按时足额缴纳会费；会员需要对自己行为所造成的损失向相对人承担责任，而相对人无法要求互益法人承担该责任。与会员制不同，票据交易所采取公司制，由若干股东组成股东大会，选举产生董事会，公司通过收取手续费或服务费获得利润，股东享有利润分配请求权，不同于会员制交易所。因而，票据交易所在我国《民法典》的法律体系中，属于营利法人。

（四）票据交易所具有公法人色彩

从目的事业以及是否对国家负有实行其职能义务为标准，票据交易所不同于一般的营利法人，而具有一定的公法人色彩，在设立方面，票据交易所同证券交易所类似，从成立到发展都受独特的国家政策背景影响，在我国，票据交易所的成立并非基于市场意志的推动，而是基于政府的决定，是国家意志的一种体现。从经济学角度分析的话，可以看出我国票据交易所的产生是以政府主导为特征的强制性制度产生过程，属于政策安排的产物。通过相关法律法规和政策规定可知，票据交易所的建立是为了社会公众利益，其设立目的在于提高票据交易效率、降低交易成本等。故从设立的目的、相关国家机构对其设立的态度和影响上看，其具有公法人色彩。在运营方面，票据交易所在实际运营中也受到中国人民银行等金融管理机关的监督与管理，需要按照国家意志发挥职能作用。这种行政干预体系使得票据交易所的运行不仅需要注意市场自身的发展规律和运行效率，更需要服从于国家特定时期的经济运行要求。国家机关主导了票据交易所的建立、业务规划与运营，所以票据交易所具有执行国家有关部门法规与行政命令的执行机构的色彩。

二、票据交易所的法律地位

在基本属性为营利法人的前提下，票据交易所具有多重法律地位，根据具体情景的不同，其所代表的角色不同——在描述其主要功能的场所性时，侧重其物理属性；在描述其与票据交易相关系统的关系时，侧重其平台服务提供者的地位；在描述其与会员的关系时，侧重其自律管理者的特征；在描述其与行政机关的关系时，侧重其市场监管方面的职能。由此可见，票据交易所在票据市场中扮演着多重角色：时而为交易场所，时而为市场中介组织，时而为票据交易组织者，时而为市场管理者；时而强调其监管权能，时而强调其被监管地位。票据交易所的基本功能可以概括为两个：一是提供票据交易相关服务的功能，二是维护票据市场秩序的管理功能。基于此，对票据交易所的法律地位进行分析。

（一）票据网络平台经营者

票据系统运营者是上海票据交易所。票据交易所业务和提供服务通过票据业务系统进行，交易所提供的服务可以概括为向系统参与者提供交易平台、进行信息发布、传递交易信息、发布实时行情、进行票据登记托管与清算结算等。《电子票据管理办法》和《票据交易管理办法》规定了票据系统运营者的业务范围，但并未对系统运营者的法律地位进行明确。2017年电子票据系统和票据交易系统均由票据交易所运营，而票据交易所作为系统运营者，其向会员及系统参与者提供相应业务时处于何种法律地位需要明确。因票据系统是网络平台信息，电子票据及纸票电子化后的票据交易流转及提示付款、追索均通过票据系统进行，这实际上是票据交易所为票据行为当事人及票据交易主体提供了网络空间场所。此外，票据交易所为实施票据行为及进行票据交易的当事人提供信息传输发布、票据行为相应操作成功确认、票据付款支付及追索款项清算、票据交易信息询价、报价、成交确认及登记服务和清算等服务，但票据交易所本身不进行票据交易，这属于提供了信息发布、撮合交易等具有中介性质的网络平台服务业务。《电子票据管理办法》和《票据交易管理办法》中并没有确立网络平台及网络平台经营者的概念。我国2018年制定的《电子商务法》确立了电子商务平台经营者的概念。按照《电子商务法》第9条第2款的规定："本法所称电子商务平台经营者，是指在电子商务中为交易双方或者多方提供网络经营场所、交易撮合、信息发布等服务，供交易双方或者多方独立开展交易活动的法人或者非法人组织。"这一规定虽然只涉及电子商务平台经营者的界定，但基本明确了各类网络平台服务的核心内涵和特征，即作为中间方为交易各方提供网络空间场所、发布信息、撮合交易。票据系统运营者虽然不属于《电子商务法》规定的狭义的电子商务平台经营者，但由于票据交易所是营利法人，结合上述分析可知，其服务性质具备了网络平台服务的基本特征，票据交易的当事人使用票据交易所的系统，与票据交易所之间具有服务合同关系，即由票据交易所提供票据业务方面的服务，所以票据交易所是票据系统的运营者和服务提供者。因而可以参考借鉴《电子商务法》所确立的平台经营者的概念和思路，在《票据法》中明确票据交易所作为网络平台经营者的法律地位，也可称为网络平台服务提供者，具体而言，是票据业务系统平台经营者。

（二）对票据市场及票据行为具有一定管理职能的准监管者

1. 交易所各方基于市场自治规则对票据活动参与享有管理的权利

平台参与市场治理是协同治理的重要体现。为了应对日益复杂的社会问题和政府资金短缺所带来的挑战，政府、企业、非政府组织、公民之间跨部门协同的相关实践在世界各国有了非常普遍的应用，形成了协同治理的概念和理论。协同治理指的是这样一个过程，政府与企业、社会组织以及公民等利益相关者，为解决共同的社会问题，以比较正式的适当方式进行互动和决策，并分别对结果承担相应责任。〔1〕

票据交易所虽然不同于一般的网络平台，但仍具有网络平台服务提供者的特征。票据交易所的内部管理和制度体现了票据业务参与方的自治管理，交易所制定的管理规则属于市场自治规则，具有软法效力，约束系统参与各方当事人，系统参与方应当遵守交易所的管理规范，就在于他们订立了合同，其约束力就来自双方的共同意愿。票据交易的自律管理，主要体现在三个方面，即对接入机构的管理、对会员的管理和对交易过程及相关活动的管理。票据交易所对票据市场的管理职能并非法律或行政法规明确授予的，而是在具体的业务操作过程中，其根据与票据当事人签订的合同，依据市场情况进行风险评估等分析后对票据当事人做出的行为，该行为影响着票据当事人在票据交易中的操作，从效果上看其受到了票据交易所的监管。换句话说，凡是使用票据系统的当事人，都应遵守票据交易所制定的规则，相关操作行为受票据交易所的监督与管理。

2. 票据交易所提供服务时的管理职能在一定程度上体现了政府部门的意志

在我国，网络平台经营者对平台内用户或经营者的管理，不仅基于自治规则，而且是基于法律规定的义务或政府部门的要求，受政府的监管。例如《电子商务法》就规定了电子商务平台经营者对平台内经营者的主体身份审核、登记提示、行为检查监控、经营安全保障、知识产权保护的通知删除等多项管理监督义务。尽管现行法律没有明确规定票据交易所对票据市场参与者的监督管理义务，但上海票据交易所是中国人民银行指定的提供票据交易、

---

〔1〕 参见田培杰：《协同治理概念考辨》，载《上海大学学报（社会科学版）》2014年第1期。

登记托管、清算结算和信息服务的机构，承担中央银行货币政策再贴现操作等行政服务职能的基础设施。票据交易所的职能很大程度上体现了中国人民银行的意志，以及进一步完善中央银行宏观调控、优化货币政策传导、增强金融服务实体经济能力的目标。具体来说，中国人民银行对票据交易所的设立进行认可，对票据交易所的业务进行监督管理，对票据交易所的自律管理进行监督。票据交易所的业务行为受中国人民银行的监督与管理程度较大，其对自身行为及对会员行为的管控体现了政府监管部门的意志，可理解为中国人民银行为维护票据市场秩序的稳定而赋予票据交易所一定的监管可能性。因为历史传统、票据市场发展情况、法律和政策环境的差异，各国对票据交易所的监管模式也有不同之处，目前主要有政府型监管模式、自律型监管模式和综合型监管模式。极少数国家或地区选择单纯依靠政府监管或者自律监管，更多采用的是综合性监管模式。

综上所述，票据交易所对票据市场的管理职能来自其与票据系统参与方签订的协议和政府部门的要求，又因为票据交易所并非真正具有行政职能的机构，故将票据交易所称为"准监管者"。这些以公司形式存在的金融市场基础设施最大问题就是其在法律上是依据《公司法》设立的"企业法人"，在法理上面临企业法人如何对外行使"管理"权能的问题。[1]因此，有必要明确票据交易所"准监管者"的这一定位，参照《中华人民共和国证券法》（以下简称《证券法》）、《电子商务法》的模式和思路，在《票据法》中对票据交易所的管理职责予以明确，并赋予其管理规则的法律效力。

（三）金融市场基础设施

在法律层面上，我国现行制度没有明确"金融市场基础设施"的概念，一些规章和政策性文件在不同场合提及"金融市场基础设施"或"金融基础设施"的用语。国际社会公认的金融市场基础设施概念一般以国际支付结算体系委员会和国际证监会组织于 2012 年联合发布的《金融市场基础设施原则》为基础，该原则对金融市场基础设施的概念表述是：为各参与机构（包括系统运行机构）之间用于清算、结算或记录付款、证券、衍生工具或其他金融交易的多边系统。具体分为支付系统、中央证券存管系统、证券结算系

---

[1] 参见郑彧：《金融市场基础设施内部规则的法律保护：现状、冲突与改进》，载《华东政法大学学报》2020 年第 1 期。

统、中央对手方、交易数据库五种类型。我国相关金融管理部门对金融市场基础设施的理解与上述定义保持了一致。金融市场基础设施的基础功能包括提供市场基础服务、提供风险管理等服务、提供监管辅助服务等。[1]

在许多场合下，金融市场基础设施是一种系统设施或市场服务功能状态的描述。但也有把金融市场基础设施从主体角度加以确定，从而使金融市场主体设施成为相关主体法律地位的一种界定。例如《票据交易管理办法》第三章以"票据市场基础设施"命名，第10条规定："票据市场基础设施是指提供票据交易、登记托管、清算结算、信息服务的机构"。在此，票据市场基础设施并非功能或设施角度的涵义，而是对主体本身法律地位的界定。《票据交易管理办法》第12条规定票据市场基础设施的服务范围是组织票据交易、提供登记托管、交易清算、信息服务等，第15条规定："上海票据交易所是中国人民银行指定的提供票据交易、登记托管、清算结算和信息服务的机构"。按照这一规定，上海票据交易所在法律地位上属于票据市场设施。这里虽然没有直接认可票据市场基础设施属于金融市场基础设施，但通过第13条规定，票据市场基础设施按照金融市场基础设施建设有关标准进行系统建设与管理，间接认可了票据交易所具有金融市场基础设施的法律地位。确认票据交易所作为金融市场基础设施法律地位的主要意义在于，按照金融市场基础设施的要求进行监管，并赋予其一定的辅助监管权力。虽然票据交易所作为金融市场基础设施的地位仍存在争议，且这一界定也并非《票据法》所规定的内容，但票据交易所为票据市场提供基础性服务、系统性风险防范、辅助监管的功能则是确定无疑的事实，因而其作为票据市场基础设施的地位应当在《票据法》中予以肯定。

三、票据交易所与相关主体的关系

票据交易所作为票据业务系统运营者，其法律地位及权利义务主要体现在它与中国人民银行、系统参与者的关系之中。

（一）与中国人民银行的关系

按照《票据交易管理办法》的规定，票据交易所作为票据市场基础设施，

---

[1] 参见朱小川:《我国金融市场基础设施管理：现状、难点和立法路径》，载《西南金融》2020年第4期。

中国人民银行对其业务进行监督管理。票据市场基础设施依照该办法及中国人民银行有关规定制定相关业务规则，报中国人民银行同意后施行。因此，票交所与央行的关系一方面是被监管者与监管者的关系，另一方面央行下属单位持有上海票据交易所的股份，是最大股东，央行与交易所之间存在间接的资产关联关系，有些情形下央行把票据交易所作为系统内单位管理。[1]根据《电子商业汇票系统运行管理办法》的规定，票据交易所负责运行、维护和管理电子商业汇票系统的国家处理中心、城市处理中心、备份系统、相关网络及应用安全子系统。其在运营票据系统的过程中，不仅需要接受中国人民银行的监督和管理，还需要依照中国人民银行的规定或要求承担以下义务：一是票据交易所应当在中国人民银行的指导下受理和审核接入机构的准入、变更和退出申请，运营中的相关情况应当向中国人民银行报告。系统参与者的接入工作是由票据交易所负责的，但其接入资格是从中国人民银行总行或者部分分支机构批准获得的，票据交易所自然需要对接入资质进行审核。根据《电子商业汇票系统管理办法》第17条至19条规定，系统参与者加入电子票据系统需要提交书面的接入申请，票据交易所受理后，在20个工作日内对该参与者进行资格审查、核准，并通知参与者审核结果。此外，票据交易所还有向中国人民银行报告的义务。在一定情况下，票据交易所可强制系统参与者退出电子商业汇票系统或限制其部分功能，对该类系统参与者的处理应当报告中国人民银行。票据交易所发生系统故障或接到金融机构报告的系统故障时，也应及时报告中国人民银行。二是票据交易所应当向中国人民银行提供票据系统内关于票据的所有数据信息。票据业务系统是为形成全国统一的票据交易市场而建立的平台，系统内包含了所有票据的信息，是十分重要的信息池，而该类信息也成为中国人民银行公开市场操作、制定和实施货币政策的重要参考依据。作为票据流转、交易过程中必经的平台，相关票据操作均可体现在系统上。其中，对于电子票据来说，其票面信息、票据状态以系统内的登记记录为准。中国人民银行全程监测电子票据的流通，包括报文接受或者发出指令的整个过程，票据交易所应按要求提供相关数据信息。票据交易所应当按照中国人民银行的规定定期汇报相关数据，保证相关数据的准确性、真实性。

---

[1] 中国人民银行清算总中心持有票据交易所8.13%的股份，是票据交易所最大的股东。

(二) 与系统参与者的关系

票据交易所为系统参与者提供平台服务，接入机构进入票据系统需要票据交易所进行资质审核，按要求符合接入条件的，票据交易所将接入机构内部系统和票据业务系统相连接，接入机构正式加入票据交易所运营的系统中，间接接入票据业务系统的参与者，通过接入机构系统进入票据系统开展票据业务活动。从本质上来说，票据交易所和系统参与者之间的关系与电子商务平台和平台内经营者之间的关系有一定相似性：系统运营者负责提供平台服务，系统参与者需要遵守系统运营者制度的规则，系统参与者如果在交易过程中出现相关违约、侵权行为，相对人可要求该系统参与者承担赔偿责任，在特定情况下系统运营者也应承担相应责任。仅就系统运营者和系统参与者来说，该两者之间是一种提供特殊服务的合同关系，在票据交易系统内，票据交易所是系统的运营者或者说平台服务的提供者，而接入机构是直接接受服务的相对方、间接接入的业务参与者是间接接受服务的相对方，各方之间的权利义务应当按照其约定，如果发生争议，可依据《民法典》以及票据交易所的相关规则来解决。

四、票据交易所的义务与责任

电子票据使用与交易需通过票据交易所运营的票据系统进行，票据系统是保障电子票据流通和功能实现的基础设施，但现行《票据法》对平台运营主体、纸质票据电子化和电子票据使用中的特殊行为缺乏相应规定。票据交易所在纸质票据电子化和电子票据使用过程中为系统参与者提供了平台服务，在票据交易过程中占据重要地位。为保障票据业务的顺利进行，《票据法》的体系应适当扩展，对票据交易所的义务与责任作出规定。在此就票据交易所应当履行的义务、承担的责任以及电子票据登记、托管、查询等配套制度完善进行分析。

(一) 票据交易所义务与责任的类型化区分

基于票据交易所的性质和法律地位，票据交易所的职能性质可以划分为两大类型，一是监管性质，是指票据交易所行使法定管理职责的义务，主要包括基于法律、法规、规章或国务院及有关政府部门的授权对会员或其他系统参与者的处理、对票据交易或系统运行秩序因突发事件引起重大异常而采取的处置措施、制定管理规则或交易规则等。二是基于协议或其他事实形成的非监管性质,包括协议约定的服务及其他相关服务或义务。鉴于票据交易所与证券交易所的法律地位与性质类似,票据交易所的义务与责任确定可以借鉴证券交易所义务与责任的确定思路,区分监管行为与非监管行为。

对于监管行为,违反相关义务的,按照法律法规的规定承担行政责任。在民事责任与司法救济方面,可借鉴《证券法》第111条和《最高人民法院关于对与证券交易所监管职能相关的诉讼案件管辖与受理问题的规定》,实行如下方案:一是对会员处理时其他票据当事人民事救济的排除。票据交易所依照法律法规或政府部门的授权对于系统参与者、会员和相关人员的处理和管理决定,当事人经过内部申诉、行政复议后仍不服的,通过行政诉讼处理。票据交易所履行监管职责过程中对票据系统参与人或会员做出的不直接涉及票据关系当事人利益的行为,票据关系当事人无权进行民事救济。二是突发事件处理时民事责任的豁免。即因不可抗力、意外事件、重大技术故障、重大人为差错等突发性事件而影响票据系统正常运行或票据交易正常秩序时,为维护票据业务正常秩序和市场公平,票据交易所可以按照业务规则采取处置措施,并应当及时向中国人民银行报告。票据交易所对其依职权采取措施造成的损失,不承担民事赔偿责任,但存在重大过错的除外。

对于非监管行为,除违反管理性规定承担行政责任外,原则上票据交易所无权豁免民事责任,应结合义务内容和违反义务的情形予以确定。

(二)确定票据交易所责任的考量因素

平台经济是一种新的经济存在形态,互联网平台形态功能各有不同,如电子商务平台、社交平台、直播平台等,平台经营者的责任承担应结合平台具体的不同类型以及平台所从事的具体活动加以确定。[1] 通常来说,确定主体的责任义务要依据其负责的事项,具体到票据交易所,其责任义务的确定需要考量三方面的因素:业务范围、对系统的控制能力、权力来源。

1. 票据交易所的业务范围

票据交易所发展至今,作为我国票据市场的重要基础设施,其功能和业务主要有以下几个方面:

一是依托票据系统进行票据业务处理,支持电子商业汇票的全生命周期

---

〔1〕 参见薛军:《电子商务新业态与网络交易监管新课题》,载《中国市场监管研究》2020年第12期。

票据行为和票据交易，包括签发、背书、质押、保证、贴现、付款确认、保证增信、转贴现、质押式回购、买断式回购、再贴现、提示付款、追索、再追索等。二是提供票据信息集中平台。票据系统具有信息集中的特点，从这个角度看，票据交易所是为票据当事人提供信息集中平台，是票据数据信息中心。在此平台上，票据当事人可以进行票据流通交易、登记、查询相关票据信息，降低了搜寻信息的成本和因信息不流通而导致的风险，而票据报价交易、登记托管、清算结算、信息服务等均由票据交易所负责，提高了票据市场的安全性、透明度和交易效率。三是负责再贴现操作。票据交易所承担中央银行货币政策再贴现操作等行政服务职能，再贴现等业务的相关操作由票据交易所来进行。四是实施相应管理，进行风险防控。例如，票据交易所承担审查接入机构的身份，确保接入机构具有接入的资格和能力；防范票据业务风险、负责票据市场的日常监测，保障系统运行正常和安全；发现交易成员违反票据交易所相关业务规则的，采取相关措施，要求其立即停止相关行为，并予以通报、暂停交易和取消系统参与资格等。

2. 对系统的控制能力

系统运营者对系统的控制能力决定了其义务责任的轻重程度。以电子商务平台为例，电子商务平台的运营者虽然不直接参与平台内的交易，既不属于卖方也不属于买方，但其有保障系统、维护用户个人信息等方面的义务。《电子商务法》之所以进行如此规定，是因为电子商务平台的运营者有足够的能力履行该等义务，以保障电子商务的顺利进行。同电子商务平台一样，票据业务系统的运营者对票据交易所承担义务责任的内容也应当同其对系统的控制能力相匹配。在票据交易所成立之前，电子票据系统的运营是由中国人民银行其中的部门所负责，票据交易所成立后，系统的运营由票据交易所接管。《电子商业汇票系统管理办法》第 3 条、《票据交易管理办法》第 10 条至第 15 条均有明确规定，电子票据系统与票据交易系统是由上海票据交易所负责运营。中国人民银行对票据市场的监督管理主要是从宏观上进行把控，根据宏观调控需要对票据市场进行宏观审慎管理，而具体对票据系统方面的控制是由票据交易所掌握的。上海票据交易所制定的一系列业务规则，包括了维护系统安全、运营流程、交易安全等各个方面，可以看出票据交易所虽受中国人民银行的监督管理，但无论从技术方面还是控制主体的层级方面分析，票据交易所对票据系统都具有全面的控制能力。

3. 权能来源

票据交易所义务责任的确立依据之一是其权能来源。票据交易所的权能来源主要有两个方面：一方面，票据交易所与接入机构、其他票据当事人之间签订了相关的服务协议，根据该类协议的内容，票据交易所享有相应的权利，但权利与义务具有相对性，票据交易所同时也需要履行相应的义务，若有违反协议内容的行为，需要向系统参与者承担相应的民事责任。另一方面，票据交易所的职权有一部分来自政府部门的授权，虽然行政授权和行政委托存在不同，[1]但可以明确的是，无论是行政授权还是行政委托，票据交易所在票据业务范围内都应当遵循行政机关出台的相关规定，若有违反相关规定的行为，需要承担相应的行政责任甚至刑事责任。

综上，对于票据交易所责任的确定，应当从其业务范围、对系统的控制能力、权能来源三个方面综合考虑。目前法律法规对于票据交易所的规定，基本是业务内容、权利职能等方面的规定，对于票据交易所具体的义务与责任没有进行全面、系统、明确的规定。我们认为，对票据交易所进行义务责任的规定可以促使其更好地提供相关服务，降低票据系统方面的风险，当然，票据交易所的具体义务与责任会根据实践情况而有变化，但总体上确定义务和责任都需要围绕上述三方面考虑。

（三）票据交易所义务与责任的主要内容

1. 制定规则及公示

制定相应的平台交易规则是平台经营者的基本义务之一。票据业务系统运营者具有平台经营者的法律地位，应当负有制定票据系统运营及业务规则并予以公示的义务，具体包括以下几个方面：

一是制定相关规则。基于票据交易所对于票据系统的把控能力，其有义务制定相关的业务规则、操作规则并予以公示，以保障业务参与人可以正常使用票据系统。相关的业务规则、操作规则是票据交易所基于系统的具体运营情况、业务的实际操作情况、在不违背上位法的情况下制定的，包括但不限于操作规则、责任承担等。票据交易所制定的规则应当清晰、准确、完整，以便系统参与者可以清楚地了解规则内容。

---

[1] 参见孔繁华：《授权抑或委托：行政处罚"委托"条款之重新解读》，载《政治与法律》2018年第4期。

二是修改相关规则。若票据交易所制定的规则与《中华人民共和国商业银行法》《票据法》《电子签名法》《支付结算办法》《电子票据管理办法》等法律法规和规章相冲突，或者根据业务发展的需要修改原有规则，则票据交易所应当对其制定的规则及时进行修改和公示。此外，实践中可能出现新情况，如系统的迁移、修改、功能增加等都会影响系统参与者的使用，对于这些情况，票据交易所应当进行及时修改与补充相应规则。

电子票据业务的开展以票据业务系统为法定平台，票据业务系统规则的制定与修改涉及系统参与者、接入机构、电子票据当事人等各方主体的权利义务，也事关电子票据活动的规范进行，《票据法》在规定票据业务系统运营者制定及修改系统规则的义务时，可以参照《电子商务法》电子商务平台经营者制定、修改平台规则的有关规定，征求系统参与者、接入机构等相关主体的意见，并就规则草案予以公示。制定规则属于履行法定职责的监管性义务，其责任承担主要是行政责任，一般情况下，票据交易所不承担违反制定规则义务的民事责任。

2. 提供约定服务及保障票据系统安全运行

（1）向接入机构提供约定服务

票据交易所是票据业务系统运营者，票交所和接入机构之间存在着提供票据业务系统服务的合同关系，[1]双方应当按照协议约定享有权利履行义务，票交所应当提供协议中约定的服务，接收、处理电子票据信息，负责票据业务系统的运行、管理和维护，保障系统安全、解决技术故障，保证接入机构业务的正常开展。应当注意的是，票据交易所的信息传输、反馈及提示义务并不包括对上传信息的审核。银行等接入机构将信息向票据交易所的系统进行上传，票据交易所不对接入机构上传的信息进行实质审核，因为一方面票据交易所系统上每天会出现海量的票据信息，如果要求票据交易所一一进行审核，对票据交易所的要求过于苛刻；另一方面，票据交易所没有审查功能，票据信息上传出现的问题由信息上传者承担法律责任。也就是说，票据交易所仅负责保证系统运行正常，信息接收、存储和发送得准确无误，不负责审查上传的票据信息与上传者原本想上传的信息是否一致，也不负责审查上传的数据信息与纸质票据影像反映的信息是否一致。

---

[1] 参见《主协议》《电子票据管理办法》。

（2）保障系统安全的义务及系统故障的责任承担

保障票据系统运营安全具有法定义务和约定义务的双重属性。票据业务系统属于票据基础设施，系统安全事关票据市场稳定和国家金融安全，因此属于关键信息基础设施，2021年国务院公布《关键信息基础设施安全保护条例》，规定了运营者的责任义务，这是系统运营者的法定义务，也是系统故障是否承担行政责任的主要依据。另一方面，票据交易所与系统参与者或会员之间存在接入系统及服务的相关协议，保障系统运行安全是提供系统运营服务一方合同当事人应当承担的义务，因而也属于合同义务或约定义务。

因系统故障造成损失，票据交易所是否应承担民事责任？尽管目前电子票据系统和票据交易系统尚未出现因系统故障而导致票据当事人受损的事件或案例，但此问题仍有探讨的必要。由于系统故障造成的损失本身并非履行监管职责所致，所以票据交易所不得概括豁免其民事责任。在民事责任承担方面，主要应基于《民法典》的规则结合票据交易系统运营的性质及特点予以确定。

第一，票据交易所与票据系统参与者或会员之间协议对系统安全保障义务具体内容有明确约定的，双方应当对对方负有相应的附随义务，[1]票据交易所不履行相关义务的，应承担违约责任，不以过错为条件。但是当事人可以基于法定免责事由抗辩，也可以约定免责情形，但约定免责条款不得违反《民法典》对免责条款限制的规定。

第二，对于与票据交易所之间没有直接合同关系的票据活动参与人，或者虽然是系统参与者或会员，与票据交易所是合同双方当事人，但对于系统安全保障义务的内容没有明确约定的，应基于侵权责任的规则确定其民事责任。侵权责任的一般归责原则是过错责任原则，确定有无过错的主要依据应当是是否履行了行业或国家有关票据系统安全保护的标准或要求。票据系统是票据领域的关键信息基础设施，《关键信息基础设施安全保护条例》规定，违反本条例的规定，给他人造成损害的，依法承担民事责任。[2]因此是否符合《关键信息基础设施安全保护条例》以及电子票据系统管理运行国家有关

---

[1] 参见王思源：《电商平台系统安全漏洞的法律责任分析——季海红诉苏宁易购案评析》，载《法律适用（司法案例）》2018年第12期。

[2] 参见《关键信息基础设施安全保护条例》第12条至第21条、第47条、第49条。

制度的要求，是确定票据交易所对系统故障是否有过错，是否承担民事责任的主要依据。按照这一思路，票据业务系统出现技术故障而导致票据当事人权利受到损害，票据交易所是否应当对该损失承担责任，应当区分技术故障发生的环节与情况：

一是该故障发生在票据交易所负责的系统范围内且由于票据交易所工作人员故意操作或操作失误。毋庸置疑，基于职务行为由单位承担责任的规则，[1]由票据交易所工作人员的操作导致的系统问题应当由票据交易所承担责任，票据交易所在赔偿票据当事人的损失后可以向真正的责任人追偿。《电子商业汇票系统运行管理办法》第84条和第86条规定，电子票据系统营运者擅自修改电子商业汇票系统基础数据、玩忽职守或出现重大失误、伪造篡改业务基础数据、挪用票据、盗用资金等行为造成资金损失的，依法承担民事责任。由此可见，因故意或过失而导致的操作问题，票据交易所需要对相关当事人的损失承担责任，而具体的工作人员也需要为自己的行为负相应的法律责任。

二是该故障发生在票据交易所负责的系统范围内，票据交易所未履行《关键信息基础设施安全保护条例》所规定义务，此种情况下，票据交易所应当承担不作为的责任。也就是说，票据交易所有义务维护系统安全而未履行该义务，由此导致的损失由票据交易所承担。例如，《电子票据管理办法》第80条中规定"电子商业汇票系统运营者运营的电子商业汇票系统出现故障，未及时排除，造成重大影响的"，应承担相应赔偿责任。这一规定中所提出的承担赔偿责任的条件虽然不尽合理，但也体现了系统运营者未履行系统安全保障义务应承担赔偿责任的原则。

三是故障发生在票据交易所负责的系统范围内，在票据交易所已经履行了《关键信息基础设施安全保护条例》所规定义务的情况下，因为不可抗力或意外事件、黑客突然攻击等难以控制的情形导致的非常规故障，票据交易所不承担行政或刑事责任。至于是否应承担民事责任，我们认为，此种情形下，票据交易所原则上不承担民事责任。理由主要是，不可抗力、难以控制的意外事件导致系统故障是目前的技术水平下整个社会都无法绝对避免的问题。如果系统营运者在履行安全保障义务过程中已经采取了国家法律法规要

---

[1] 参见《民法典》第62条。

求的措施或符合相关技术标准，则应当认为没有过错，如果采取严格责任，就会产生一种不公平的结果，即将本应由市场行为人共同承担的风险转移给某一方来承担。[1]此外，票据交易所是票据市场发展的基础设施，如果实行严格责任，那么一旦发生技术故障，大量票据当事人要求赔偿，当票据交易所无力承受时，票据市场也难以正常进行。但是，由于票据交易所拥有、控制、管理、运营着技术系统，具有一定的信息优势地位，因此，在举证责任分配上，应采用倒置原则，由交易所对系统故障难以预见和控制承担举证责任。需要说明的是，系统故障的发生和系统故障的排除并非同一概念，对于系统故障的发生造成损失按照上述规则确定民事责任，并不应扩展到系统故障的排除。系统故障发生后，系统营运者未及时排除系统故障，导致他人损失发生或扩大，应当承担赔偿责任。因为，系统故障的发生有时难以预见，但系统故障发生后，及时排除或控制影响是对已经发生的事故的处理，对此应有相应的预案，这是最低程度的安全保障要求。

四是故障发生于接入机构系统范围。当故障发生在接入机构负责的系统范围时，接入机构的具体责任将在后文分析。此处需要探讨的是接入机构责任与票据交易所责任的联系。有学者认为，因为接入机构的内部系统是在经过票据交易所验收合格、出具验收报告之后才接入到电子票据系统或票据交易系统的，所以，票据交易所应当对经其验收合格的接入机构的系统产生的问题承担连带责任。我们认为，如果接入机构系统故障发生于系统运营者验收接入之前，系统运营者因过失而允许接入机构接入票据系统的，票据交易所应当与接入机构承担连带责任。如果接入机构系统故障发生在接入票据系统之后，票据交易所在验收时按照相应的技术标准履行了验收义务，则由于票据交易所对接入机构的系统不进行直接的管理，而是接入机构自己对接入机构内部系统进行日常的管理、维护和数据信息的核对，如果发生系统故障，交易所无法控制，应由接入机构承担，票据交易所不承担责任。

3. 对接入机构身份核验

接入机构加入电子票据系统的资质由中国人民银行批准，批准后票据业务系统的运营者仍需对接入机构的身份及电子签名进行审核。系统营运者对接入机构的身份核验是法定义务，但并非监管行为，其性质相当于平台对用

---

[1] 参见顾功耘：《证券交易异常情况处置的制度完善》，载《中国法学》2012年第2期。

户的身份核验义务。

（1）审核义务的范围与履行方式

根据《电子票据管理办法》第80条第1款第5项的规定，电子票据系统运营者未对接入机构身份真实性和电子签名真实性进行认真审核，而造成其他票据当事人资金损失的，应承担相应赔偿责任。由此可知，票据业务系统的运营者不仅需要审核接入机构身份的真实性，还负责审核电子签名的真实性。《上海票据交易所反馈审核意见系统接入指引（2020年版）》（已失效）中对票据交易所受理接入机构接入申请、变更、退出后的处理明确规定，票据交易所受理接入机构申请材料后需在5个工作日内反馈审核意见。

票据交易所对申请者的各项申请材料审核完成后，对符合要求的申请者，确定接入日期并发送接入通知。票据交易所在审核过程中发现申请者提供虚假申请材料，采取欺骗手段加入票据系统，票据交易所可以拒绝其接入、强制其退出票据系统或限制其部分功能。此种处理的目的是防止以欺骗手段申请加入系统的参与者通过系统对其他参与者进行金融诈骗等不法行为，维护其他系统参与者的合法利益，维持金融市场秩序的稳定。

（2）未尽到审核义务导致的赔偿责任

现行法律对于系统运营者对接入机构身份真实性的审核义务的标准没有明确规定。我们认为，票据交易所作为系统运营者应当对接入机构身份真实性的审核承担实质审查义务。因为从前述审查方式与内容的规则看，按照相应规则审核，实质上就是对接入机构身份的真实性进行实质审核，而不是形式审查。此外，相对于其他互联网平台的规模巨大的亿万用户，票据系统参与者或会员数量规模相对较小，到目前为止，新一代票据系统参与者数量为114 837家，[1]票据交易所对接入机构的身份真实性承担实质审核义务完全有可能做到。再者，接入机构的资格由中国人民银行进行许可，票据交易所只要和中国人民银行的相关系统或数据保持正常联络和交流，即可核实接入机构身份的真实性。因此，我们认为，系统运营者应当对接入机构身份的真实性承担实质审核义务。系统运营者因未尽到审核接入机构身份和电子签章真实性义务而承担对票据当事人的赔偿责任，可以理解为侵权责任与违约责任

---

〔1〕 上海票据交易所网站，参与者服务 www.shcpe.cn/content/shcpe/vip/cyzml.html，最后访问日期：2024年12月8日。

的竞合。根据义务来源界分违约和侵权，是最接近事物本质的、最重要的分类标准[1]，对接入机构的审核义务是票据业务系统运营者应尽的法定义务，违反此类义务造成他人损害的责任属于侵权责任的范畴，此外，系统运营者与系统参与者、接入机构都签订了票据交易主协议、接入机构服务协议等，与系统运营者均存在合同关系，若该类协议中也约定系统运营者应当审核接入机构的身份、电子签章的真实性，以保障票据系统业务的安全，系统运营者未履行审核义务出现虚假的接入机构，而给其他系统参与者造成损害的，系统参与者可以基于协议的约定要求系统运营者承担违约责任。由于接入机构本身并不是以票据当事人的身份出现在票据业务系统中，而是代理其客户报送、接收数据电文。系统运营者未履行对接入机构身份和电子签章的审核义务而承担赔偿责任的范围，应限于接入机构以身份虚假或虚假电子签章在票据业务系统中实施与接入服务相关活动时给其他当事人造成的损失。主要包括虚假身份的接入机构在进行数据电文报送、接收、转发、支付清算等活动时因相关行为的无效或资金的截留等造成其客户未能行使票据权利、票据权利丧失、未能履行义务导致承担责任以及资金的损失等，也包括给相对方造成的财产损失等。

4. 配合查询、信息披露服务与信息保密

票据交易所掌控票据业务系统内的各项信息，包括票据信息、业务操作信息、票据当事人的电子商业汇票支付信用信息等。这些信息不仅涉及票据当事人正在进行的票据交易，还影响着票据当事人之后的票据交易，尤其关系到票据当事人的市场信用。关于票据系统内的信息，票据当事人作为票据权利义务的承担者或创设者，享有一定的知情权，同时对涉及自身商业秘密或个人信息的部分有保密、支配的权利。此项义务是票据交易所作为系统运营者应当履行的服务内容，《票据法》规定票据交易所的义务时应当予以明确，主要如下：

（1）票据交易所的配合查询义务

票据当事人对票据交易所系统内的信息具有查询权。一是电子票据使用过程中，处于待签收状态的接收方可向电子票据系统查询该票据承兑人和行为发起方的电子票据支付信用信息。二是票据当事人对票据信息存在异议的

---

[1] 参见叶名怡：《再谈违约与侵权的区分与竞合》，载《交大法学》2018年第1期。

情况下的查询权,如数据信息与影像信息不一致的情况。三是系统参与者及其客户发生纠纷时有权查询并要求系统运营者提供相关记录。票据业务系统运营者负有出具相关记录的义务。考虑到查询权的行使需要系统运营者承担一定的成本和时间且有时涉及商业秘密和个人信息,因此,此种情形下系统运营者配合查询义务的履行,提供相关记录应满足一定条件,如提供该信息不属于泄露票据当事人商业秘密和约定禁止提供的范围、应限于必要的范围等。如果技术上难以克服的问题导致记录被破坏,应当区分破坏的时间确定运营者的责任。在票据关系存续期间,如果系统内记录损坏而无法查询,造成票据权利无法行使的,此时系统运营者应当承担赔偿责任。如果记录错误,基于票据的文义性,票据的权利义务关系应当以记录为准,至于记录错误产生的损失,应结合记录错误原因进行确定。在票据关系消灭以后,系统内的记录只是作为一种证据存在,在法定或约定保存期限内,因为文档损坏而不能提供证据,系统运营者存在过错时,对因无法提供相关记录而造成用户损失的部分,承担相应的赔偿责任。

(2) 提供信息披露平台的义务

按照中国人民银行2020年1月公布的《关于规范商业承兑汇票信息披露的公告》,承兑人应在票据交易所建立运营的票据信息披露平台上进行商业承兑汇票的信息披露,披露的内容包括承兑票据的承兑信息和承兑信用信息。商业汇票信息披露平台的运营者仍为票据交易所,社会公众可以通过此平台查询一些票据信息。票据交易所承担的此项义务是提供票据信息披露平台的义务,同时票据信息披露平台实时对承兑人披露的承兑信息和承兑信用信息与票据业务相关系统中记载的票据业务行为信息进行比对,并根据比对结果在披露信息中备注披露信息是否与系统信息相符。因此,票据交易所在此项义务的履行中,对承兑人披露信息的真实性不承担审查义务,承兑人应当对其披露信息的真实性、准确性、及时性和完整性负责。票据信息披露义务虽然不是票据关系本身的内容,但这是票据电子化背景下依托于网络系统加强商业承兑汇票信用体系建设,保障持票人合法权益的重要举措,通过公开平台披露票据信息、信用信息,优质企业信用价值凸显,商票融资成本下降,同时可以从票据信息披露平台查询验证确认商票真伪,基本消灭变造票据和假票风险,可以大幅提升商票支付结算方式的市场接受度,从而促进商票流通使用。[1] 故应当在《票据法》完善时明确系统运营者的这一义务。

(3) 信息保密义务

信息保密既是法定义务，同时也是票据交易所作为服务提供者应当承担的合同义务，但不属于监管行为。票据业务系统内的信息影响票据当事人的信用，票据系统有信用记录功能，包含了票据承兑人、出票人、前手的支付信用信息，保存了所有出票与承兑的历史记录，签发电子票据越多且均按期兑付的票据当事人的自身资信度越高，可获得的授信约定越多，其承兑的票据流动性越好。也是基于此原因，系统参与者才有动力主动在商业汇票信息披露平台上披露自己的票据信息。虽有规定要求票据交易所不得对票据当事人进行信用评价或评级，但未有规定明确划定票据交易所可披露信息的范围。所以应当注意划清票据当事人信息可披露的范围与保密范围的界限。比如，票据交易所可以提供票据当事人的电子商业汇票支付信用信息，但其是否可以提供票据当事人关于票据方面的重大违约行为信息？我们认为，无论支付信用信息还是违约记录信息都极大影响着票据当事人与潜在交易当事人之间的关系，除应当披露的票据逾期信息及承兑人主动披露的其他信息中包含了重大违约信息外，票据交易所没有义务主动披露承兑人的其他违约信息。主要是因为票据信息披露平台是专门提供票据承兑信息和票据信息的平台，票据交易所作为该系统的运营者，对于其他渠道的信息没有披露义务，至于重大违约信息的披露，由其他途径和主体承担。

5. 票据托管义务

托管是票据电子化趋势下票据系统运营者作为票据基础设施特有的服务内容。票据托管，是指票据市场基础设施根据票据权利人委托对其持有票据的相关权益进行管理和维护的行为。按照《票据交易管理办法》及票据交易所的相关业务规则，票据托管的内容主要是：票据交易所通过票据托管账户记载系统参与者持有票据的余额及变动等情况，并进行登记。系统参与者将票据权属在票据交易所的电子簿记系统上进行记载，增加其票据托管账户的余额。完成权属初始登记后，系统参与者才能通过票据交易所系统开展交易、质押、保证等业务。因交易、非交易等原因导致系统参与者票据权益变动的，

---

[1] 参见王绪刚：《商票信息披露对票据市场的影响研究》，载《全国流通经济》2021年第25期。

票据交易所在相关参与者的票据托管账户中办理变更登记。因提示付款、追偿导致票据结清的，票据交易所对所涉票据进行注销；因除权判决被人民法院宣告无效而作废的票据，票据交易所依据承兑人或承兑人开户行提交的已生效除权判决书，对所涉票据进行注销登记；因虚假登记、关键信息登记错误或被鉴定为伪假票据的，票据交易所依据系统参与者提交的申请文件，对所涉票据进行注销登记。

上述制度和规则并没有从私法的角度对托管义务及责任进行明确规定，而托管是电子票据业务及纸质票据电子化业务中不可或缺的重要环节，因此有必要在《票据法》中对托管过程中登记义务与责任进行明确，主要如下：其一，权属初始登记由系统参与者负责，其在票交所系统中初始登记票据权属时，应确保登记信息真实、有效，如果登记信息错误造成损失，进行初始登记的系统参与者应当进行赔偿。但是，根据侵权责任的构成要素，金融机构承担责任的前提之一是其登记错误与造成的损失之间有因果关系。比如，承兑行在纸质票据信息登记时出现错误，贴现行应当对贴现后的纸质票据进行实物保管和票据信息审核。有人认为，贴现行的审核责任免除了承兑行登记错误产生的责任，即因贴现后的纸质票据因权属登记错误产生的损失由贴现行承担。我们认为，此种情况下应当视为承兑行与贴现行的共同侵权行为，因为两主体均未尽到法定义务，且其行为与造成损害之间均有因果关系。如果因贴现行负有审核义务而免除了承兑行登记错误的责任，无疑加大了贴现行的审核要求，加重了贴现行审核责任的同时也会导致承兑行登记懈怠的情况。在权属初始登记的环节，票据交易所没有审核职能，所以对票据权属登记错误不应承担责任。其二，变更登记、注销登记由票据交易所负责，其根据票据权益变动情况而变更登记或注销登记有误的，应当对由此产生的损失承担责任。而对于变更登记、注销登记的法律效力问题仍属于需探讨的问题——信息登记行为属于权利变动的标准，还是仅发生系统内信息变动的效力，与票据权利无关？对此，第六章第二节专门针对票据登记问题加以分析。

6. 票据交易结算及责任

票据交易清算与结算是票据系统服务的组成部分。系统参与者清算结算的账户有两类，即中国人民银行清算账户、票据交易所资金账户。"账户"有三种类型：一是大额支付账户，在大额支付系统内开立账户，可以通过大额支付系统进行清算；二是票据交易所资金账户，小部分银行和大部分财务公司，在票交所系统内开立资金账户，通过资金账户可在中国票据交易系统内进行线上清算；三是企业一般账户。企业和代理接入的金融机构，他们在接入机构处开立企业一般账户，由接入机构代其进行清算。后者的开立与使用是由票据交易所进行规定的。

票据交易所为系统参与者提供结算清算服务，参与者可以使用中国人民银行清算账户或者票据交易所资金账户进行票据结算、资金收付。具体的结算、清算情况如下：

票据的清算结算方式可分为线上和线下两种。线上清算是市场参与者在办理票据业务时，由系统自动清算；线下清算就是由市场参与者手工清算。线上清算业务相对线下清算而言，既可以避免票据业务清算流程中的操作风险，又可以保护持票人利益。票据交易所成立后，在票据交易系统内所有业务均采用线上清算模式完成。系统参与者委托票据交易所进行线上票据清算结算的，可选用票款对付或纯票过户两种方式。票款对付（DVP）是"一手交钱、一手交票"的结算方式，结算双方同步办理票据过户和资金支付并互为条件。纯票过户（FOP）是结算双方的票据过户与资金支付相互独立的结算方式。[1]为保障票款的支付，票据交易所对不同类型的系统参与者规定了不同的结算方式：对于票据交易业务，票据托收、追偿业务及会员之间（不同金融机构之间）的业务应当采用DVP方式结算；会员内部的系统参与者之间（同一金融机构的不同分支机构之间）可以采用FOP方式结算，但同一会员不同非法人产品之间仍应当采用DVP方式结算。这主要是因为票款对付与纯票过户的风险不同，票款对付的风险相对纯票过户的风险小一些。DVP方式可以保障结算双方的利益，而FOP方式虽使得系统参与者之间的结算更加灵活，但却不能保障在后收取票据或资金一方的利益，如可能发生A将资金/票据给B，B未将票据/资金给A。所以，实践中限制了FOP方式的使用，仅在同一会员的同个法人产品之间可以使用，其他情况下均应当使用DVP方式。票据交易的清算速度包括T+0和T+1，即交易达成当日进行清算结算和成交达成后的下一个工作日进行清算结算。票据交易清算类型包括全额清算和净额清算，前者是指交易双方交易达成后，系统实时逐笔办理资金清算和结算；后者是指交易双方达成交易后，系统实时办理资金轧差清算，并在指

---

[1] 参见《票据交易管理办法》第49条。

定时点以轧差后的应收或应付资金办理资金结算。[1]

需要说明的是，票据交易所的清算责任，与票据付款相关，《票据法》在规定票据付款时，应同步对票据交易所的清算责任作出原则规定。具体操作可通过下位法或票据交易所的规则予以规定。

第三节　接入机构的法律地位与责任

接入机构是电子商业汇票的业务主体，是在电子票据系统中直接接入电子票据系统的金融机构。《票据法》的完善，需要针对电子票据系统运营中当事人法律地位与责任的调整，参考《电子票据管理办法》的规定，对接入机构的义务与责任予以明确。

一、接入机构的法律地位

接入机构是与电子票据系统直接连接的票据系统参与者，其法律地位可从以下几个方面分析：

（一）接入机构是金融服务提供者

按照现行系统规则，个人和一般企业客户并不能直接与票据交易所的票据业务系统相连，而是通过与银行和财务公司的网银系统与票据交易所的票据业务系统连接进行相关的业务操作，这些金融机构被称为接入机构。接入机构所提供的电子票据接入和信息发送传输服务属于金融服务业务，其地位属于金融服务提供者，受金融法律制度中有关金融服务提供者监管的一般规则的约束。

（二）接入机构是服务协议中为客户提供电子票据业务服务的一方当事人

一般情况下，企业开展票据业务时，与接入机构签订电子商业汇票业务服务协议，[2]通过接入机构内部系统处理电子票据业务。接入机构属于服务协议的一方当事人，此种协议属于非典型合同。此外，当事人通过接入机构开展电子票据业务时，应在接入机构开立结算账户，因此，接入机构与通过

---

[1] 参见上海票据交易所编著：《票据业务知识100问》，中国金融出版社2018年版，第76~84页。

[2] 《电子票据管理办法》第8条。

其开展票据业务的企业是金融服务提供者与客户的关系，具体而言，双方存在存款账户服务关系，接入机构是提供账户服务的当事人。基于接入机构合同当事人的法律地位，相关服务协议是确定其义务的主要依据之一。

（三）接入机构是票据业务系统参与者

与票据业务系统运营者相对应，接入机构是系统参与者。系统参与者是一个特定的概念，是指具有大额支付系统行号，直接接入并通过电子商业汇票系统处理电子商业汇票业务、纸质商业汇票登记查询业务或商业汇票转贴现公开报价业务的银行、财务公司。可见系统参与者的范围限于两类，银行与财务公司，其资质由中国人民银行确认，在程序上需通过系统运营者的审核，其自身的业务系统直接接入电子票据系统。系统参与者享有接受系统运营者提供服务的权利，受系统运营者的管理，系统运营者制定的规则对其有约束力。如果说系统运营者具有网络平台经营者的法律地位的话，系统参与者类似于平台内经营者。

（四）接入机构是票据关系当事人的代理人

接入机构在票据系统内基于自己的电子签章通过电子票据系统向相对方的接入机构发送、传输当事人票据行为的数据电文。系统内进行信息交换的当事人是接入机构之间。票据行为当事人之间不能进行直接的信息交换。但是，接入机构之间进行的信息交换是代表其客户实施的行为，实质上并非自身实施的票据行为或行使票据权利，因而在此情形下接入机构的性质是其客户的代理人，票据关系当事人与接入机构签订电子票据业务服务协议，并委托接入机构在签收或驳回操作时代理签章，接入机构处于票据代理人的法律地位，这又与一般的平台内经营者自身开展经营活动并不相同。

二、接入机构的义务

接入机构的义务与责任，按照其性质，大致可分为如下两种类型：

（一）约定义务

接入机构与系统运营者、客户各自都签订电子票据业务服务协议，作为合同当事人，接入机构分别应对票据系统运营者和客户承担约定义务。

在接入机构与系统运营者之间，接入机构的义务与责任主要体现在票据系统运营维护和审核三个方面：一是在系统日常运行过程中，接入机构人员对系统的操作应当严格按照系统运营者要求的操作规范进行，在自身的票据服务内部系统发生故障时，应当及时采取相应措施防止损失扩大并向系统运营者报告。二是票据交易所提供平台服务一般根据标的金额按比例收取手续费，接入机构应当按要求向系统运营者缴纳相关的费用。三是在进入票据业务系统的审核过程中，接入机构应当到系统运营者指定的认证机构获取认证证书。

在接入机构与客户之间，客户即最终享受电子商业汇票服务的主体，是系统运营者、接入机构提供相应服务的对象。从物理连接上看，客户通过前置机（如网银、电子终端）进入系统；从逻辑连接上看，直接和客户接触的就是接入机构，接入机构与客户之间的法律关系是电子票据重要法律关系之一。接入机构与客户之间存在服务协议，两者之间是双务合同关系。通过服务协议的约定和实践业务规范可知，接入机构基于协议的义务主要是对客户应当承担的义务。主要包括以下方面：

1. 保障自身系统安全的义务

为了处理电子票据业务，系统参与者设置其自身的业务系统与系统运营者的电子票据系统连接。客户通过网银系统登录到接入机构的电子票据业务系统中进行操作，完成电子票据的出票、承兑、到期收付款、贴现等功能。《中华人民共和国网络安全法》中明确指出银行自身不仅是网络服务的提供者，也是关键信息基础设施的运营者，[1]接入机构通过系统为客户提供服务，应当保障系统的安全运行，维护自身票据业务系统安全是接入机构基于其与客户之间的服务协议首先应当承担的义务，同时也是作为系统参与者保障网络安全应当承担的法定义务。因此，此项义务具有约定义务和法定义务竞合性质。在系统日常运行过程中，接入机构人员对系统的操作应当严格按照系统运营者要求的操作规范进行。除此之外，接入机构还应对系统进行日常维护。在票据系统发生故障时，应当及时采取相应措施防止损失扩大并向系统运营者报告。

2. 发送、接收客户指令和相关信息并进行通知处理的义务

具体义务主要包括线上义务和线下义务。线上义务是指通过票据业务系统完成的义务。主要体现在：一是发送、传输信息的义务。接入机构应当及时向票据系统发送客户作出的票据签发、背书、承兑、保证、提示付款、追

---

[1] 参见吕晓强：《〈网络安全法〉强化银行网络空间安全》，载《金融电子化》2018年第6期。

索等票据活动信息、转发客户指令并代理客户进行相关操作、审核系统中传输的相关电子数据、保证其服务的持续性。二是记录核实信息及展示义务。接入机构应当记录其与电子票据系统之间发送和接收的电子票据信息，并按规定将该信息向客户展示。票据信息包括票面信息和行为信息。记录义务包括核实义务即记录存储时应当核实其记录的信息与票据系统信息是否相符。三是代为应答的义务。承兑人未按规定时间应答的，接入机构应按其与承兑人签订的《电子商业汇票业务服务协议》，进行如下处理：承兑人账户余额足够支付票款的，则视同承兑人同意付款，代承兑人作出付款应答，并代理签章，扣划承兑人账户资金支付票款；承兑人账户余额不足以支付票款的，则视同承兑人拒绝付款，接入机构应代承兑人作出拒付应答，并代理签章。线下义务，是指在电子票据系统或票据交易系统之外，接入机构在线下仍然负有的义务。主要包括两个方面：一是数据安全保障义务，例如对客户身份的各项信息的保护；二是通知义务，对于系统发送过来的指令，客户需要接入机构的及时通知。

以上义务在《电子票据管理办法》中有原则规定，由于该办法只是部门规章，涉及民事权利义务的规则应在法律层面上予以明确，因而需要在《票据法》层面上予以规定。此外，上述义务的性质属于约定义务，实践中也往往通过接入机构与客户之间签订服务协议进行约定。因此，法律规定此类义务，总体上应当以任意性规范的形式体现，原则上允许接入机构与客户之间对上述义务进行约定时，对法律规定的内容予以变更。

（二）法定义务

法定义务并不仅仅调整协议双方的关系，主要目的是市场秩序、交易安全、公共利益的维护，义务内容并非基于当事人约定产生，当事人之间不得通过约定排除。这里所说的法定义务，包括两个层面：一是接入机构作为金融机构，受我国对金融机构和金融业务进行监管的相关法律制度的约束；二是接入机构作为票据系统参与者，在《电子票据管理办法》中规定的特定义务，这里主要分析第二个层面的义务。该办法是部门规章，需要分析其规定的义务是否合理，是否有必要上升到法律层面以及违反该义务承担责任的情形。

1. 客户身份审核义务

我国现行法律赋予电子商务平台经营者的公法审查义务，在一定程度上分担了行政机关对交易秩序与交易安全的保障功能，属于私法主体的第三方义务。[1]接入机构对客户身份的审核义务在性质上与此类似。按照《电子票据管理办法》的规定，接入机构对客户的身份审核义务包括两个方面：一是审核客户基本信息真实性的义务。金融机构以外的单位开展电子票据业务，须通过接入机构进行，首先应在接入机构开立账户。接入机构应审查客户名称、账号、组织机构代码和业务主体类别等身份信息。接入机构的此种义务是开户时的客户主体身份真实性审核义务，审核义务内容与一般的客户在用户开户时的主体身份审核义务基本相同。二是对客户电子签名真实性的审核义务。客户开展电子票据活动时，其电子签名应向接入机构指定的电子认证服务机构进行认证，接入机构应对通过其办理电子票据业务客户的电子签名真实性负审核责任。

票据系统中，每做出一项票据行为都需要当事人使用电子签章进行身份证明，如果由作为系统运营者的票据交易所承担，则票据交易的效率难以保证。系统内的参与主体众多，每个参与者每日的操作行为很多，由票据交易所进行电子签章审核的话，将导致系统运行效率低下。相对票据交易所而言，作为接入机构的金融机构对其客户了解较多，对客户身份的审查也是金融机构开展业务本身就应承担的义务。因此，《电子票据管理办法》规定接入机构的此项责任具有合理性。在《票据法》修改完善时，对于票据系统运营者和参与者责任可以将前述内容加以吸收，上升到法律层面加以规定。

2. 资金清算义务

客户通过接入机构开展电子票据业务，应在接入机构开立相关的资金账户。票据行为完成之后，接入机构应当根据客户指示完成相关的资金清算。

3. 不得提前销户的义务

根据《票据法》的规定，票据付款人付款后，票据债务人的责任解除。在票据系统中，承兑人支付款项后电子票据责任解除。在票据责任未解除时，通常承兑人应承担最终责任。而电子票据持票人行使票据权利，提示付款或进行追索，都需要通过票据系统由接入机构之间向其客户转发或通知相关信息，并进行资金清算。而一旦接入机构为客户销户，实际上意味着线上清算

---

[1] 参见伏创宇：《我国电子商务平台经营者的公法审查义务及其界限》，载《中国社会科学院研究生院学报》2019年第2期。

不可能进行，电子票据系统的主要功能无从实现，所以《电子票据管理办法》规定电子汇票责任解除前，承兑人不得撤销原办理电子商业汇票业务的账户，接入机构不得为其办理销户手续。这一规定有利于保障电子票据系统功能的发挥和持票人票据权利的实现，应当在《票据法》中予以规定。

三、接入机构的民事责任

（一）接入机构民事责任的性质

就民事责任而言，这里承担责任的情形既包括违反前述约定义务的情形，也包括违反法定义务的情形。《电子票据管理办法》第80条规定，电子商业汇票相关各方存在违反义务的若干情形，影响电子商业汇票业务处理或造成其他票据当事人资金损失的，应承担相应赔偿责任。对接入机构承担责任的十二种情形或不完全履行义务时如何承担民事责任，也存在约定义务和法定义务竞合的现象。因此，对于违反约定义务的情形，接入机构应承担的民事责任，在性质上属于违约责任。对于违反法定义务的情形，由于承担责任的主体是接入机构，并非票据关系当事人，而违反的法定义务，是为了保障票据活动正常开展以及与实施票据行为相关的义务，其他法律中一般不作规定，是电子票据业务中提供相关服务的主体特有的义务，此种义务应属于《票据法》规定的非票据关系，违反此种义务的民事责任，在性质上属于票据损害赔偿责任，[1]尽管《电子票据管理办法》对接入机构民事责任的规定有利于解决接入机构与票据活动相关各方之间的损失赔偿纠纷，但在部门规章中规定民事责任制度，在法律位阶和依据上存在不足，因而接入机构的民事责任问题，应当在《票据法》中予以规定。

（二）接入机构承担民事责任的归责原则与条件

1. 违反约定义务的民事责任

前面归纳了接入机构约定义务的主要内容，接入机构未履行约定义务属于违约，应承担违约责任。违约责任的构成一般不考虑过错，非违约方只要证明违约方的违约行为即可，不能因为违约方的无过错而免除其责任。[2]因

---

[1] 参见于永芹、李遐桢：《票据法上的民事责任制度研究》，载《烟台大学学报（哲学社会科学版）》2003年第3期。

[2] 参见黄薇主编：《中华人民共和国民法典释义》（中），法律出版社2020年版，第1111页。

此，接入机构未及时转发、接收客户和票据系统发送的信息、接入机构的服务系统与票据业务系统的信息不符、接入机构未履行线下通知和保密义务、未代为应答和签章、接入机构的内部系统出现故障影响客户实施票据业务等情形，均属于违反约定义务，造成客户损失的，接入机构应当承担赔偿责任，一般不以接入机构存在过错为条件。需要探讨的问题有三：

一是接入机构未及时转发电子商业汇票信息和进行相应的通知，"及时"的标准应如何认定？我们认为，由于技术的进步和系统的更新换代，关于及时的标准不宜在法律中作出强制规定，而应按照系统运营者的规则结合交易习惯确定。

二是接入机构没有代为应答和代签章处理，是否承担责任？代为应答和代签章的义务是基于接入机构与客户之间协议约定的义务，须有客户委托方可实施，代为应答时接入机构处于代理人的法律地位。因而，接入机构没有履行代为应答义务，给客户造成损失的，应当承担违约责任，但是，这并不能构成接入机构对票据活动相对方承担责任的基础，也就是说，即使接入机构没有代为应答，也并不直接导致其对其他票据当事人承担责任。特别是当客户指令不得代为应答时，接入机构无权代为应答。

三是系统故障造成当事人损失的承担赔偿责任，需要明确以下几方面的问题：

（1）系统故障造成损失赔偿责任的条件不应以未及时排除、造成重大影响为条件。按照《电子票据管理办法》第80条的规定，因系统故障影响票据业务处理或造成其他票据当事人损失承担赔偿责任的情形是，接入机构的内部系统出现故障，未及时排除，造成重大影响。从这一规定看，系统故障造成票据当事人损失，须具备未及时排除、造成重大影响的条件，接入机构才承担赔偿责任。我们认为，系统故障责任存在违约责任和票据损害赔偿责任竞合问题，对于接入机构的客户而言，因系统故障主张接入机构承担违约责任，无需以未及时排除和造成重大影响为条件。当接入机构系统故障造成系统运营者或其他票据当事人损失的，属于侵权责任的范畴。接入机构未及时排除故障应当是认定存在过错的情形之一，而不应成为承担赔偿责任的条件，至于是否造成重大影响，则属于行政责任考虑的范畴。因此，《票据法》规定接入机构的系统故障损害赔偿责任时，不应完全照搬《电子票据管理办法》的规定。

(2) 系统故障约定免责事由应受一定限制。接入机构的系统通常只涉及其客户，系统故障多数是造成客户损失。电子票据使传统操作风险转嫁成了系统本身风险，设备和系统的安全成为电子票据运行安全的一个重要因素。相对于纸质票据，电子票据的安全性有所提升，但其有自身固有的风险，例如系统错误或被黑客攻击。电子票据中系统错误或者被黑客攻击的法律责任存在分歧，有人认为系统错误或者被黑客攻击属于不可抗力，实践中网络服务提供者的格式条款中大多将网络故障、黑客攻击导致的系统错误等约定为免责事由。我们认为，接入机构等相关系统的运营者不得通过格式合同概括地将所有的故障或者被黑客攻击约定为免责事由。一般情形下，系统故障和黑客攻击造成其客户损失时，接入机构等系统运营者应当承担赔偿责任。理由如下：第一，接入机构作为票据业务代理服务机构，仅和其客户存在法律关系，在民事责任方面，系统安全保障义务的性质主要是合同义务，系统故障造成损失的责任尽管存在违约救济和侵权救济的竞合，但通常主要通过违约加以救济，违约责任的承担不以过错为要件，除不可抗力作为法定免责事由外，意外事件并非法定免责事由。第二，对于接入机构来说，上海票据交易所明确规定接入机构必须满足技术安全、员工业务操作规范、完善的企业内部管理制度、拥有大额支付能力的要求。[1] 从该规定上看，接入机构要开展电子票据业务，应当具备应对风险的能力，包括系统自身随时出现的风险和系统被攻击的风险，以及对该风险造成后果的责任承担。接入机构只有在保障系统稳定运营的前提下，才能从事电子票据业务活动。第三，电子商务系统的安全问题主要出现在互联网和其他外部网络。[2] 不论是接入机构自身系统还是电子商业汇票系统本身，其承担的职能涉及我国金融市场的安全。赋予其从事电子票据业务活动资格的前提就是要求其能保证票据业务系统的安全和稳定运行，承担对系统的侦测与管理。不论是系统错误还是黑客攻击，并非都属于不可预见的风险范畴。黑客进入了网络系统，欺诈性地使用他人

---

[1]《电子商业汇票系统管理办法》第16条规定："加入电子商业汇票系统的金融机构应具备下列条件：（一）拥有大额支付系统行号。（二）满足加入电子商业汇票系统的相关技术及安全性要求。（三）具有健全的电子商业汇票系统相关内部管理制度。（四）中国人民银行以及上海票据交易所规定的其他条件。"

[2] See Aashish Srivastava, "Is Internet Security a Major Issue with Respect to the Slow Acceptance Rate of Digital Signatures?", *Computer Law & Security Review*, Vol. 21, No. 5., 2005, p. 393.

的电子签名，要使法庭相信计算机用户或者其授权的人未使用该用户的签名相当不易，[1]对于系统被黑客攻击、病毒传播、电子设备故障等问题专业性、技术性较强，如果让遭受损失的一方承担责任，作为弱势的一方，其难以对复杂的计算机技术了解、举证，而系统经营者对技术的掌握程度就决定了其自身优势，让其承担系统错误或被攻击的责任更加公平合理。通过该格式条款将黑客入侵银行系统造成的损失转嫁给客户，对客户是极不公平的。[2]如果系统错误或者被黑客攻击成为其不承担责任的理由，电子票据系统的安全性将难以保证，票据当事人的权益得不到保障，也就违背了电子票据交易系统成立的初衷。因此，黑客攻击造成银行系统或票据业务故障产生的损失，原则上应由作为接入机构的银行承担，这一思路与最高人民法院对于银行卡盗刷责任承担规则的逻辑是基本一致的。[3]因此，考虑到系统运行和控制的固有风险有时难以避免，票据业务参与人往往都是商事主体而非消费者，应当允许接入机构与其客户就系统故障造成损失的免责问题进行约定，但不得通过免责条款完全排除用户对于系统故障进行民事救济的权利，即接入机构不得概括约定系统故障、黑客攻击的免责，除不可抗力免责外，仅将可以现有技术水平难以预见和防范的突发意外事件约定为免责事由。

(3) 系统被黑客攻击等导致客户签章被盗用，造成客户之外的他人损失的，属于侵权责任的范畴，相关系统的营运者有过错的，应承担相应的赔偿责任。但对于系统被攻击等故障的情形以及相关预防控制措施，他人无法得知，因此过错的有无，应实行举证责任倒置的规则，即被盗用签章一方的系统营运者如接入机构等，不能证明其无过错时，应承担相应的赔偿责任。

2. 违反法定义务的责任

接入机构违反法定义务承担赔偿责任的条件和归责原则应当分情形而论。

(1) 违反客户主体身份信息真实性审核义务的责任

《电子票据管理办法》规定，接入机构为客户提供电子商业汇票业务服

---

[1] See Stephen Mason, "The Evidential Issues Relating to Electronic Signatures-Part I", *Computer Law &Security Review*, Vol. 18, No. 3., 2002, p.176.

[2] 参见连金英：《对银行网络安全民事责任的探讨》，载《比较法研究》2006年第2期。

[3] 参见《最高人民法院关于审理银行卡民事纠纷案件若干问题的规定》（法释〔2021〕10号）第7条。

务，未对客户基本信息尽审核义务应承担赔偿责任。由于未对客户基本信息尽审核义务将可能出现虚假身份开户问题，可能会对被伪造身份的当事人或票据行为相对人造成损失。对于接入机构而言，违反客户身份审核义务的责任属于票据损害赔偿责任。这就需要分析承担此种责任的归责原则。现行法律对此没有明确规定，按照体系解释，应当实行过错责任原则。如果按照过错责任原则，就涉及接入机构对客户身份材料审核义务的履行标准形式是审查还是实质审查的问题，并按照是否尽到审查时的注意义务确定有无过错。我们认为，从《票据法》立法修改完善的角度，对于接入机构对客户身份和电子签名真实性的审核义务，应当实行实质审查标准。其一，"了解你的客户"是现代金融服务法律理论与实践中公认的原则，[1]我国金融监管机构也要求金融机构坚持"了解你的客户"原则，对其客户身份和签章的真实性负责。[2]如果按照过错责任原则，将客户身份虚假的风险大部分转嫁到交易相对人，则极大增加金融消费者和交易相对方的法律风险，从而影响整个票据市场的信心。其二，接入机构对其客户身份和签章的真实性处于最有能力控制风险的地位，而且目前相关制度对客户身份审核也有比较严密的规定，核验渠道也比较便捷。通过相关系统对客户名称、账号、组织机构代码和业务主体类别等基本信息核验并不需要太高成本，只要按照操作规程审核，就基本能够保证客户身份的真实性。从现行法适用的角度，实行过错责任原则时，接入机构对客户基本信息审核义务的标准，应当采取实质审查原则。当接入机构未能发现客户身份虚假而予以开户时，视为有过错，应当对因此造成当事人的损失承担赔偿责任。

（2）未履行对客户电子签章真实性审核义务的责任

《电子票据管理办法》规定，接入机构应对通过其办理电子商业汇票业务客户的电子签名真实性负审核责任。接入机构未对客户电子签名真实性进行认真审核，造成资金损失的，承担赔偿责任。接入机构指定的电子认证服务机构提供者，应对电子签名认证证书申请者的身份真实性负审核责任。

---

[1] 参见盘和林：《"了解你的客户"应成互联网金融基础性制度》，载 https://www.sohu.com/a/210024989_120078003，最后访问日期：2022年5月11日。

[2] 2015年《中国银监会办公厅关于加强银行业金融机构内控管理有效防范柜面业务操作风险的通知》也提出，加强开户管理。银行业金融机构应坚持"了解你的客户"原则，加强开户真实性审核。

按照上述规定，需要明确接入机构审核责任的标准和归责原则是什么？我们认为，由于客户开展电子商业汇票活动进行电子签章，须向电子签章认证机构申请取得认证证书。即签章所依赖的电子签名制作数据和电子签名认证证书，应向接入机构指定的电子认证服务提供者的注册审批机构申请。因此，接入机构审查客户电子签章的真实性，实质上就是审查客户的电子签章是否由指定的认证机构制作数据和签发认证证书，如果接入机构履行了这一审查义务，就意味着审查了电子签章的真实性。因而，接入机构对未能发现客户电子签章不真实的归责原则，应当实行过错责任原则，履行了向电子认证机构进行核验的核验义务，即属于无过错。当然是否履行核验义务，应当实行举证责任倒置的规则，由接入机构举证。

（3）违反资金清算义务及未按规定撤销账户的责任

《电子票据管理办法》规定，接入机构因清算资金不足导致电子商业汇票资金清算失败，给票据当事人造成损失的，应当承担赔偿责任。由于接入机构资金清算是从客户账户资金清算，客户账户余额不足且对提示付款未应答的，接入机构可以代为应答拒绝，此种情形下并不属于清算失败。当付款人应答同意付款，但其在接入机构账上资金余额不足时，则在扣划款时有可能导致清算失败。因此，这里所说的接入机构清算义务，并不是接入机构保证客户账户上资金数额足以支付票据金额，而是在客户作出同意付款应答时，接入机构应核实客户账户资金余额是否足以支付，如果不足支付，不得转发同意付款报文，否则，清算失败造成当事人损失的，应当承担责任。是否转发报文完全由接入机构控制，因此，接入机构因清算资金不足导致清算失败的赔偿责任，应当是一种无过错责任。

至于未按规定撤销客户账户的责任，由于接入机构撤销客户账户的行为，也是接入机构可以完全控制的行为，未撤销账户的行为必然是故意行为，因此，接入机构不得以无过错为由主张免责。

第四节　其他系统参与者的义务与责任

一、认证机构的义务与责任

目前占主要地位的电子票据签章是利用非对称加密技术的数字签名，实践中一般都须经过认证机构认证。按照《电子签名法》的规定，电子认证机构的主要义务如下：

（一）认证机构的义务

1. 获得许可的义务

随着电子签名的发展，认证机构扮演着越来越重要的角色。电子票据业务中所称的电子认证服务提供者指的是获得国务院工信部颁发经营许可的企业法人。[1]我国《电子签名法》已经明确对电子认证服务提供者从事电子认证服务采取许可制度。[2]电子认证服务提供者为电子票据业务参与者进行前期的身份审查，其职权源自国务院的许可，其颁发的电子认证证书不仅关系到电子票据当事人签章的真实性，甚至可能影响到整个电子票据市场的安全。因此，要严格对电子认证服务机构的许可审查。

2. 审核义务

《电子签名法》第20条规定，电子认证服务提供者应当对申请人的身份进行查验，并对有关材料进行审查。电子签名认证申请人身份的真实性关乎电子票据签章的真实性，对电子签名认证证书申请人身份的审核是防止电子票据当事人身份被伪造、冒用的重要环节，同时也是电子票据风险防范的重要举措。

3. 通知、报告义务

电子认证服务提供者在从事电子认证服务过程中有重大变故的，如系统被攻击、终止电子认证服务，应当向其主管部门报告。

（二）认证机构的责任

电子签章人与认证机构之间存在认证服务合同关系，虽然签章人的相对人与电子签名认证服务提供者之间不存在合同关系。但是相对人是基于对电子认证服务机构的信赖参与电子票据法律关系中，所以不能排除电子认证服务提供者对签章人相对方的责任。因此认证机构的责任主要涉及以下两个方面：

---

[1] 电子认证服务机构为电子签名相关各方提供真实性、可靠性验证的公众服务机构，其主要职责是解决私人密钥信用度的问题。

[2] 参见《电子签名法》第18条。

1. 对电子签名人的违约责任

电子签名认证服务提供者不履行合同双方约定的义务，给电子签名人造成损失的，应当承担违约责任。违约责任的承担，不以过错为条件。

2. 对信赖认证签名的第三人的损害赔偿责任

电子认证服务机构与电子签名信赖方没有合同关系，其没有依据对电子签名信赖方承担违约责任。但是基于电子认证证书的公信力，电子认证证书的内容与电子票据当事人的票据行为有直接关系，电子票据当事人基于对电子认证证书内容的信赖才做出相应的票据行为，电子认证服务提供者对其证书内容的真实性承担保证责任。若因行为人真实身份与认证证书的内容不一致，给电子签名信赖方造成损失的，电子认证服务机构要对电子签名信赖方承担侵权责任。《联合国电子签名示范法》明确电子认证服务机构对电子签名信赖方的责任采取过错推定的原则，[1]《电子签名法》第 28 条规定的也是过错推定原则。尽管过错推定原则在许多情形下能够解决认证机构未履行申请人身份审核义务时应当承担的责任问题，而且作为电子认证机构身份审核义务归责原则的一般规定，过错推定原则可能具有合理性。但我们认为，在为申请人开展票据活动提供电子签名认证服务时，认证机构对申请人身份真实性审核义务应当确立实质审查标准，未能识别身份虚假的，实行无过错责任原则。理由是：第一，电子签名认证服务提供者颁发认证证书对电子票据业务参与者来说具有权威公示性的意义，电子票据当事人基于对电子认证证书内容的信赖参与票据法律关系之中，电子认证服务机构有义务保证电子签名认证证书内容的真实性。第二，票据行为当事人申请电子签名，其认证机构是由接入机构指定范围的机构，相关当事人对认证机构具有高度信赖，认证机构应当承担更多的风险。第三，客户在接入机构开立账户后才可开展电子票据业务，申请人向电子认证机构申请电子签名认证时，已经在接入机构进行了开户，接入机构对其身份真实性进行了审核，而且目前开展票据活动的客户范围限于企业，不包括自然人，身份真实性审核的途径比较便捷，真实性核验不需要太多成本。第四，认证机构电子签名认证涉及众多相对方的利益，认证机构同样应当适用"了解你的客户"的原则，对申请人身份真实性

---

[1] 参见李双元、王海浪：《电子商务法若干问题研究》，北京大学出版社 2003 年版，第 104~105 页。

承担实质审查义务。

在认证机构的赔偿范围上，《电子签名法》没有做出规定，有学者提出实行限额责任，[1]我们认为，该观点没有现行实体法的依据，在电子票据领域也无实行限额责任的特殊理由，仍应当按照对当事人造成的实际损失，承担赔偿责任。

二、供应链票据平台及参与者的义务与责任

（一）供应链票据的模式

2020年4月，上海票据交易所提出的供应链票据平台上线运行。2020年9月，中国人民银行等八部委公布《关于规范发展供应链金融 支持供应链产业链稳定循环和优化升级的意见》，提出提升应收账款的标准化和透明度。支持金融机构与中国人民银行认可的供应链票据平台对接，支持核心企业签发供应链票据，加强供应链票据平台的票据签发、流转、融资相关系统功能建设，加快推广与核心企业、金融机构、第三方科技公司的供应链平台互联互通。供应链票据是指通过上海票据交易所供应链票据平台签发的电子商业汇票。[2]供应链企业之间产生应收应付关系时，无需经过银行网银，可直接通过供应链平台完成供应链票据的签发、承兑、背书流转和融资，供应链票据平台提供供应链票据的出票、承兑、背书、质押、保证、贴现、存托、交易、到期处理、信息服务等功能。供应链票据最大的特点是创新了票据签发方式，支持出票人签发以0.01元标准金额票据组成的票据包，实现票据的"找零支付"功能，流转的时候通过票据组的形式组合成任意金额流转，而票据组则可以拆分成子票据组进行流转。其模式和流程如下图[3]。

---

[1] 参见王效文：《论电子签名认证机构民事限额责任》，载《北京邮电大学学报（社会科学版）》2012年第3期。

[2] 参见《上海票据交易所供应链票据平台接入规则（试行）》（票文所公告〔2021〕1号）。

[3] 参见《什么是供应链票据平台，优势有哪些？听专家为你解读》，载 https://www.sohu.com/a/396377654_789488，最后访问日期：2022年4月17日。

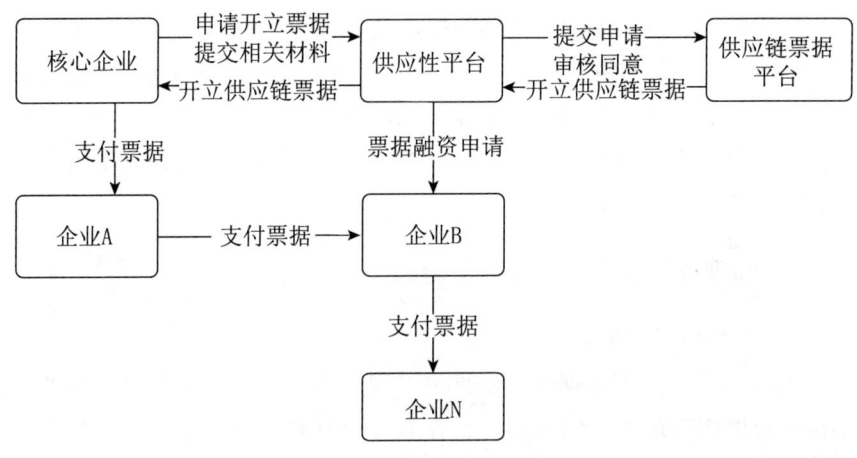

第四章　票据系统运营规则及相关服务提供者的责任

```
核心企业 ──申请开立票据，提交相关材料──> 供应性平台 ──提交申请，审核同意──> 供应链票据平台
        <──开立供应链票据──          <──开立供应链票据──
   │支付票据                              │票据融资申请
   ↓                                     ↓
  企业A ──支付票据──> 企业B
                         │支付票据
                         ↓
                        企业N
```

图 4-2　供应链票据流程图

（二）供应链票据平台的参与者及责任

供应链票据平台业务的参与者主要有以下类型的当事人：

一是供应链票据平台管理运营者。上海票据交易所负责供应链票据平台的开发建设和运营管理，具有票据系统运营者的法律地位并承担相应的责任。

二是供应链平台经营者。供应链平台是物流、信息流、单证流、商流和资金流"五流合一"的商业管理平台。按照《上海票据交易所供应链票据平台接入规则（试行）》，供应链平台经营者的供应链金融业务规模超过1000亿元。供应链平台经营者的性质属于接入机构。受理通过的供应链平台应与票交所签署合作协议。2022年6月票据新系统运行后，供应链平台作为接入机构统一管理。票据签发嵌入供应链的支付场景，是供应链票据的一大特色，供应链平台与电子票据平台接入机构义务与责任的主要区别是，供应链平台应承担企业间交易关系真实性的审核义务，对供应链票据业务相关材料的真实性、准确性、有效性负责，对参与供应链票据业务的企业身份、业务意愿、交易关系等相关信息的真实性负责。票据交易的背景信息，主要是合同、发票、物流和仓单等其他信息凭证，供应链平台必须进行登记，登记采集的方式为PDF、影像文件以及结构化数据。在提示收票应答时，供应链平台系统会校验票据的出票登记行为是否已有关联的交易背景信息，贴现人贴现应答时，系统会校验贴现申请人及其前手的历史背书行为是否已有关联的交易背景信息。

三是签发、取得、转让供应链票据的企业和金融机构。企业开展供应链票据业务前，应与供应链平台、金融机构签署供应链票据业务服务协议。协议达成后，企业应通过供应链平台在票交所完成企业信息登记，签发、取得、转让供应链票据的企业和金融机构属于票据关系当事人，持票人享有票据权利，票据债务人承担票据义务。

三、"贴现通"业务中系统参与者的义务与责任

（一）"贴现通"的模式

2019年5月，上海票据交易所推出贴现通票据业务。票据贴现通业务是指票据经纪机构受贴现申请人委托，在票据交易系统进行贴现信息登记、询价发布、交易撮合后，由贴现申请人与贴现机构办理完成票据贴现的业务模式。票据经纪机构，是指已加入票据交易系统，向贴现申请人和贴现机构提供票据贴现信息咨询和撮合服务的商业银行。

贴现通业务的基本模式是：票据经纪机构为贴现申请人提供票据经纪服务，应当与贴现申请人签订票据经纪业务服务协议，明确约定接受委托信息的方式、渠道和流程，取得贴现申请人真实有效的委托指令。票据经纪机构受理贴现申请人申请后，应当将贴现申请人信息和委托信息登记于交易系统，严格按照贴现申请人委托在票据交易系统进行询价。票据经纪机构与贴现机构就交易要素达成一致后，可向交易系统提交确认意向成交的请求。票据交易系统确认意向成交后，生成意向成交单，并附票据清单。贴现申请人应当按照意向成交单在电子票据系统发起贴现申请。贴现机构接收到符合意向成交单交易要素的贴现申请，应当及时进行票据签收，并支付贴现款项至贴现申请人委托票据的开户行账户。[1]流程图如下：[2]

---

[1]《上海票据交易所贴现通业务操作规程（试行）》。

[2] 参见上海票据交易所：《以科技赋能创新推出贴现通业务，着力帮助中小微企业纾困解难》，载 www.shcpe.com.cn/content/shcpe/product.html?articleType=p，最后访问日期：2022年4月17日。

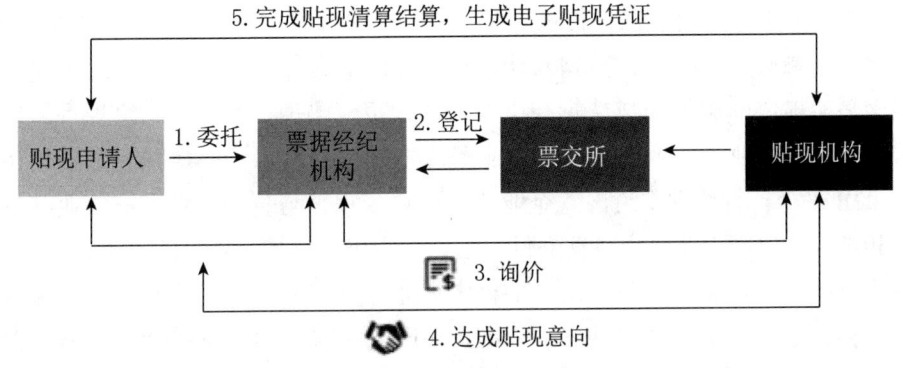

```
        5.完成贴现清算结算,生成电子贴现凭证
贴现申请人 —1.委托→ 票据经纪机构 ⇄2.登记⇄ 票交所 ← 贴现机构
                            3.询价
                         4.达成贴现意向
```

图 4-3 贴现通票据业务流程图

（二）"贴现通"业务参与方的义务与责任

"贴现通"业务的参与主体包括贴现申请人、票据经纪机构和贴现机构。贴现申请人在提供登记信息方面，应当按照票据经纪机构要求及时提供信息，保证信息的真实性、准确性和完整性，除此之外，在贴现义务与责任方面与一般的票据贴现相比没有特殊性，即贴现机构的义务与一般的票据贴现业务相同。

"贴现通"业务参与方义务与责任的特殊性在于增加了贴现经纪机构的义务与责任，主要包括以下几个方面：首先，贴现经纪机构与贴现申请人之间属于委托代理关系，贴现经纪机构作为受托人，其义务和责任适用《民法典》委托合同的相关规定。其次，贴现经纪机构作为票据交易系统参与者，应当对贴现申请人信息的真实性进行审核，并保证登记信息与贴现申请人提供的信息一致，对登记信息的真实性、准确性和完整性负责，并对委托的真实性负责。这里涉及贴现经纪机构此项义务的履行标准问题，我们认为，贴现经纪机构作为票据系统参与者，代理贴现申请人在票据交易系统进行贴现询价和成交意向确定事项，应比照接入机构与客户之间的关系，对于票据经纪机构对客户身份和信息真实性的审核义务，应当采用实质审查标准。最后，贴现经纪机构应当遵守法律法规对金融经纪业务的相关规定和票据交易所的规则，例如票据经纪业务操作与其他票据业务操作相分离等。

四、"票付通"业务中系统参与者的责任

（一）"票付通"的业务模式

"票付通"业务是指基础交易关系中的付款人和收款人在 B2B 平台约定

以电子商业汇票支付方式，付款人通过合作金融机构发起线上票据支付指令，由合作金融机构、收（付）款人开户机构（以下简称开户机构）通过上海票据交易所提供的服务完成票据线上签发、锁定、解锁、提票、收票等行为的线上票据支付业务。[1]"票付通"业务的主要特点有二，一是联合金融机构和 B2B 平台，将票据支付嵌入企业线上购销流程，与贸易、供应链等业务场景相结合，以网上系统中票据支付收银台作为服务载体，依托线上票据支付，实现全网一站式综合服务。B2B 平台实现业务点接入后，支持企业使用任意一家银行电子票据账户在供应链、B2B 平台交易流程中一站式地完成所有票据支付操作。二是"票付通"业务通过在票据转移交付的过程中"加锁"，确保票据支付成功。大致流程如下：（1）交易双方在 B2B 电商平台达成交易后，可选择票付通业务模式跳转至金融合作机构"收银台"；收银台是付款人确认 B2B 平台订单信息并录入线上票据支付指令的支付页面，由票交所或合作金融机构依托票交所提供。（2）付款方在收银台录入票据信息，相关票据需由买方在开户机构预签。（3）合作金融机构向票交所申请锁定相关票据。锁定后，相关票据只能支付给指定的收款人。票交所将锁定信息经合作金融机构通知 B2B 平台。B2B 平台根据锁定结果更新交易单状态。（4）买方收到 B2B 平台反馈的锁定结果后，登录开户机构网银向卖方提交票据。或者从合作金融机构收银台经票交所跳转至开户机构网银，买方登录开户机构网银向卖方提交票据。（5）提交后，票交所将相关信息经合作金融机构通知 B2B 平台。（6）B2B 平台收到有关票据已提交的信息后，通知卖方发货，买方收到货物后在 B2B 平台确认完成交易。（7）交易完成后，B2B 平台经合作金融机构向票交所发出允许票据过户的请求，票交所解除票据锁定后，卖方签收票据，完成票据过户。[2]如下图所示。[3]

---

[1] 参见《上海票据交易所"票付通"业务规则（暂行）》。

[2] 参见《"票付通"业务方案》，载 https://wenku.baidu.com/view/d61b9505091c59eef&c75fbfc77da26925c596cc.html?fr=incomel-doc-search&wkts=1731656515270&wkQnery=上海票据交易所+票付通+业务规则+%28 暂行 &svcp_stk=1-fbBxkZB15x2uUXfHCAajunF_MCs，最后访问日期：2022 年 4 月 21 日。

[3] 参见上海票据交易所：《"票付通"——依托线上票据支付，助力产业互联网新经济发展》，载 www.shcpe.com.cn/content/shcpe/product.html?articleType=product&article/d=WZ202111151460180477082415104，最后访问日期：2022 年 4 月 21 日。

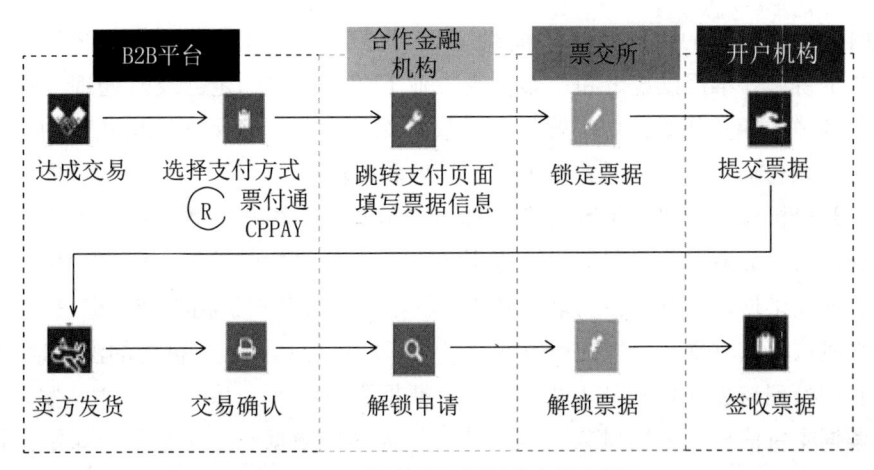

第四章 票据系统运营规则及相关服务提供者的责任

图 4-4 "票付通"票据业务流程图

(二)"票付通"业务参与者的义务与责任

"票付通"业务的参与主体较多,包括票据交易所、B2B 平台、合作金融机构、开户机构、票据当事人等。B2B 平台包括《电子商务法》定义的为企业提供网络经营场所、交易撮合、信息发布等服务的电子商务平台经营者运营的 B2B 电子商务平台、线上供应链平台等。合作金融机构是指分别与票交所和 B2B 平台对接,提供票据线上预锁定、解锁、信息通知等"票付通"业务相关服务的银行、财务公司以及中国人民银行或票交所认可的其他机构。开户机构是指为收(付)款人开立电子商业汇票相关账户,提供票据线上签发、锁定、解锁、提票、收票、信息通知等业务相关服务的银行、财务公司。

合作金融机构与票据交易所、B2B 平台各自签订合作协议,通过 B2B 平台为交易双方的票据支付提供第三方中间服务,其法律地位属于为当事人票据支付提供中介服务当事人,"票付通"业务中,合作金融机构本身并不实施票据行为,其与票据交易所之间是合作关系。主要义务包括:对本机构提交申报材料的真实性、完整性、有效性负责;对 B2B 平台资质及提交申报材料的真实性、完整性、有效性负审核责任;对线上票据支付指令的真实交易关系负审核责任;提供票据支付服务时,及时处理 B2B 平台指令,对线上票据支付指令的准确性负责,并将获取的票据支付信息及时通知给对应的 B2B 平台;提供资金支付服务时,及时处理 B2B 平台指令,对资金支付指令的准确性、存管资金的安全性和存管行为的合规性负责,并将获取的资金支付信息及时通知给对应的 B2B 平台；管理"票付通"业务的 B2B 平台，督促签约 B2B 平台遵守本规则规定和"票付通"业务相关协议约定；及时处理"票付通"业务的相关纠纷，切实履行客户权益保护责任；确保本机构及签约 B2B 平台"票付通"业务相关系统安全、高效和平稳运行。

开户机构的法律地位具有多重性，一是开户机构与收款人或付款人是委托开立账户关系，收（付）款人是其客户，开户机构应承担对客户身份和签发、转让票据材料真实性的审核义务。收款人通过开户机构收到票据信息时，开户机构审核收款人账户的有效性。二是开户机构具有接入机构的法律地位，发起和处理与收（付）款人相关的线上票据支付指令，并向收（付）款人传递票据支付信息。根据付款人的委托，代为签发票据、提交票据或撤销票据行为，应当承担接入机构的义务和责任。三是开户机构同时作为承兑机构的，应当根据承兑业务的有关规定，审核线上票据支付指令中签发电子银行承兑汇票的真实交易关系。

B2B 平台的法律定位是电子商务平台经营者，与合作金融机构存在合作关系。对于平台客户而言，B2B 平台应承担电子商务平台经营者的义务和责任。对于合作金融机构而言，应基于合作协议承担相应的责任。按照《上海票据交易所"票付通"业务规则（暂行）》的规定，B2B 平台承担义务主要有：对平台客户的身份真实性、对线上票据支付指令的交易关系真实性、合法性负责，及时更新平台内电子商务活动的订单状态，并对订单状态的准确性负责。根据订单状态及时发起"票付通"业务相关指令，并对指令的准确性负责。需要说明的是，票据交易所规则中规定的 B2B 平台的义务和责任，要比《电子商务法》的规定更重，由于 B2B 平台的合作协议相对人是合作金融机构，若合作协议中没有明确的规定，票据交易所的规则中规定的义务与责任，能否直接适用于 B2B 平台与合作金融机构之间或者 B2B 平台与平台客户之间，存在疑问，对此，应当在法律层面上作出规定。我们认为，B2B 平台并非票据交易系统参与者，与票据交易所之间也不存在直接的协议关系，其通过合作金融机构使用票据交易所的"票付通"服务，根据其法律地位和合同相对性原则，票据交易所票付通业务规则中有关民事责任承担的规定，没有吸收在 B2B 平台与相关当事人之间的合作协议中时，不能直接约束 B2B 平台。

第五章 Chapter 5
电子票据行为及追索权规则

狭义的票据行为是以负担票据债务为意思表示内容的法律行为[1]。从形式上定义，是行为人在票据上所为的法律行为[2]，电子票据行为的概念，依然可以从法律行为目的和形式要件要求两个角度结合进行界定，即通过电子票据系统实施的以创设、变更、转让、消灭票据权利义务为目的的法律行为。电子票据行为的主要类型，同样包括出票、承兑、背书、保证、付款等环节。传统票据行为在纸质格式凭证上实施，表现为记载法定事项并交付。电子票据行为无法在纸质文件上实施，而是通过网络系统输入相关内容并进行传输的方式实施。这对《票据法》中票据行为的适用带来挑战。因此，对电子票据实践中已经得到应用的规则和《票据法》中的票据行为制度加以整合，融合电子票据与纸票的票据行为制度，应当是《票据法》修改完善的主要内容之一。

第一节　电子票据的签章规则

一、电子票据签章形式及其有效性认定

（一）电子签章的形式与本名的关系

签章是各种票据行为共同的形式要件，是票据行为所必要的、最重要的条件。在票据上签章既是确定票据当事人参加票据关系、承担票据义务的意思表示，也是票据行为是否生效的最具有决定性的行为方式[3]。电子签章是

---

[1] 参见谢怀栻：《票据法概论（增订版）》，法律出版社2006年版，第50页。
[2] 参见赵新华：《票据法》，人民法院出版社1999年版，第30页。
[3] 参见吕来明：《票据法学》，北京大学出版社2017年版，第3页。

电子票据与纸质商业汇票的重要区别，虽然在形式上有区别，但是在签名的有效性上，应当根据"功能同等"原则认定电子签名的效力[1]。《电子签名法》及《电子认证服务管理办法》明确了电子签章的效力以及电子签名的要求，可靠的电子签名与手写签名或者盖章具有同等的法律效力。但是，《票据法》第7条规定，在票据上的签名，应当为该当事人的本名。同时，《票据管理实施办法》也明确本名是指身份证件上的姓名[2]。由此可见，在票据上的签章不得使用艺名、别名、笔名等。纸质票据违反这些规范将会因签章无效从而导致票据行为无效。那么，《票据法》修改时是否继续保留要求签章为本名的规定，以及电子签章是否也应当遵循《票据法》关于本名的规定？

理论界中对于票据签章是否应为本名有不同认识，有观点对电子签名采取本名持否定态度，当然艺术名也是签名，重要的是足以表明身份。也有观点认为票据签名采取本名规则是保障票据安全的最佳选择[3]。我们认为，虽然主张签章无需本名只要足以识别身份即可的意见在理论上有一定的合理性，但是，就我国的实践来说，个人身份证姓名和号码纳入全国统一的公民身份识别管理系统，身份号码是每个公民唯一的、终生不变的身份代码，由公安机关按照居民身份证号码国家标准编制，银行等部门在受理票据业务实践中对于客户身份识别都是通过系统进行识别，如果采取非本名签章，系统无法识别其一致性，将靠人工进行识别，而人工识别将严重影响效率，并且因无法做到标准化而难以识别，因此，纸质票据签章要求本名是有现实基础的。

电子票据实践中普遍采用的是电子签章。广义上的电子签名技术主要有四种形式：数字签名、生物特征识别、密码混合方法、扫描签字等[4]。狭义的电子签名是《电子签名法》中所称电子签名，即数字签名。数字签章并非手写签名的电子化，实际上是一堆数码所组成的电子记录，是以名为公钥及密钥的"非对称型"密码技术制作的可确定电子文件的发出者的数字化身份

---

[1] Stephen Mason, "The Evidential Issue Relating to Electronic Signatures-Part Ⅰ", *Computer Law &Security Report*, Vol. 18, No. 3., 2002.

[2] 《票据管理实施办法》第16条：票据法所称"本名"，是指符合法律、行政法规以及国家有关规定的身份证件上的姓名。

[3] 参见李伟群：《全国票据法修改研讨会综述》，载《法学》2011年第1期。

[4] 参见程朝辉、宁宣凤：《可靠电子签名技术法律规制研究》，载《中国应用法学》2020年第4期。

确认方式[1]。电子票据在客户端呈现的页面与纸质票据票面样式相同，也有相关印鉴的图样，但在技术上经过以下处理：参与主体无法在数据上签字盖章，需要通过具有加密程序的电子签章进行身份认定，经 CA 认证机构识别后，相应的命令才能进一步传递。

在数字签章的操作中，发文者须先制作一组"金匙"（即一组密码），一为秘密金匙（以下简称"私匙"），为发文者所专有，另一为公开金匙，（以下简称"公匙"），此公匙应尽可能让所有的收文者知悉，公匙私匙之间虽有其唯一对应性，但由公匙并不能推知私匙的内容。[2]为了确认声称拥有公共密钥的人的真正身份，认证机构（Certification Authority，简称 CA）遂因此而生。要确认一个公共密钥，数字签章的发文者亦需要先向 CA 登记其公钥，CA 制作一张"数字证书"，记录用户身份的信息及与私钥相对应的公钥，然后 CA 利用其本身的密钥为数字证书加上数字签名，CA 认证机构保管个人的密钥，以供随时认证，发文者以数字签章签署于电子文件后，连同数字证书一起传送给收文者，收文者即可利用数字证书上所载的公钥验证数字签章的真实性与文件的完整性[3]。由于技术上只有拥有密钥的人才可能签署出相应文件，经数字签章的电子文件即可直接与密钥持有人身份取得紧密联结，密钥持有人无法任意否认该文件由其所发，从而数字签章的功能实与手写签章的功能等同。

可见，电子签章是无形的，虽然可以通过程序在客户端显示签章图样，但其本质是数据程序，应用方式与传统签章不同，不是依据最终显示图样确定签章人的身份，而是通过技术识别该程序是否被篡改、该签章主体是否唯一等。因而，电子签章无法在形式上符合"本名"的要求。只要能够与票据行为人一一对应、具有唯一性和可识别性，只要是技术上能够达到，无需也无法按照纸质票据签章形式中签署本名的要求实施。

基于以上分析，我们建议在《票据法》修改时，应当考虑到纸票与电子票据签章的不同形式。对于票据签章，一是概括规定票据签章的范围，包括

---

[1] 参见孔德周等：《CA 和电子签章的"准生证"——〈电子签章条例〉介绍》，载《中国计算机用户》2002 年第 32 期。

[2] 参见吴晓梅、吴小红：《电子签章法律问题初探》，载《中国司法》2003 年第 7 期。

[3] 参见孔德周等：《CA 和电子签章的"准生证"——〈电子签章条例〉介绍》，载《中国计算机用户》2002 年第 32 期。

手写签名、盖章和电子签名等形式,在列举手写签章和电子签章的同时,为未来票据行为身份识别技术的发展预留空间。二是分别规定纸质票据签章要求和电子签名的要求。电子票据的签章应当通过电子票据系统进行,一方面衔接《电子签名法》的规则,另一方面体现电子票据签章的应用场景要求。

（二）可靠电子签名的认定

可靠电子签名是与一般电子签名相对的法律概念,在两级模式下可靠的电子签名专指更为安全、稳定的一类电子签名。采取技术特定模式与技术中立模式的各国立法例,并未有以"可靠电子签名"指代全部有效电子签名的情形。我国《电子签名法》采取的是两级模式而非技术中立模式,但由于未对电子签名加以有效区分才使其具有了技术中立模式的特征[1]。随着技术的发展,有关身份识别的方式越来越多样化,除了对称密钥加密技术、非对称加密技术以及计算机口令外,不断向高科技应用领域发展,例如人工智能、生物特征识别、区块链技术应用等。近年来,区块链技术开始应用于票据领域,狭义的区块链是指以密码学方式将数据区块按顺序组合成不能篡改的分布式账本,通过智能合约在整个区块链条中建立共同的约束代码,可以实现对电子票据交易智能化、全流程监管与控制[2],实现电子票据的安全性、完整性和不可篡改性,从技术上防控电子票据风险[3],因此,《票据法》对电子签名的确认,应当回应这一趋势。但是,区块链技术在票据中的应用场景目前并不普遍,区块链票据多数是作为金融创新产品出现的,与票据的属性存在差异,区块链技术应用的去中心化与现行电子票据运行系统及模式存在较大差异,运行技术规则还不成熟,与我国现有法律体系不同步[4],隐私保护和数据安全方面还需要探索。故在具体方式上,《票据法》对于电子票据签章的调整,可通过概括规定对各种电子签名技术的应用留出空间,重点针对采取非对称加密技术实行的电子签名作出规定。

《电子签名法》规定,可靠的电子签名与手写、盖章签名具有同等法律效

---

[1] 参见张龙、聂云鹏:《两级模式视域下有效电子签名认定规则的检视与构建》,载《辽宁师范大学学报（社会科学版）》2022年第3期。

[2] 参见狄刚:《区块链技术在数字票据场景的创新应用》,载《中国金融家》2018年第5期。

[3] 参见宋汉光:《区块链在数字票据中的应用》,载《中国金融》2018年第10期。

[4] 参见赵磊、石佳:《依法治链:区块链的技术应用与法律监管》,载《法律适用》2020年第3期。

力。从证据学角度看，可靠电子签名相对于一般签名效力更高、证据力更强〔1〕。新加坡1998年《电子交易法》明确了安全电子记录应当具备的条件：使用签章的唯一性、可识别性、独控性、联系性以及可验证性。美国1999年《统一电子商务法》则更加重视签章的意思表示，当法律规定交易必须签字时，那么网上程序需表明有签字的意思；若法律没有规定，也要通过电子签章向另一方当事人表明其确定性。《电子票据管理办法》第14条规定票据当事人的签章应当是符合《电子签名法》第13条第1款规定的可靠电子签名。可靠电子签名，应符合专有性、可控性、更改可识别性三个要件〔2〕。下文具体分析如何进行认定。

1. 电子签章专有性的认定

关于电子签名专有性的认定，可从以下三个方面进行：一是用户计算系统的安全性，表现为电子签名当事人在申请和使用电子签名过程中，其计算机系统的安全性能足以抵抗对该计算机系统的非法侵入。二是电子签名当事人计算机系统的完整性，即该用户系统没有被非法侵入。三是电子证书的专有性，有学者认为，专有性是指签字制作数据于电子签名时只应用于签名人一人而不是还与其他任何人相关联，即从申请认证证书到颁发认证证书，该证书的所有信息仅由申请人知晓〔3〕。笔者认同该观点，电子票据涉及的当事人更广，对计算机网络设施的依赖性更强，许多电子票据风险都转嫁为系统风险，确保有关计算机系统的安全和完整尤为重要。首先是当事人计算机系统的完整性，系统要确保电子签名的专有性第一应保证在电子签名人申请电子认证证书至电子认证服务机构颁发电子认证证书这一过程中计算机系统的完整性，计算机系统的完整性主要表现为计算机系统完整和无异常状态，电子认证证书的申请人与电子认证机构之间信息交换的过程有完整的记录。其次是电子签名当事人计算机系统的安全性，不论是对电子票据签名人还是电

---

〔1〕 参见刘满达：《论电子票据适用票据法的可行性》，载《法学》2017年第6期。

〔2〕 《电子签名法》第13条第1款规定："电子签名同时符合下列条件的，视为可靠的电子签名：（一）电子签名制作数据用于电子签名时，属于电子签名人专有；（二）签署时电子签名制作数据仅由电子签名人控制；（三）签署后对电子签名的任何改动能够被发现；（四）签署后对数据电文内容和形式的任何改动能够被发现。"

〔3〕 参见程朝辉、宁宣凤：《可靠电子签名技术法律规制研究》，载《中国应用法学》2020年第4期。

子认证服务机构，其都有义务保证有关电子票据业务的计算机系统装有基本的杀毒软件，并足以抵抗不法分子的非法侵入。最后是电子认证证书的专有性，电子认证证书是电子签名数据制作人的真实身份证明，一旦当事人使用该数据在电子票据上进行签章，就要承担票据责任，电子认证证书一旦被他人知晓，将会严重损害其他票据当事人的权益。因此要强调电子认证证书的专有性，强化电子签名数据制作人对其电子认证证书的保管义务，保证该认证证书没有被电子签名人以外的第三人知晓。除以上三点外，笔者认为电子签章的专有性还应保证电子签名当事人在使用电子签名过程中电子票据系统的完整性与安全性，即信息发送方与信息接收方在进行信息交换过程中双方电子系统完整无异常，且电子签章信息的发出方与收件方在进行信息交换过程中无权利人以外的第三人知晓该签名数据。

2. 电子签名可控性的认定

电子签名可控性是指电子签名数据由电子签名人专有并受其控制，电子签名的可控性与其专有性存在一定联系。实践中电子签名数据存在于U盾、口令卡等移动存储设备中。一般来说，只要电子签名由电子签名人专有，即可认定电子签名由电子签名数据制作人持有并控制，即使电子签名人授权他人使用或者告知他人知晓该签名数据，也应当视为受电子签名人控制。对电子签名可控性的认定，要强化电子签名数据制作人对电子认证证书的保管义务，电子签名人应证明其对电子签名数据已尽妥善保管责任。

3. 电子签名更改可识别性的认定

电子签名不可更改的认定标准应当是计算机系统的完整性和密钥的匹配性。如前所述，在电子签名使用过程中，电子签名数据制作人将私钥进行加密，同时将与私钥对应的公钥对外公布，后将电子签名与原数据电文一同发送给收件方，收件方利用该公钥对其收到的数据电文进行解密。这个过程中信息发送方生成的信息摘要与公钥解密生成的信息摘要（也称哈希值）相匹配，哈希值有固定的长度，运算不可逆，不同明文的哈希值不同，而同样明文的哈希值是相同并唯一的，原文的任何改动都会导致哈希值发生变化，通过此原理可以识别文件是否被篡改[1]。

在电子票据业务中，系统参与者除了在直连接入时采取数字认证的方

---

[1] 参见梅臻:《〈电子签名法〉适用的难点问题探析》，载《法律适用》2016年第7期。

式，其他时候更多是采取"用户名+密码"的登录方式，许多银行系统在登录账户时也均采取"用户名+密码"的方式进行。"用户名+密码"的认证方式能否构成可靠的电子签名，我们认为不应直接认定。一方面，"用户名+密码"的签名方式与电子签名人的联系较弱，实践中对用户名和密码的改动是常有之事，难以判断是否为权利人所为；另一方面，对用户名和密码的改动难以被发现，其不像指纹等生物特征能与签章人一一对应。所以，通过"用户名+密码"的认证方式不应认定为具有不可更改性的电子签名。

二、电子票据签章人的义务与责任

完整的电子签章包括电子签名和电子认证证书两个部分，金融机构（接入机构）接入电子商业汇票系统或者通过金融机构（接入机构）接入电子商业汇票系统的主体应当事先获得电子认证服务机构（CA机构）颁发的认证证书，依据该证书进行票据签章，并对其签章的内容承担责任。不论是电子签名数据制作人，还是电子认证提供者，其在电子商业汇票流通过程中都有各自的义务。签章人是实施电子签名的票据当事人。各种电子票据行为都需要完成电子签章才能进行。因此需要在《票据法》中明确电子签章人义务与责任的一般规则。

（一）签章人的义务

从票据活动的目的和原则考虑，签章人应当承担的义务主要包括以下方面：一是基于有效签章承担票据责任。即签章人进行电子签章时，应当遵守法律制度的规定，进行有效签章。需要说明的是，电子签章的要件一般为符合电子签名法规定的可靠电子签名的条件。但是，符合可靠电子签名的要求只是最基本的要件，电子签名应用于电子票据场合时，如果电子票据系统运营的功能特点，还需要满足其他要件时，电子票据签章的要件除了符合《电子签名法》的规定外，还需要适应票据业务的需要。与纸质签章不同，电子签章需要一定的网络技术支持，随着技术的发展，电子签名的类型趋于多样化，《票据法》不可能像规定纸质签章的具体要件那样规定电子票据签章的具体技术实现方案，因此，应当允许电子票据系统运营者结合自身需求规定电子票据签章的具体要件，签章人制作有效签章，除了具备可靠电子签章的要求外，还应符合电子票据系统规定的签章要件。二是妥善保管密钥及签名制作数据的义务。电子签章相对于纸质签章虽然更难伪造，但基于计算机本身固有的缺陷，不排除电子签名人的计算机系统被黑客攻击，或者出现系统错误的可能。因此，签章人应当妥善保管电子签名制作数据，防止电子签名数据被盗取，或者被他人知悉。三是通知、报告义务。电子签章人的通知、报告义务指的是电子签名人有义务在明知或者应知有关电子签名制作数据有可能或者已经被其以外的第三人知晓时，及时报告接入机构、电子商业汇票系统、电子认证服务提供者等相关方，防止损失的扩大。此外，电子签名数据制作人还应当终止使用可能或者已经被第三方知晓的电子签名制作数据，并及时将真实、完整、准确的信息通知有关主体。

（二）签章人的责任

签章人实施票据行为时，基于有效的电子签章，承担票据责任，即履行票据义务，这一点与纸质票据并无区别。只是在电子签章法律关系中，涉及的主体包括电子签名人、电子签名信赖方以及电子认证服务提供者。签章人未能完成有效电子签章而导致电子票据无法制作完成或无法完成相关票据行为时，可能会造成交易相对方或他人损失。此时，若签章未能完成是由于签章人原因造成，应当承担赔偿损失的责任。如果因电子签名人没有尽妥善保管义务导致电子签名数据被盗取，或者被他人知悉，给 CA 机构、其他票据当事人造成损失的，应根据情形，由签章人承担票据责任或赔偿责任。此外，《电子签名法》要求电子签名人对其制作的电子签名数据尽到妥善保管义务，在知悉电子签名有关数据遗失时，有义务及时通知相关各方，并向电子签名认证服务提供者提供真实、完整、准确的信息并停止使用该电子签名。由电子签名人承担以上责任利于因为其是电子认证证书持有人，该证书由其专有并受其控制，让其承担过错责任利于督促其合理保管电子签名制作数据，让其履行通知义务也是防止损失扩大的重要措施。在电子票据领域，这一规则应同样适用，若因电子签名数据制作人没有履行通知、报告义务给其他电子票据当事人造成损失的，应当承担赔偿责任。

（三）相对人的责任

对于电子签名相对人的责任承担，我国没有法律进行明确规定。新加坡《电子交易法》提到电子签名信赖方在注意到电子签章存在不真实的可能时，仍进行相关电子票据行为的,应当承担相应的责任[1]。也就是说,只要电子签名信赖方怀疑在电子票据上的签章存在伪造的可能,就不能再进行有关的电子票据行为,否则要承担因此造成的损失。我们认为,我国应该借鉴和参考国外关于电子签名信赖方责任承担的有关规定,对电子签名信赖方采用过错归责原则,即电子签名信赖方明知或者应知电子签名系无授权作出或不真实或没有履行合理注意义务的,也要承担因此造成的损失。

三、电子票据签章人身份虚假的责任承担

纸质票据签章人身份伪造或虚假称为票据伪造,体现为票据上的签字或印章为伪造、盗用及其他未经授权加盖等行为。电子票据的伪造与纸票不同,由于电子签名采用数字签名的方式,票据行为人须在与电子票据系统连接的银行等接入机构开户之后,通过接入机构的系统向电子票据系统发送数据信息进行签章。电子签章通过密钥、数字证书来验证,伪造的密钥、数字证书在与真实的不一致的情形下无法通过系统,因此在系统中通过验证的电子签名均与签章人创设的一致,一般不可能出现密钥不一致而又在电子票据系统中得以确认使用的情形,因而从这个意义上看,电子票据系统中的签章都是真实签章,学界中甚至有观点认为电子票据不可能伪造[2]。但是,就近几年的实践情形而言,电子票据仍然存在伪假票据问题[3]。按照《上海票据交易所处置伪假票据操作规程》第2条的规定,伪假票据包括:(1)票据业务主体名称恶意记载为其他单位名称的电子商业汇票;(2)冒用其他单位身份开立账户并通过该账户作出票据行为的电子商业汇票;(3)经有权机关认定的其他伪假电子商业汇票。从以上规定看,伪假票据并非电子签名密钥、数据

---

[1] 新加坡《电子交易法》第22条规定了信息接收方承担未经授权的签名不真实的风险责任的四种情况:"(a)依赖于数字签名签署的电子记录的个人知道或已经注意到有关事实,包括证书中列举的事实和包含在其他附录中的事实;(b)如果知道数字签名签署的电子记录的价值及其重要性;(c)依赖数字签名签署的电子记录的个人和登记人之间有交易过程,以及数字签名之外任何可获得的可靠或不可靠的标记。(d)使用任何交易方式,尤其是使用可靠系统或其他电子交易方式执行交易。"

[2] 参见梁立芬、王仁波:《建立电子商业汇票系统有利于票据市场健康发展》,载《黑龙江金融》2010年第7期;参见李丽:《我国票据电子化的发展和展望》,载《河北金融》2017年第11期;参见王晓伟:《电子票据的优势及发展对策》,载《商》2015年第13期。

[3] 参见《电子票据也有假?牵涉多家央企和银行》,载《中国经营报》2020年7月27日,第10版。

证书等要素本身的伪造，而是签章人开户身份的伪造，即签章人身份被冒用进行开户，然后签发电子票据，或者在电子票据记载事项上冒用他人名称进行记载。上述伪假票据尽管也存在假冒身份的问题，但与纸质票据的签章伪造并不相同，其签章的伪造发生在开户环节，而不是电子签名环节。除了身份被冒用外，广义的电子票据签章人身份虚假还包括系统攻击进入当事人账号、密钥泄露导致其身份被利用等。以下分别讨论其责任承担问题。

（一）当事人身份被冒用的责任承担

纸质票据伪造签章，对伪造人来说，其不是以自己的名义实施票据行为，所以不需要承担票据责任，但是不排除承担其他的法律责任。对于被伪造人，除非本人亲自或者通过其代理人在票据上签名，否则其不承担票据义务。对于电子票据而言，《电子票据管理办法》等规范性文件并未对电子票据伪造签章予以规定，当事人身份被伪造的责任承担，以及何种情形可以认定为伪造签章，在立法上并不明确。实践中对电子票据身份的冒用，包括以下几种情况：

1. 盗用或伪造他人资料开户后冒用他人身份出票

由于电子票据系统只与银行系统连接不与其他企业直接连接。所以企业签发电子汇票需要先在银行开户，通过银行的网银间接接入电子票据系统进行相关的票据操作。造假者首先通过某种途径取得一个企业之前在银行开户所用材料的复印件或扫描材料作为样本，然后进行复制，并伪造印章，持伪造的假材料和印章以被伪造企业的名义到银行开立网银账户，然后用该账户以被伪造企业的名义签发电子票据。实践中多数是伪造央企或者其子公司的身份[1]。

伪造人伪造资料冒用他人身份开户并出票，在身份被冒用情形下，名义出票人是否还应承担票据责任？我们认为应当视情况而定。如果市场主体登记的材料真实完整，伪造人通过内外勾结获得被冒用者的身份资料，被冒用者应当承担票据责任。2017年上海市二中院审理一起关于承兑人［中建六局土木工程有限公司（简称"中建六局土木公司"）］账户被冒用，由此遭到拒绝支付票据款项的案例，为此承兑人还提供大量的证据以证明自己账户被冒用。法院认为，中建六局土木公司身份虽然被冒用，但是伪造者用以工商

---

［1］参见陈府申、黄琳维：《假电子承兑汇票是怎么被开出来的》，载 http://www.cdhptxw.com/mryt/3034.html，最后访问日期：2022年5月21日。

登记的身份资料真实有效，中建六局土木公司在身份资料的管理上存在重大过失，其不能以身份被冒用对抗善意的其他票据当事人，应当承担票据责任[1]。这是典型的身份被冒用的情形，企业公章等资料被第三者盗用，可以认定企业在身份资料的保管上存在重大过失，尤其是建筑类公司，企业内部管理混乱，容易出现资料串用的情形，伪造身份用的资料真实性不可否认，基于市场主体登记信息的公示性，被伪造人应当为该真实性负责。名义签章人不能以身份被伪造来对抗善意的其他票据当事人，如果伪造身份所用材料完全虚假，此情形下，被冒用者无需承担票据责任，但是接入机构应当承担一定的民事责任。在资料完全被伪造的情形下，被冒用者没有过失，尽管票面信息显示其为承兑人，仅依据票面信息而无视其他因素一概认定被冒用身份的承兑人承担票据责任，将人人自危，有悖于社会公平正义，也不利于电子票据业务的发展，此时应当遵循《票据法》对伪造签章的一般规定。对接入机构而言，其有责任对票据业务参与者的身份进行核实，若没有对承兑人与承兑人开户信息的一致性进行审核，属于重大过失。电子票据当事人身份的真实性是保障电子票据安全的第一道防线，虽然接入机构不是电子票据法律关系的当事人，其不承担票据责任，但是其应对未履行审查义务承担民事责任。

2. 利用伪造的材料设立公司后到银行开户再出票

伪造人通过窃取或伪造知名企业作为股东的相关材料，到企业登记部门成立新公司，作为知名企业的子公司。该公司注册完成后，相关的执照、印鉴等都是登记机关核发，在国家企业信息公示系统可以查到相关登记信息。伪造人持新成立的公司印章、营业执照等到银行开户并签发电子票据。此种冒用身份的特点是伪造材料注册公司。但伪造人在银行开户所使用的公司材料是经登记机关核发的真实材料，并非伪造。因而，此种情形下签章人是公司，该公司虽然是伪造材料取得市场主体登记，但在未注销之前，依然是客观存在的法律主体，其在银行开户以及签发电子票据，属于基于自身意思表示，不属于冒用出票人身份，因而应由签章人承担票据责任。同时，作为接入机构的开户银行并不承担审查市场主体登记材料的义务，因而违法行为人用经过登记的公司材料开户，开户银行并不承担责任。至于伪造材料取得公

---

[1] 参见中建六局土木工程有限公司诉中船工业成套物流（广州）有限公司等票据追索权纠纷案［（2017）沪02民终4036号］。

司登记，给被伪造的股东造成损失的，被伪造的股东可以依据《民法典》、《中华人民共和国公司法》和《中华人民共和国市场主体登记管理条例》等法律制度予以救济，但与票据伪造制度没有直接关系。

3. 更改承兑人信息、保证人信息将商业承兑汇票假冒为银行承兑汇票

伪造人利用部分开户银行未对票据行为人与实际开户企业名称进行一致性校验的漏洞，通过在商业承兑汇票的承兑人名称或保证人名称上恶意记载为某个银行，冒充银行承兑汇票。2019年，原银保监会在《全力排查和防范电子商业承兑汇票有关风险》中通报辽宁有两家企业在农商银行某支行开立账户并开通票据业务以后，多次变更票据承兑人名称签发小额票据，通过尝试签发小额票据的手段，成功后再以该承兑人信息签发大额票据，合计金额达4.29亿元。[1]该案中，伪造人通过自己填写承兑人，然后签发大额票据，使金融机构遭受巨大损失，一方面是电子票据系统本身的漏洞导致当事人可以随意变更承兑人，另一方面是因为对电子票据信息的审核由各银行分开进行，缺乏统一的规范，且银行对当事人自行输入的承兑人名称也未进行校验。

在此情形下相关当事人应否承担票据付款责任，我们认为，被冒用身份者无需承担票据责任。如果让企业在未知、没有过失的情况下因身份被冒用要求其承担票据责任或者其他民事责任，那就可能会出现"祸从天降"的现象，被冒用者无法防范风险，人人都面临随时要承担巨额票据责任的可能，这明显不符合社会公平正义。承兑人信息被随意填写，首要的责任是开户行的责任，开户银行系统存在漏洞，允许出票人自行填写承兑人信息，没有对承兑人的合法性和真实性进行审验，也没有对承兑人和承兑人银行对应账户的开户人进行核对，属于业务上的重大过失，应承担一定的民事责任。其次系统运营者，有保障电子票据系统完整安全的义务，承兑人等信息之所以能够随意变更，电子票据系统也存在漏洞，系统运营者也应承担相应责任。

4. 虚构同业开户并出票

在电子票据系统交接给上海票交所之前，存在一种叫"业务代理"的同业开户模式。所谓业务代理，就是未直接连入电子票据业务系统的银行业金融机构、财务公司或作为银行间债券市场交易主体的其他金融机构，采取通

---

[1] 参见《监管专门通报〈全力排查和防范电子商业承兑汇票有关风险〉》，载 https://www.maipiaoquan.com/zixun/shichang/2057.html，最后访问日期，2022年3月30日。

过电子票据系统参与者办理电子商业汇票业务的业务办理方式。业务代理的被代理机构，往往都是一些达不到自主直连条件的中小银行，需要通过作为代理机构的大行为其开立同业户，然后通过大行提供的电子票据业务系统接入票据交易所的电子票据系统进行间接的票据操作。当伪造人冒用某一个中小银行的名义去大行开同业户，在大行系统操作，被伪造的中小银行一时发现不了伪造人在操作。大行在开户时不一定能识别伪造人造假，而且在业务代理的情况下，电子票据系统显示的开户行名称并不是中小银行的名称，而是作为代理机构的大行的名称——这无形中又为假电子票据提供了一定的大行信用。同业开户出现假冒名称往往是开户行操作不规范，放弃了通过大额支付系统进行回文确认的步骤所造成。因为虚构同业案件产生巨大风险，除了仅剩的3家名单内机构外，票交所直接停掉了其他业务代理模式，将业务代理模式改为了集中接入模式[1]。伪造同业的法律责任与造假后冒用他人身份出票的情形基本相同。

（二）密钥泄露或被盗取

密钥被盗取属于在电子票据系统中实施的假冒身份行为。由于密钥是真实的，使用密钥的人并非真正有权控制密钥的人。有学者将网络中的"身份盗窃"定义为非授权或者意图使用他人身份信息的欺诈行为[2]。对于电子通信身份被盗窃的法律问题，有学者认为电子身份被盗"归责性损失"难以证实，也缺乏明确的因果关系[3]。在电子票据领域，电子签章采取"非对称加密技术"的方式进行，密钥被盗时的责任归属，应当看导致该密钥遗失的原因。第一，在电子签名人取得电子认证证书并使用该签名数据时，该数据由电子签名人专有并受其控制，电子签名人对电子签名数据有妥善保管义务。如果因为电子签名人的保管不当或其他行为，导致电子签名数据遗失、被盗的，被盗取密钥的名义签章人不得对抗善意持票人，即对善意持票人，名义签章人仍应承担票据责任。第二，若电子签名人在知悉密钥已经被盗或者可

---

[1] 参见陈府申、黄琳维：《假电子承兑汇票是怎么被开出来的》，载 http://www.cdhptxw.com/mryt/3034.html，最后访问日期：2022年5月21日。

[2] Chris Jay Hoofnagle, "Identity Theft: Making the Known UnknonsKnown", *Harvard Journal of Law & Techndogy*, Vol. 21, 2007, pp. 100-104.

[3] Torsten Grzebiela, "Insurability of Electronic Commerce Risks", *Proceedings of the 35th Annval Hawaii International Conference on System Science*, 2002, pp. 9.

能被盗的情况下，仍没有停止使用该签名，也没有及时报告电子签名认证服务提供者等有关各方，以及没有提供真实、完整、准确信息的，应当视为默认他人使用其密钥进行电子签名，名义签章人应当对电子签章的后果负责，即承担票据责任。第三，如果不是电子签名人的保管不当导致的电子签名密钥被盗，而是由电子签名认证服务机构将客户电子签名密钥透露给他人，给电子签名人或者电子签名信赖方造成损失的，除了认证机构对受损害的当事人承担责任外，名义签章人是否对基于该电子签章实施的票据行为承担票据责任？我们认为，在签章人与认证机构之间存在认证服务合同关系，认证服务机构违约泄密，属于签章人与认证机构之间内部关系问题，名义签章人对基于该密钥形成的电子签章所产生的法律后果，仍应承担责任，不得对抗善意第三人。第四，如果是系统本身的漏洞或难以预见的情形而被黑客攻击导致密钥被盗，造成他人损失的，名义签章人开户的系统营运者不能证明无过错的，承担赔偿责任，名义签章人原则上不承担票据责任和其他法律责任，但有义务采取措施防止损失的扩大。

第二节　电子票据行为的生效要件

票据行为需要具备形式要件和完成交付才能生效。纸质票据行为应当具备的形式要件主要包括：签发票据凭证应使用统一规定的凭证格式、记载事项符合法定要求、票据上必须记载出票人、出票日期、收款人等。纸质票据交付也是以实物交割的方式进行。电子票据行为的生效也必须具备形式要件和实质要件，但基于载体的数据化，电子票据行为规则与纸质票据呈现出巨大的区别。

一、电子票据的有效要件

（一）票据有效与票据行为有效的关系

票据有效是指票据本身符合法定要件，在客观上可以作为一种有价证券而存在，换句话说，有效的票据是一张有价证券，而无效的票据是一张无用的纸张。票据有效的要件只是票据外观形式上的要求，而不包括实质内容与意思表示等因素。

票据行为有效是指当事人在票据上实施的行为符合法律规定的要件而可

以形成当事人预期希望产生的票据权利义务关系。

两者关系如下：第一，前者所反映的是某种书面文件在物质形式上是否属于《票据法》上的有价证券——票据，后者所反映的是当事人在票据上的行为能否在他们之间产生相应的效力。第二，票据有效是各当事人之间产生票据关系的必要条件，如果票据无效，则各当事人之间均不能形成票据权利义务关系，当事人在票据上实施的任何行为，均不能产生预期的《票据法》上的约束力，更谈不上票据行为的有效性[1]。第三，票据有效并不意味着当事人所实施的票据行为必然有效。一个人持有有效的票据，并不表明在票据上的各个票据行为当然有效，也就是说，持有有效票据的人并不一定享有票据权利，要享有票据权利，还必须具备相应的票据行为有效的条件。

（二）《票据法》规定的票据有效要件

按照《票据法》的规定，只要出票人在票据格式用纸上记载法定事项就"制作"成有效的票据，这个制作过程就是出票符合法定形式要件，具体如下：一是使用统一印制的票据凭证的格式用纸。虽然从理论上讲，票据格式用纸并不统一要求，票据发展的早期就是如此。但现代社会中许多国家都对票据凭证格式及其印制作了限定性的要求。我国《票据法》第108条规定："汇票、本票、支票的格式应当统一。票据凭证的格式和印制管理办法，由中国人民银行规定。"可见，只有使用中国人民银行规定并统一印制的票据凭证格式，才可能制作有效票据。否则，即使记载事项齐备，也不能构成有效的票据。二是出票时绝对必要记载事项符合票据法的规定，出票行为的绝对必要记载事项既是出票行为的有效要件，又是票据有效的要件。

（三）电子票据有效要件的确定

《票据法》中有对电子票据的凭证格式作出规定，《电子票据管理办法》第83条规定："电子商业汇票的数据电文格式和票据显示样式由中国人民银行统一规定。"这是模仿《票据法》第108条所作的规定。问题是，这一规定可否上升为《票据法》的条款，作为电子票据有效要件的规定？《电子票据管理办法》第83条的规定涉及两个方面的要求，一是数据电文格式，二是显示样式。由于电子汇票是以数据电文形式存在于系统中，如前所述，即使从操

---

[1] 参见吕来明：《票据法基本制度评判》，中国法制出版社2003年版，第131页；王艳梅：《票据效力确认的起源、原则与外在表达》，载《当代法学》2012年第6期。

作终端相关数据电文信息系统数据库当中提取出来转换成平面文件呈现在网页操作界面，显示出如同纸质格式的外观样式，也不属于电子票据的载体，再者，操作界面的显示样式的长短、颜色、大小，与显示设备、环境、设置均有关系，不可能完全统一。如图所示[1]：

图 5-1　电子商业承兑汇票网页平面显示样式图

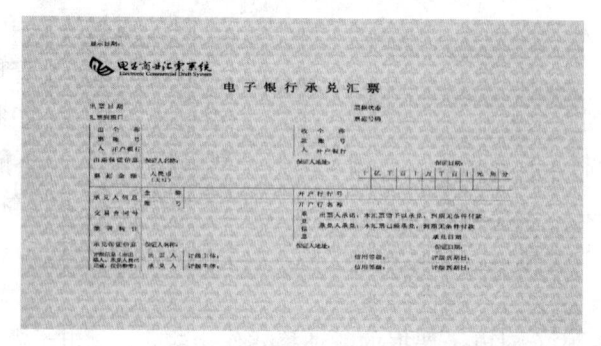

图 5-2　电子银行承兑汇票网页平面显示样式图

因此，数据电文的格式属于电子票据的凭证格式，显示样式不属于电子票据的凭证格式。数据电文格式符合法定要求是电子票据有效的要件，显示样式的要求并非电子票据的有效要件。《票据法》中规定电子票据的有效要件

---

[1] 图片来源：《商票圈》、上海票据交易所网站票据业务指南附件，载 https：//www.shangpiaoquan.com/api/2069.html；www.shcpe.com.en/content/shcpe/rules/pisgz.html，最后访问日期：2022年9月28日。

时，在凭证格式的要求方面，不应照搬《电子票据管理办法》的规定。此外，电子票据数据电文的格式，实际上并不是中国人民银行规定的，而是系统运营者规定的，电子票据系统最初是中国人民银行运营，2017年起移交给上海票据交易所运营，其数据电文格式的调整、修改，由票据交易所制定。因此，电子票据的凭证格式，只要符合法定票据系统运营者的规定即可。

二、电子票据行为的形式要件的环节

纸质票据只需行为人作出相应的票据行为，满足法律规定的形式要件，然后将票据交付给被背书人，即完成相应的票据行为。电子票据行为的完成形式则是行为人在开户银行系统填写相关信息并通过计算机网络发送的方式。与纸质票据行为仅在票据凭证格式上记载并实物交割不同，电子票据行为还需通过电子票据系统的确认才能进行。票据行为人向其接入点申请，由接入点向电子票据系统做出相应的"申请报文"，电子票据系统对该报文进行检查，并作出"成功"或者"失败"的"通用确认报文"。若电子票据系统作出"失败"的"通用确认报文"，则该票据行为发出人的票据行为不生效，不能进一步到达行为相对人系统。若电子票据系统检查通过，则向票据行为人作出"成功"的"通用确认报文"，并修改相应的票据状态，同时向票据信息接收方展示该票据的相关申请，即"转发报文"，并通知票据信息接收方作出相应的回复，再由电子票据系统对票据信息接收方的回复进行检查，若检查通过，该票据行为完成并生效[1]。从实践流程上看，一个完整的电子票据行为，需经过票据行为人发送信息并经票据系统检查确认和信息接收方回复并经系统确认。从以上流程看，电子票据行为的形式要件包括以下三个方面：一是环境要件，通过特定网络系统实施，即通过法律法规规定的或中国人民银行指定的票据系统进行。二是载体要件，即以电子签名方式进行签章，并以录入数据电文并向票据系统发送登记的方式体现票据记载事项，而非纸质上记载相关信息。三是环节要件，即需要进行信息的发送、审核、回复三个环节，才能完成。因此，《票据法》的修改完善，应当明确电子票据行为形式要件的一般规则。

---

[1] 参见《电子商业汇票业务处理手续》。

三、电子票据行为交付完成的认定

（一）交付方式

交付是票据行为生效的要件，当事人完成票据签章时，票据行为还没有生效，必须将票据交付才算完成一个票据行为。票据法中，依票据行为的种类就其成立要件分别进行规定的做法已经相当一般化，出票行为由记载事项、署名和交付两部分构成，出票的法律构成主要有交付合同说和单独行为说两种理论[1]。传统票据的交付是以票据转移占有的方式进行实物交割。电子汇票的交付问题，成为其与纸票最大的形式要件上的区别，票据行为的实施，不再像纸票那样通过书面记载并交付之后生效。电子票据的交付是通过对发送方发出的信息进行回复的方式进行的，回复签收的，视为交付，回复驳回的，视为交付未成功。也就是说，交付并非实物交割，而是代表票据的数据电文控制权的转移。

（二）交付完成的时间

从电子票据数据电文在系统中的流转环节看，涉及票据行为人信息发送—系统检查通过—向接收方接入机构转发—接入机构向接收方展示—接收方回复签收—接收方接入机构向系统发送—系统检查确认通过—系统修改票据状态为"签收"—系统向发送方接入机构转发回复报文，同时向接收方接入机构返回确认回复成功的报文—发送方接入机构将签收通知发送方。上述环节到底哪个时间点为交付时间仍需要明确。由于异步操作，单方作出行为的指令并没有法律约束力，等到相对方的回复方可判断行为的法律效力。在电子票据中，没有实物形式的载体可以交付，只有电子票据系统中票据状态在前手指令下经过相应的电子信息记载，并将记载后的票据状态、处分权限等信息反馈给相对方（后手、收款人等）所在票据系统中，相对方登录自己的账户实现对票据的实际处分操作时才是完成交付，因此，交付合同说对电子票据行为的解释更为有力。具体来说，电子票据的交付应当以票据行为人发出信息后接收方回复点击"签收"并经系统确认成功时为准。因为，交付意味着交付一方失去控制或占有，而由接收方控制。发送方发出的信息到达

---

[1] 参见张凝、[日] 末永敏和：《日本票据法原理与实务》，中国法制出版社 2012 年版，第 67~68 页。

接收方的接入机构系统并向接收方展示后，接收方才得知信息，在得知之前，不应认为完成交付。得知之后，接收方没有作出回复之前，体现电子票据的数据电文控制权并没有转移到接收方，也不应认定为交付完成。接收方回复点击"签收"是同意接收的意思表示。但是，该意思表示是以数据电文方式实施，是否成功，需要系统确认，系统确认并修改票据状态为签收后，电子票据数据电文即由接收方控制，此时应当确认交付完成。

综上所述，应当对《票据法》中票据行为实施规则进行修改，对于电子票据行为的要件及交付，可以规定为：当事人在纸质票据记载或通过规定票据网络系统以数据电文方式记录必要事项并交付时票据行为完成。电子票据行为的交付在行为人通过规定的系统发送信息并在接收方回复签收并经票据系统确认成功时完成。

第三节　电子票据出票与背书规则

一、电子票据出票规则

（一）电子票据出票的流程

电子票据的出票是指出票人通过票据系统以数据电文的形式签发票据、创设票据关系的行为。在电子商业汇票实践中，出票环节由三个子系统组成。出票信息登记子流程是指出票人登录开户银行网银系统填写有关要素并加盖电子签名后，向电子票据系统发出出票信息登记申请，电子票据系统向出票人返回信息、确认登记完成的过程。承兑子流程是指出票人登录行内系统填写有关要素并加盖电子签名后，向电子票据系统发出提示承兑申请，电子票据系统向承兑人转发；承兑人登录行内各级组织对该提示承兑申请进行签收，并将签收信息通过电子票据系统反馈给出票人的过程。收票子流程是指出票人登录行内系统填写有关要素并加盖电子签名后，向电子票据系统发出提示收票申请，电子票据系统向收款人转发；收款人登录行内系统对该提示收票申请进行签收，并将签收信息通过电子商业汇票系统反馈给出票人的过程。收款人成功签收后，出票行为完成。

从电子票据出票承兑的流程上看：先由出票人发起出票信息登记的申请，出票人接入点依据该出票信息组成"出票信息登记申请报文"向电子票据系统发送，电子票据系统收到该报文后对该报文进行检查，检查通过的，将出票登记入库并将票据状态改为"出票已登记"。出票人在票据状态为"出票已登记"时，由其接入点向电子票据系统发送"提示承兑申请报文"，电子票据系统对该报文检查通过的，向承兑人接入点转发该报文，承兑人接入点对承兑申请进行检查，检查通过的，再由承兑人对该票据进行签收或者驳回。在该电子票据状态为"提示承兑已签收"时，出票人才可以向收款人发出提示收票申请[1]。具体流程如下图所示：

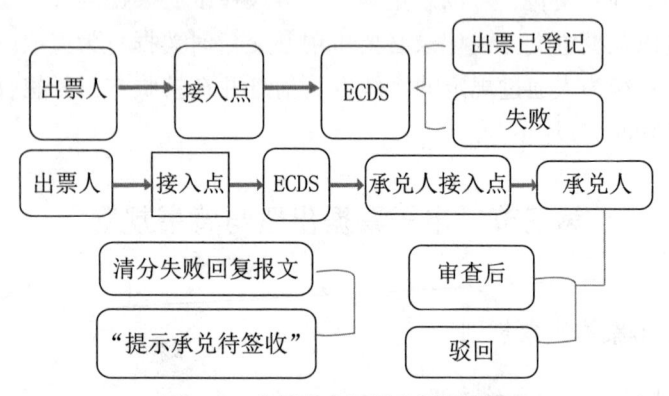

图5-3 电子商业汇票出票流程图

从操作流程上看，电子票据的出票必须先由出票人向电子票据系统申请出票信息登记，只有票据状态显示"出票已登记"时才能提示承兑，承兑人审查通过后对提示承兑信息进行签收时，只有当出票人的电子商业汇票的状态显示为"提示付款已签收"后，才能将该票据交付给收款人。可以看出电子票据出票流程具有顺序性，必须是先承兑后交付，否则在系统上不能成功出票。不论是技术上还是立法上，先承兑后交付都不具有可逆性。

（二）出票信息登记的性质及记载事项

1. 出票信息登记的法律性质

从前面分析可以看到，电子票据中出票完成分为三个环节，即出票信息登记、提示承兑签收、提示收票签收。其中提示承兑签收和提示收票的法律性质分别属于承兑和交付并无疑问，但是出票信息登记在《票据法》上并无

---

[1] 参见《电子商业汇票业务处理手续》。

对应的概念和环节，那么出票信息登记的法律性质是什么？

从出票信息登记的完成顺序看，首先是出票人在银行（接入机构）网银客户端输入出票登记申请信息并提交，出票登记申请信息中包含的内容有：(1)电子票据种类；(2)票据金额；(3)出票人名称；(4)出票人账号；(5)出票人开户行行号；(6)不得转让标记；(7)出票人类别；(8)出票人组织机构代码；(9)承兑人名称；(10)承兑人账号；(11)承兑人开户行行号；(12)收款人名称；(13)收款人账号；(14)收款人开户行行号；(15)出票日期；(16)票据到期日；(17)出票人电子签名。然后是银行依据出票人申请信息组成申请出票信息登记申请报文向电子票据系统发送，最后是ECDS系统检查通过后在系统中将票据状态改为"出票已登记"，出票信息登记即完成。可见，出票信息登记申请时申请人是以出票人的身份在网银系统中填写包括《票据法》规定的必要记载事项在内的相关信息，并通过接入机构以数据电文方式发送给电子票据系统，即出票登记申请信息包含了电子票据必要记载事项的信息。由于电子票据的出票必须通过票据系统进行，接入机构向电子票据系统发送出票登记申请信息的数据电文以及电子票据系统检查确认的行为属于对出票人申请信息中包含的出票记载事项予以固定和确认的行为。因此，我们认为，出票人录入出票登记信息并发送和电子票据系统检查确认后在系统中记载出票已登记两个动作结合，属于出票行为中完成了电子票据的记载事项，是出票环节的第一步。也就是说，出票信息登记尽管名称为"登记"，从《票据法》的角度而言，属于票据信息"记载"，即出票信息登记的法律性质是电子票据出票事项的记载，完成了出票信息登记，即相当于完成了出票信息必要事项的记载。

2. 电子票据的出票记载事项

从目前系统中要求出票人申请时填写的内容看，除《票据法》规定的出票必要记载事项外，还包括其他信息内容，如出票人账号、类别、组织机构代码、收款人账号、开户行行号等。尽管纸票使用实践中，往往也需要填写行号、账号等信息，不填写的银行不予受理，但是，即使不填写，只要出票人将该纸票必要记载事项记载完成，也不影响票据效力，持票人有权要求票据债务人承担责任。但是，在电子票据实践中，尽管此类信息不属于《票据法》规定的记载事项，但在系统操作中如果未予填写，则无法进行下一步的操作，出票信息登记无法完成。这就产生了一个问题，在《票据法》修改完善时，如何规定电子票据的出票记载事项？我们认为，这里暂不讨论现行《票据法》规定的必要记载事项是否需要调整，对于《票据法》规定的必要记载事项外，目前电子票据系统中要求出票登记申请时填写的其他事项，在《票据法》中可以增加一项概括性规定：电子票据签发使用的其他必要事项，但不宜采取列举方式全部纳入。因为如果完全固守纸票的记载事项，完全排除电子票据系统运行必需的记载事项，即便记载了必要事项，电子票据客观上也无法开出和使用，则此种规则没有意义。另一方面电子票据在系统中使用需要的必要事项是随着系统技术的发展和模式调整变化的，电子票据的使用范围也是逐步扩大的，而概括性规定能为系统升级改造和电子票据范围扩大预留空间。

（三）出票时间的认定

电子票据出票信息登记完成只是完成了出票环节的记载事项，但整个出票行为还需要收款人在系统中签收成功才完成。那么，出票时间如何认定？我们认为，票据上记载的出票日期和出票时实际交付日期不一致时，应以票据上记载的时间为出票日期。由于出票人在系统中填写出票信息登记申请时已经包括了出票日期，电子票据系统出票信息登记完成后，出票日期即"记载"于系统之中，因此，应当以出票信息登记中记载的出票日期作为出票时间，至于收款人签收的时间，则属于交付时间。

（四）承兑作为出票生效要件的存废

传统纸质票据出票只要具备了形式要件，将票据交付给收款人，就完成了出票行为。电子票据出票行为的特殊性主要体现在电子票据出票前必须承兑、电子票据在成功出票前可以进行撤票处理。

票的承兑是指付款人承诺在汇票到期日支付汇票金额的行为。根据承兑主体的不同，将电子票据分为电子商业承兑汇票和电子银行承兑汇票。对于纸质票据，《票据法》并没有将承兑作为出票的前置条件，票据在出票时无需要求承兑人进行承兑。虽然实践中为保证票据能够如实得到兑付，纸质票据在出票时银行就要求出票人事先将票据进行承兑，但并非法律的强制要求。《电子票据管理办法》第32条规定："电子商业汇票交付收款人前，应由付款人承兑。"也就是说，在电子商业汇票领域，承兑是出票的前提条件，不允许电子票据先交付后承兑，如果没有事先进行承兑，则出票不成功，不产生出票的法律后果。理论界中对将承兑作为电子商业汇票出票前置条件的合理性存在争议。有学者主张将"承兑"作为出票的前置条件，会导致丧失交易机会，妨碍电子票据的流通效率。理由是认为付款人基于信用的考虑，到期不付款的概率很小，不安全事故发生的概率小。还有学者主张商业银行在承兑时需要严格审查贸易背景的真实性，加强对票据承兑业务的监控与管理[1]。我们认为，尽管《电子票据管理办法》规定出票以承兑为前置条件，并在电子票据系统流程中也是如此设计。但是，《票据法》调整规定电子票据制度时，仍不应将"承兑"作为出票的前置条件。理由是，承兑是增加和保障票据信用的手段，不应当是票据生效的手段。以承兑作为票据出票的前置条件，尽管可以在第一道防线上严格承兑人的审查义务，保证票据兑付的能力，但是，在出票人信用程度足够高的情况下，付款人不予承兑时，出票人最终承担清偿票据金额的义务，并不影响持票人的权利，这一点在电子票据中也是如此，没有理由必须以承兑为出票的前置条件。虽然从当下的情形而言，以承兑作为出票的前置条件有一定的现实基础，但从为未来发展保留一定弹性空间的角度考虑，不宜在法律层面规定电子票据出票必须以承兑为条件。

（四）出票撤回的法律关系分析

出票撤回是电子票据特有的现象，《电子票据管理办法》第 27 条中规定："出票人在电子商业汇票交付收款人之前，可办理票据的未用退回。"这是因为，电子票据的交付通过电子票据传输发送数据电文的方式实现，在时间上，当事人之间是异步操作。完整的票据行为包括申请和回复两个过程，回复行为分为"签收"和"驳回"两种方式。电子票据出票人必须在提示付款期限到期前将电子票据交付给收款人，由收款人对提示收票的申请进行"签收"或者"驳回"，在收款人回复之前，出票人可以向电子票据系统申请出票撤回，若电子票据系统检查通过的，修改票据状态为"票据已作废"，并向该票据上记载的承兑人接入点、保证人接入点发送票据已撤回的通知。从操作流程上看，已作废的票据不得进行下一步的流通。从票据制度上看，出票人的提示收票申请在性质上属于交付，收款人的"签收"是接收。在信息接收方作出回复之前，交付尚未完成，出票人撤回该申请，相当于停止交付或撤回交付的意思表示。电子票据系统一旦通过出票人的撤票申请，则该提示收票

---

[1] 参见肖小和、王文静：《新时代票据业务服务实体经济高质量发展》，载《金融与经济》2020 年第 1 期。

申请失效，收款人不能进行收票，之前对该张票据的承兑行为也失去效力，承兑人不再承担票据到期付款的义务，保证人也无需再承担保证责任。此外，出票人进行撤票处理后，还应当通过线下的方式通知收款人，对因撤票给收款人造成损失的，还应当对收款人承担责任。如若电子票据系统对出票人的出票撤票申请检查未通过，则保持票据状态不变，收款人可以进行回复，一旦收款人的回复报文被电子票据系统审核通过，该票据行为生效，出票人、保证人、承兑人都要承担出票成功引起的票据责任。

（五）签发票据包的法律性质及规则确立

2020年4月上海票据交易所上线供应链票据平台，2021年5月发布新一代票据业务系统方案，2022年6月试运行。为了解决票据业务中资金需要拆分转让的需求，在供应链平台和新票据系统中，可以按票据包形式签发票据，该系统具有支持持票人按实际需要将所持票据包进行分包使用的业务功能[1]。具体是，出票人可签发以标准金额（最小单位为0.01元）票据组成的票据包，出票登记后，票交所系统自动生成一支包含多张标准金额票据的票据包，分配票据（包）号、子票区间等信息。出票时可选择票据是否允许分包，如选择可分包，持票人在办理票据背书、贴现、保证、质押等业务时，可依实际业务需要，将持有票据包按实际支付金额分包流转使用，但在票据的签发环节不支持分包处理。如选择票据不可分包，票据在后续流转过程中也不可进行分包处理。

在电子票据系统签发票据包是一种票据业务创新，但其法律性质并不明确。现有电子票据规则对此也没有明确规定。按照票据要式性原则，必须记载绝对必要事项才能形成有效的票据。票据包不具有相关事项，因而不是票据，票据是票据包里包含的每个金额为0.01元的子票据。但是，此种情形下出票人签发的是整个票据包，要求承兑人提示以及发起收票申请以及签收的是也是整个票据包，不能分别拆包签发。严格来说，签发票据包并不完全符合《票据法》的规定，在出票登记时电子签章覆盖票据包整体，而不是分别对每个票据签章，这样在票据包数据电文上的签章，能否直接认定为在每个子票据上的签章，并没有明确的法律依据。因而票据包的法律性质具有特殊性。我们认为，票据包不属于票据，而是通过一次签章，集中签发票据。这

---

[1] 上海票交所关于印发《新一代票据业务系统业务方案》和《新一代票据业务系统直连接口规范V1.0》的通知（票交所发〔2021〕55号）。

只是票据系统中签发票据的一种功能和业务模式，并不影响单张签发票据的业务。只是当事人有需求集中签发票据业务时，可以选择此种功能。鉴于票据流转中拆分资金的需求，应当在《票据法》中明确集中签发电子票据的规则，允许当事人通过一次签名集中签发固定金额的电子票据，票据包的签章视为在每一张子票据上的签章。

二、背书规则

背书是一种票据行为，贴现是一种基于票据交易目的的背书。本节只从票据行为意义上分析背书的规则。至于贴现，还涉及票据交易的规制，在票据交易部分探讨。

（一）背书的流程及生效规则

票据背书是指背书人通过签章将票据权利转让、质押给被背书人或授予被背书人行使票据权利的票据行为。对于纸质票据，票据记载事项完整、规范，并将票据交付给被背书人，则该背书行为生效。对于电子票据而言，其转让背书也必须记载《票据法》规定的事项。即背书人通过票据系统以数据电文的形式将票据权利转让、质押或授予他人行使。从操作流程看，电子票据的背书规则不同于纸质票据，先由用户填写申请信息，再由开户行接入点向电子票据系统发送转让背书申请。系统根据该申请报文进行检查，检查通过的，向被背书人转发该报文，并通知背书人转让背书申请的处理结果，此时票据状态为"背书待签收"。被背书人可以对该票据进行"签收"或者"驳回"，被背书人的"签收"指令经过电子票据系统审查后生效。若背书人一开始就收到系统报文处理码为"失败"的电文，则背书失败，则保持原票据状态不变，流程如下图所示：

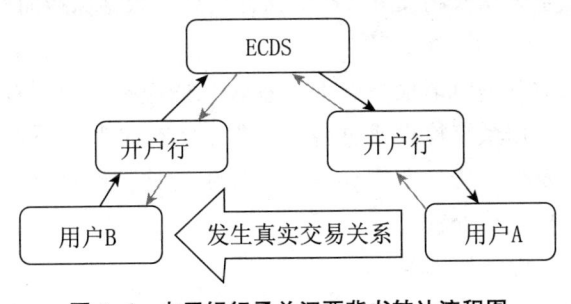

图 5-4　电子银行承兑汇票背书转让流程图

作为典型的电子票据行为,电子票据背书也是多方法律行为,其需要背书人发出行为(要约),经过电子票据系统检查,再由被背书人签收(承诺)。从操作流程上看,电子票据背书行为可能产生的三个结果,分别是票据背书待签收、票据背书被驳回以及背书被接受。

1. 背书待签收的效力状态

电子票据背书待签收指的是背书人通过接入行将票据背书给被背书人,电子票据系统检查通过,被背书人回复之前的状态。《民法典》规定采用数据电文形式作出的意思表示,该数据电文进入相对人指定系统时生效。虽然电子票据背书人的背书申请最先到达电子票据系统,但电子票据系统只是起到前置审核作用,而被背书人在接入机构开设的账户系统才是被背书人指定的系统,只有该申请通过电子票据系统的检查并到达被背书人的系统时,背书人的背书(要约)行为生效。但是,此时整个背书仍没有完成,票据权利义务未发生转移。被背书人可以对该要约进行回复,在被背书人回复之前,背书人可以对该请求进行撤回申请,电子票据系统将会根据背书人申请撤回的时间与被背书人回复时间的先后,决定是否准许背书人进行撤回背书的申请。如果背书人在被背书人回复之前进行撤回申请,电子票据系统审查通过后准许撤回,则票据权利义务不发生转移。如被背书人在撤回申请之前已对该要约进行回复,则不准许背书人的撤回申请,电子票据系统依据被背书人的回复类型更改票据状态。

2. 背书被驳回的效力状态

电子票据背书被驳回指的是背书人的背书申请已通过电子票据系统的检查,被背书人对该背书申请进行"驳回"的行为。如若被背书人对该背书申请进行驳回,说明被背书人对要约进行拒绝,票据权利义务转移的合意不能达成一致,不发生票据权利义务转移的法律后果,票据保持原始状态不变。

3. 背书签收的效力状态

当被背书人对背书申请报文做出"签收"的应答,说明双方对背书事宜达成合意,电子票据系统检查通过后,将票据状态改为"票据背书已签收",此时背书完成并发生效力,票据权利义务发生转移,被背书人成为票据权利人,可以对该票据进行处置。

(二)部分背书效力问题

部分背书是指将票据金额一部分转让的行为。除了背书人签章以外,就转让背书有效要件还存在一个普遍的规则，这就是整体转让规则，即背书人只能将汇票金额全部予以背书转让。我国《票据法》第 33 条第 2 款规定："将汇票金额的一部分转让的背书或者将汇票金额分别转让给二人以上的背书无效。"国际上立法中也普遍规定部分转让金额的背书无效，日内瓦体系、《英国票据法》、联合国《国际汇票本票公约》，均是如此规定[1]。《票据法》中规定部分背书无效的原因主要是，基于有价证券的特点，票据与票据权利不可分，转让票据权利应以票据的随同转让为条件，如果转让部分金额，是否交付票据无法确定，如果不交付，则票据权利无从转让，如果交付，则票据权利整体转让，在票据上无从进行分割。总之，在纸质票据中，部分背书与票据和票据权利不可分的属性相冲突，因而普遍的规则是部分背书行为无效。

如前所述，在供应链票据和新一代票据业务系统中通过签发票据包的形式实现了事实上的票据资金拆分转让，但在形式上并非部分背书，而是集中转让多张标准金额为 0.01 元的票据。此种转让并非部分背书，只要确认集中转让多张票据的电子签章效力及于每一张票据，则拆分票据包转让并不违反《票据法》的规定。

需要探讨的问题是，对于电子票据，是否有必要直接规定允许部分背书？这涉及电子票据部分背书转让在技术上能否突破票据权利依附于票据因而具有整体性的问题。例如，一张纸票上记载金额为 100 元，在物理上无法分割为两个 50 元的票据，因而该张票据上的权利具有整体性，无法分割转让。但是，电子票据可否突破这一特性，比如，一张电子票据转让部分金额时，在系统中可否实现变更为两张新票据，即受让人接收到的记载转让金额的票据，转让人在系统客户端能够控制那张票据数据，使金额变更为剩余金额，成为一张"新"票据。实践中，电子票据系统目前并无此类功能。我们认为，如果电子票据在技术上能够突破票据权利整体不可分割的特点并能保障安全，则应当针对电子票据的背书作出特别规定，允许部分转让背书，以满足中小企业融资以及基础交易中对票据拆分转让的需求。

---

[1] 日内瓦《统一汇票和本票法公约》第 12 条；英国《1882 年票据法》第 32 条第 2 项；《联合国国际汇票和国际本票公约》第 19 条。

(三) 无担保背书

无担保背书是背书人记载免除担保承兑和担保付款责任的背书，属于特殊转让背书。大陆法系与英美法系国家的票据立法普遍承认无担保背书。背书人在票据上记载"不担保""不受追索"等文句的，属于任意记载事项，按相应记载发生效力，即背书人对被背书人及其后手不承担担保付款和担保承兑的责任。我国《票据法》并未规定无担保背书。理论中一般认为，如背书人在背书时记载了不担保的相应文句的，该记载不发生《票据法》上的效力，背书按一般转让背书发生效力，即记载无担保的背书，背书人不能免除担保责任[1]。在电子票据转贴现实践中，上海票据交易所制定的《主协议》第3条规定：持票人作为主协议签署方，承诺放弃对前手背书人行使追索权，但保留对票据出票人、承兑人、承兑人的保证人、贴现人、贴现人的保证人（若有）及贴现人前手背书人的追索权，并且银行之间的票据转贴现也往往通过转贴现协议约定免除追索权。考虑到电子票据转让已经成为票据转让的主要渠道，并且即使是纸票，允许背书人记载免除担保事项是国际票据法通行的规则，因此，应当对《票据法》的现行规则作出修改，无论是纸票还是电子票据，均应当允许背书人记载无担保背书。

(四) 背书转让的限制规则

按照《票据法》第27条、第34条及《票据法司法解释》的规定，出票人记载"不得转让"的，票据不得转让，背书转让行为无效，出票人、承兑人、背书人及保证人不承担票据责任；背书人记载"不得转让"，其后手再背书转让的，原背书人对后手的被背书人不承担保证责任。但是《电子票据管理办法》第22条规定："出票人或背书人在电子商业汇票上记载了'不得转让'事项的，电子商业汇票不得继续背书。"我们认为，对于电子票据背书转让的限制，纸票和电子票据应当实行相同的规则。背书人记载不得转让与无担保记载性质相同，都属于特殊转让背书，并不从根本上改变票据的信用，应当给予当事人选择的空间，《票据法》现行规则仍应维持。

(五) 背书真实性审查问题

《票据法》第32条第1款："以背书转让的汇票，后手应当对其直接前手

---

[1] 参见吴京辉：《我国〈票据法〉中限制背书制度的不足与完善》，载《法学》2010年第7期。

背书的真实性负责。"该规定意味着被背书人应当对直接前手的背书人签章的真实性承担审查义务。这一规则适用于纸质票据，但在电子票据中则无法适用，也就是说，电子票据中，被背书人对背书人电子签章的背书真实性不承担审查义务。理由如下：对于电子票据而言，电子签名是确定当事人身份的法定依据。背书真实性的认定应以数据电文报中的名称和电子签名为准，当事人通过电子签名确定相对方的身份，电子签名采用数字密码技术完成，电子签名的真实性由系统运营者和接入机构、认证机构审核验证，通过系统验证的电子签名在技术上一般被认为排除了伪造可能。被背书人、付款人等对电子签章的审查无法像纸票那样鉴别票据上背书人的签章是否与其真实签章一致，而只能依赖接入机构和票据系统验证通过的电子签名，即按照系统操作规则对接入点传输的反映电子签名的代码解密验证并通过，即应当视为真实的电子签名，被背书人无需也无法对背书人接入机构和票据系统的验证是否真实进行审核。

三、质押背书

电子票据的质押通过在电子票据系统中登记进行。基本流程是：（1）出质人向质权人提交质押申请，电子票据系统中票据状态为申请质押待签收。出质人在质押权人未签收前可撤销申请；（2）质权人签收，系统中票据状态为质押已签收；（3）解除质押。质权人须在质押票据到期日前提交解除质押申请；出质人未签收前质权人可撤销申请；出质人签收，系统中票据状态为解除质押已签收。

电子票据质押中质权人签收成功的时间，视为质押票据背书完成时间，质权设定。需要探讨的问题是，目前系统中设定的是质押票据到期日，电子票据系统自动将质押票据权利人变更为质权人，质权人可提示付款，不得转让票据。由于质押背书担保的债权不一定通过票据系统清偿，票据到期日前，当质押人通过其他渠道清偿完毕票据债务时，票据系统自动将票据权利人变更为质权人，则对质押人产生损害。因此，应当建立票据到期日经质押人确认，票据系统将票据权利变更为质权人的规则。此时，若债务人已清偿债务，质权人无法提示付款，应当解押票据；若质押人未清偿债务而又不予确认，此时电子票据仍在质权人控制之下，质权人可以通过司法途径救济，不会产生无法行使票据权利的风险。

第四节 电子票据的付款规则

一、电子票据与纸票付款流程的比较

（一）票据类型与付款方式

在我国纸质票据和电子票据并存。上海票据交易所成立后，推进纸票与电子票据融合，实行纸票电子化，即将纸票信息在票据交易系统进行信息登记，登记后票据的付款提示由交易系统通过电子指令的方式进行。纸票电子化的提示付款规则，与电子票据流程大致相同，特殊问题在第六章分析。

在付款方式上，纸票的付款是线下付款，通过委托开户银行收款的方式进行。电子票据系统和票据交易系统并行前，电子票据的付款提示和确认通过电子票据系统发送数据电文指令的方式，电子化的纸票以及经过贴现的电子票据的付款提示和确认，由票据交易系统发送数据电文指令的方式，两个系统合并后，电子票据和电子化的纸票都通过合并后的票据业务系统付款。

（二）纸票付款提示流程

按照《支付结算办法》的规定，纸质票据的付款持票人应在提示付款期限内通过开户银行委托收款或直接向付款人提示付款。对异地委托收款的，持票人可匡算邮程，提前通过开户银行委托收款，如下图所示。

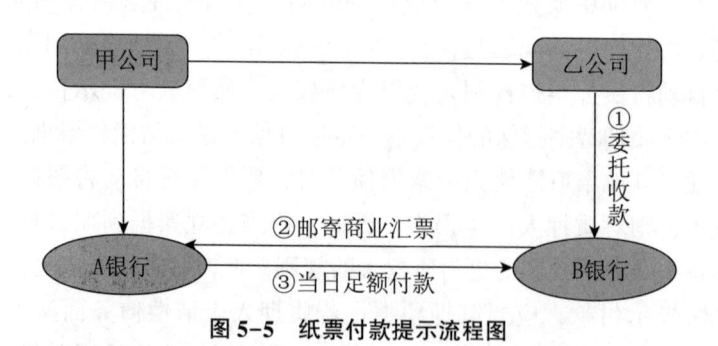

图 5-5　纸票付款提示流程图

付款人开户银行收到通过委托收款寄来的商业承兑汇票，及时通知付款

人。付款人在接到通知的次日起 3 日内未通知银行付款的，视同付款人承诺付款，银行应将票款划给持票人。付款人存款账户不足支付的，银行填制付款人未付票款通知书，连同商业承兑汇票邮寄持票人开户银行转交持票人。银行承兑汇票承兑银行应在汇票到期日支付票款，拒绝支付的应作成拒绝付款证明，连同银行承兑汇票邮寄持票人开户银行转交持票人。持票人超过提示付款期限提示付款的，持票人开户银行不予受理。

（三）电子票据的付款提示流程

电子票据付款通过票据业务系统以发送数据电文指令的方式进行。提示付款可以选择线上清算方式或线下清算方式，持票人可与接入行、接入财务公司签订协议，委托接入行、接入财务公司代为发出提示付款、逾期提示付款申请，并代理签章。按照《电子票据管理办法》《电子商业汇票业务处理手续》的规定，其流程主要如下：

（1）持票人填写提示付款信息；（2）持票人接入点向电子票据系统发送提示付款申请报文；（3）电子票据系统收到提示付款申请报文后检查通过的，修改票据状态为"提示付款待签收"，检查未通过的，则向持票人接入点返回报文处理码为"失败"报文，保持原票据状态不变；（4）承兑人接入点收到电子票据系统发来的报文后，向承兑人展示并通知承兑人回复，同时修改票据状态为"提示付款待签收"；（5）承兑人可以选择对提示付款申请签收或驳回；（6）承兑人接入点根据承兑人的回复组成报文，向电子票据系统发送；（7）承兑人签收的，电子票据系统收到报文后检查通过的，修改票据状态为"提示付款已签收待清算"。若大额支付系统清算成功，则电子票据系统修改票据状态为"票据已结清"。若选择线下清算的，修改票据状态为"票据已结清"；（8）承兑人驳回的，接入点向电子票据系统发送相应报文，电子票据系统向持票人接入点转发标记为"驳回"的回复报文，并将票据状态修改为"提示付款已拒付"。其流程图如下：

图 5-6 电子票据付款提示流程图

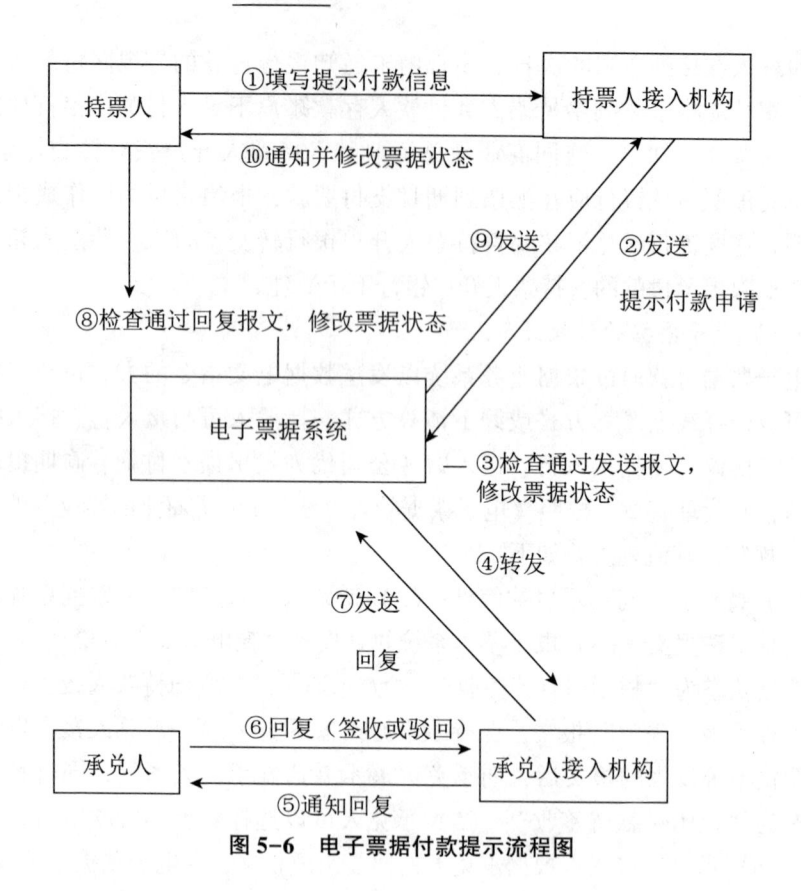

二、票据业务系统提示付款规则

(一) 电子票据系统原有提示付款规则

按照《电子票据管理办法》的规定，电子票据付款提示的规则是：（1）持票人在票据到期日前提示付款的，承兑人可付款或拒绝付款，或于到期日付款。（2）持票人在提示付款期内提示付款的，承兑人当日至迟次日付款或拒绝付款。（3）承兑人在收到该请求次日起第 3 日仍未应答的，接入机构应按其与承兑人签订的协议，按照承兑人账户余额是否足额支付票款，分别按视同承兑人同意付款、扣划资金支付票款和视同承兑人拒绝付款，代承兑人作出拒付应答处理。（4）接入机构没有代为应答的，系统显示票据状态为，提示付款待签收。

第五章　电子票据行为及追索权规则

（二）调整后的电子票据系统付款提示规则

2022年经中国人民银行同意，上海票据交易所调整了电子票据系统中的电子商业承兑汇票的付款提示应答规则，自2022年3月21日起施行[1]，并且在2022年6月后试运行的票据新系统方案中也实行这一规则。新规则的主要变化有两点：一是持票人在提示付款期内或超过提示付款期提示付款，承兑人收到提示付款请求的三日内未应答，承兑人接入机构也未在下一日代为应答的，则电子商业汇票系统在该日日终时将票据状态"提示付款待签收"和"逾期提示付款待签收"变更为拒付状态。二是持票人在票据到期日前提示付款，承兑人在票据到期日的次日起三日内未应答，承兑人接入机构也未在下一日代为应答，则电子商业汇票系统在该日日终时将票据状态"提示付款待签收"变更为拒付状态。

（三）未应答时视为拒绝付款的合理性及应当确立的制度

电子票据系统中原有的付款提示规则，在承兑人及接入机构未应答时，系统显示"提示付款待签收"，既不是拒付，也没有签收。这一不确定状态导致实践中产生了大量纠纷，也不利于持票人利益的保护。而且承兑人及接入机构在规定的时间内不予应答，客观上使持票人既得不到款项，也无法在系统中进行追索，本身就违反了电子票据行为应当遵循的规则，也侵害了持票人的利益。从实践中的绝大部分情形看，承兑人不予应答往往是为了逃避票据债务，实质上与拒绝付款无异。因而新的付款提示规则是合理的，在《票据法》中规定电子票据付款提示规则时，应当采用这一规则。

（四）期前提示付款的处理规则

按照2022年3月推出的付款提示新规则，持票人在期前提示付款，付款人未应答的，无需在付款提示期间内再行提示付款，票据到期日起三日内付款人未应答的，系统自动按照拒绝付款处理，持票人可向所有债务人进行拒付追索。

在纸质票据中对于期前提示付款后无需在期内提示付款的规定不尽合理。因为，纸票票据期前提示付款被拒绝后，票据为持票人持有，到期日到来后，持票人不去再次提示付款，付款人看不到票据。但是，在电子票据中，对期前提示付款在到期日后付款人未应答时按照拒绝付款处理，产生保全票据权

---

[1] 参见《上海票交所关于规范电子商业承兑汇票提示付款应答的通知》（票交所发〔2022〕2号）。

利效力,具有合理性。因为,在电子票据提示付款中,尽管付款人对期前提示付款没有义务作出应答。但是期前提示付款的信息,在到期日到来后依然存在于系统之中,到期日到来之后,该信息依然持续显示于持票人在开户银行的客户端,持票人始终可以看到,也就是说,电子票据的提示付款,即使是期前提示,也具有信息的延续性,这一点不同于纸质票据。因而应当在《票据法》修改时确认付款提示新规则的这一做法。

三、电子票据付款人的审查义务

票据的付款人是独立的票据当事人,票据付款人承担付款责任以后,票据权利义务关系消灭。对于电子票据而言,其付款方式要求定日付款,即在当事人提示付款的当天进行付款。《票据法》明确付款人及其付款代理人付款时,应当审查汇票背书的连续性,并审查提示付款人的合法身份证明或者有效证件,否则应当承担恶意付款的责任。《支付结算办法》规定银行按照正常的操作程序审查,仍不能发现异常的,不承担错误付款的责任[1]。但是,这一规则无法适用于电子票据,也就是说,在电子票据中,付款人不承担票据格式和背书连续性审查义务,这一点应当在《票据法》中与纸票的付款人审查义务相区别。

(一)关于票据格式和记载事项审查

对于纸质票据而言,对票据的审查包括票据格式是否符合法律要求和票据上的记载事项是否有效,即已记载票据法规定的必要记载事项。《票据法》和《支付结算办法》明确票据签发必须使用中国人民银行统一印制的票据凭证,未使用中国人民银行统一印制的票据格式或出票未记载必要记载事项的票据无效。但对于电子票据而言,票据的格式早就由计算机编制好,当事人只需要按计算机上显示的格式进行填写即可,信息填写是否规范也已经由票据业务系统进行审查,不存在票据格式不规范的问题,也不会出现书写不规范和记载事项不规范的问题。不符合格式和记载事项的无法完成出票。因此电子票据付款人不需要再对票据格式、书写规范和记载事项进行形式上的审

---

[1] 参见《支付结算办法》第17条规定:"银行以善意且符合规定和正常操作程序审查,对伪造、变造的票据和结算凭证上的签章以及需要交验的个人有效身份证件,未发现异常而支付金额的,对出票人或付款人不再承担受委托付款的责任,对持票人或收款人不再承担付款的责任。"

查义务。

(二) 关于票据背书连续性审查

纸质票据背书连续性的审查主要由付款人对票面上记载的当事人名称连续性承担形式审查义务。电子票据背书先由背书人填写背书信息，由其开户行向票据业务系统提交背书申请。在电子票据转让背书的过程中，由票据业务系统对电子票据背书的连续性进行审查，如果票据背书人可以通过票据业务系统检查并将票据背书给被背书人，说明该票据背书连续性已经经过系统审核，票据背书的连续性不存在问题。因此，电子票据付款人或承兑人无需再对背书的连续性进行审查，相应地，承兑人也不可提出背书不连续的抗辩[1]。实务中有几种特殊情形：一是持票人因为业务需要将票据背书到拟办理业务的开户银行账户，承兑行认为票据背书不连续拒绝付款。此类情形应当属于委托收款，且票据业务系统已通过当事人背书请求，说明该背书是连续的，承兑人不得以此为由拒绝付款。二是前一次被背书人和后一次背书人的账号、开户行号、组织机构代码和身份类别均相同但是名称有所不同，是否影响票据背书连续性的认定。中国人民银行的意见是不影响背书的连续，但应当赋予付款人要求说明或查询核实的权利[2]。我们认为，《票据法》中对于纸质票据背书连续性的认定是前次被背书人与后次背书人名称的一致性，央行的这一理解与《票据法》的规定不符，对于电子票据而言，背书连续性的认定应以数据电文报文的内容和签名进行认定，报文中的内容就包括了名称，并且名称是识别身份一致性的关键要素，不应完全由行号、账号、组织机构代码等取代。因此《票据法》对电子票据背书连续性的要求，仍应规定为前次被背书人与后次背书人名称的连续，名称完全不同的，属于背书不连续，名称账号相同但其他构成要素不同，不存在实质差异的，组织机构代码和身份类别、账号相同的，视为背书连续。

(三) 对出票人签章及身份真实性的审查

纸质票据中，对票据真实性的审查，除了凭证格式真实性外，还包括对出票人签章真实性的审查，特别是在付款人留有预留印鉴或因开户等情形与

---

[1] 参见北子：《电子商业汇票背书连续性由谁说了算?》，载 https://mp.weixin.qq.com/s/vVc3rgKiGUG6ustkQR_Q，最后访问日期：2022年9月13日。

[2] 参见《关于规范和促进电子商业汇票业务发展的通知》（银发〔2016〕224号）。

出票人存在资金关系业务时对某些出票人的签章承担实质审查义务。对于电子票据而言，票据业务参与者在参与电子票据业务之前，接入机构和电子认证机构承担身份真实性和电子签名真实性审查义务，经过接入机构和认证机构身份审查的当事人，才有可能在票据业务系统中签发票据，应推定其身份的真实性，因此，电子票据业务参与者身份真实性的审查责任主体已经由付款人转移至接入机构或认证机构，此外，非对称加密的签章技术具有极强的技术性，电子票据付款人及代理付款人很难对电子签章真实性进行实质审查，因此，付款人对电子票据上的签章只承担密钥核对义务即可，无需审查其他信息。如果出票人身份虚假或电子签章不真实，应由接入机构或认证机构承担责任。

（四）提示付款人的身份审查

提示付款人身份审查也称附带审查，是指付款人或者代理付款人对提示付款人的合法身份证明和有效身份证件进行审查[1]。合法的身份证明及有效的身份证件包括：居民身份证、护照、户籍证明、营业执照以及法定代表人身份证件等可以证明提示付款人身份的证件，主要是为了防止提示付款人身份被冒用。对于电子票据而言，电子票据业务参与者要作出一定的票据行为，其必须登录票据系统并进行身份识别，在登录系统时必须使用与其电子签名数据相匹配的身份。电子票据业务参与者只要能进入票据系统，就可以推定票据当事人身份的合法性和真实性。接入机构和票据系统在电子签名数据制作人使用该签名时进行管理和监测，对票据当事人发来的每一个电子票据指令进行审核，审核的要点就是发出该电子报文的主体是否为合格的票据主体。能够在票据系统参与电子票据业务的主体都经过了接入机构、认证机构、票据系统的身份真实性审核。而付款人接收提示付款申请在线上进行，只能对数据电文中电子签章密钥和数字证书核验，付款人无法对提示付款人的证件等身份证明进行审核，只要密钥和数字证书通过，付款人无需再行线下审查提示付款人的身份。

---

〔1〕 参见赵新华：《票据法》，人民法院出版社1999年版，第282页。

第五节　电子票据追索权的行使规则

一、电子票据的追索流程与清偿认定

（一）追索权行使要件的现行规定

现行《票据法》第 61 条至第 66 条就追索权形式要件作出了规定。首先应具备票据追索权行使的实质要件，即到期不行使付款请求权被拒绝或期前出现法定事由。其次应具备票据追索权行使的形式要件，即被拒绝承兑付款的相关证明。《电子票据管理办法》第 66 条至第 68 条[1]，对票据追索权行使的期限和方式、形式要件等予以了明确和细化。由于电子票据不存在拒绝承兑问题，因此行使电子票据追索权的构成要件实际是：前置权利为行使付款请求权，形式要件为拒绝证明，分为拒付追索和非拒付追索两种模式。

（二）电子票据的追索流程

根据《电子票据管理办法》第 65 条的规定，追索权的行使主要分为拒付追索与非拒付追索两种。二者的适用条件和追索时间有所不同，但基于电子票据系统内的操作流程基本一致，包括追索通知和同意清偿两个业务子流程。追索通知业务是追索人向被追索人单方向发送"追索通知报文"，被追索人不需要回复。同意清偿业务是被追索人收到追索人发来的追索通知后，向追索人发送"追索同意清偿申请报文"，而追索人需要进行回复的过程。票据的追索分为发起追索和同意清偿两个流程。按照《票据法》的规定，提示付款人进行票据追索时，纸质票据的出票人、背书人、承兑人对持票人承担连带责任，该追索权的行使无顺序要求，可对某一票据当事人主张，也可以同时向数人主张。被追索人清偿债务后，向前手进行再追索。对于电子票据，持票人可以向多个被追索人发出追索通知，但一次只能向一个被追索人发起追索通知。先是由追索人接入点组成追索通知报文向电子票据系统发送，系统检

---

[1]《电子票据管理办法》第 66 条规定："持票人在票据到期日前被拒付的，不得拒付追索。持票人在提示付款期内被拒付的，可向所有前手拒付追索。持票人超过提示付款期提示付款被拒付的，若持票人在提示付款期内曾发出过提示付款，则可向所有前手拒付追索；若未在提示付款期内发出过提示付款，则只可向出票人、承兑人拒付追索。"

查通过的，修改票据状态并向被追索人接入点发送报文，被追索人接入点根据被追索人同意清偿的回复，向电子票据系统发送追索同意清偿报文，电子票据系统修改票据状态为"同意清偿待签收"。票据系统将同意清偿报文发送追索人接入点，追索人接入点通知追索人签收该同意清偿申请，接入点向电子票据系统发送，检查通过的，修改票据状态为"同意清偿已签收"或"票据已结清"。

《电子票据管理办法》第66条针对电子票据追索分为两种情形规定，首先是持票人在提示付款期内曾提示付款，其可向所有前手进行拒付追索，其次是持票人未在提示付款期内发出过提示付款，那么其只能向出票人、承兑人进行拒付追索。被追索人接到追索通知后，可发起追索同意清偿申请。

（三）追索成功的认定

根据电子票据业务操作流程的相关规定，在电子票据系统中，被追索人对追索通知回复同意清偿票据款项，追索人签收同意清偿申请报文后，即告追索成功，视为交出汇票和拒付证明处理。追索人签收非拒付追索的追索同意清偿报文的，即视为交出汇票以及所收到利息和费用的收据，但须线下交出非拒付追索的相关法律文件。

二、线上追索与线下追索的关系

（一）线上追索与线下追索的转化

按照前面所述流程，电子票据的追索权行使一般通过线上追索的方式进行，在理论与实务中存在的争议问题是，电子票据追索权的行使，可否通过线下进行追索？否定意见认为，电子票据因为无法出示并交付，追索权只能在电子票据系统内进行，无法线下进行。线下追索无法出示票据，所以不符合追索要式性的要求，因此是无效的。此外，再追索需要在电子票据系统内完成，如果持票人没有进行电子票据系统内的追索，而此时票据状态已被锁定，由此带来的后果就是票据的交付和行使再追索权都无法在电子票据系统内完成，因而电子票据追索权不得通过线下追索的方式进行[1]。肯定意见认为，电子票据系统不是万能的，无法解决票据权利行使的所有问题，《电子票

---

[1] 参见赵慈拉：《电子商业汇票规制在司法裁判中的适用与解析》，载《上海金融》2021年第9期。

据管理办法》规定的线上追索通知只是"通知"程序的问题，并不在实质上影响电子票据线下追索的行使效力，持票人在电子票据显示样式打印出纸质文件加盖公章，并且向其被追索的前手出示予以签收的方式，也符合出示并交付票据的法定程序和要求[1]。

我们认为，电子票据的载体是依托于系统中的数据电文信息，行使票据权利应当持有或出示票据，未经线上追索直接进行线下追索会造成线上记录的持票人与线下被追索人清偿票据债务后持票的人不一致，导致被追索人无法进行线上再追索。因此，当提示付款被拒付或不予应答时，电子票据持票人行使追索权仍应以线上追索的方式进行，持票人不得任意进行选择，即不得直接进行线下追索。但是，线上追索是当事人自行追索的法定形式，当通过此种形式无法获得清偿或被追索人拒绝时，不应成为排除司法救济的理由。持票人线上行使追索权时若被追索人驳回或不予应答，系统中显示的持票人依然是追索人，追索人以系统中的持票信息和追索失败的信息提起诉讼，同样属于持票状态，法院具体认定中可以打开系统向被追索人展现，因此转化为线下追索，不违反行使追索权时需要持票状态并出示票据的要求。

（二）线上显示清偿已结清但线下实际未清偿时的追索处理

电子票据追索程序是线上进行，款项清偿在线下进行，在电子票据系统追索清偿业务只能选择线下清算方式，尽管电子票据系统中在被追索人回复同意清偿后可能有"清偿人名称""清偿签收日期"等字样，但并不代表"清偿人"已线下实际清偿相关追索款项。清偿日期为追索人签收追索同意清偿申请报文的指令进入电子商业汇票系统的日期。线上追索中被追索人作出同意清偿报文，追索人予以签收同意清偿报文，此时，票据状态显示已结清，但被追索人可能没有实际清偿款项。追索人签收了报文后，一般视为追索人交出了汇票和拒付证明，而此后如果被追索人没有实际清偿，由此衍生出持票人的追索权是否消灭，可否进行线下追索的问题。即清偿法律关系的消灭是以电子票据系统上显示的票据状态为准，还是以清偿人线下获得清偿之时为准？线上追偿成功的意义何在？对此《票据法》以及电子票据的现行相关规则并未予以明确。此外，持票人提示付款中选择线下清算，付款人在系统

---

[1] 参见郭香龙：《电子票据线下追索的法律效力理应得到肯定》，载http：//www.21jingji.com/article/20220409/herald/3ba319cac548978309a/a8f5ce8fde94，最后访问日期：2022年9月23日。

中对提示付款报文进行签收，系统显示票据已结清，但付款人实际上没有线下付款，也存在类似问题。司法实践中有判决认为，虽然票据业经承兑人签收，票据状态显示"票据已结清"，但基于持票人未获兑付票款的客观事实，承兑人其行为构成拒绝付款，持票人的付款请求权没有得到实现，持票人享有对其他前手的追索权[1]。理论中学者主张，此种处理方式是依据民事债权原则来裁判电票追索权纠纷，忽略了行使票据权利必须符合要式性的基本原则，原告行使请求权的对象应仅限于出票人和承兑人，若转嫁至与承兑人毫无关联的其他前手，不具有任何经济性[2]。

我们原则上赞同理论中的看法。上述情形中，提示付款人或追索人确实已经不再持有电子票据，要么是票据显示已清偿而票据关系消灭，要么是显示追索权实现而不再成为持票人。此种情形下，原持票人直接行使线下追索权确实和票据追索权的行使以持有和出示票据的规则相冲突，即使打印出电子票据显示样式的纸质版，也显示的是已结清而不是拒付或待签收，不能证明追索人是持票人，不属于出示票据。因此，电子票据系统显示状态与实际清偿状态不一致时，对于追索人与直接被追索的对象以外的人而言，应当以系统上显示的票据状态为准，持票人不得以线下实际未清偿为由向全体债务人行使追索权。因为电子票据系统上显示的票据状态具有公示效力，票据当事人可以依据该状态进行相应的票据行为，且文义性是票据的基本属性，持票人不能以线下得不到付款来对其他票据当事人行使追索权。但是，在追索人与作出同意清偿应答的被追索人之间，作为一种例外情形，允许原持票人进行追索或行使票据返还请求权。即被追索人线下未履行清偿义务时，追索权人依然可以通过线下诉讼的方式对其行使追索权或要求退还票据。若被追索人不是出票人或承兑人，在追索人通过线下行使追索权时，可以申请法院进行票据保全，阻止该被追索人通过电子票据系统进行再追索。被追索人清偿票据债务后，可以解除保全，进行再追索。对于原持票人与付款人之间系统显示与实际付款不一致的情形，由于系统票据已结清，票据关系消灭，不存在再追索的问题。原持票人可以进行线下诉讼，请求承兑人（付款人）履

---

[1] 参见（2020）渝民终 398 号民事判决书。

[2] 参见赵慈拉：《电子商业汇票规制在司法裁判中的适用与解析》，载《上海金融》2021 年第 9 期。

行票据付款义务，或者请求承兑人返还票据，在系统中恢复持票状态，再行进行线上追索，不得直接进行线下追索。当然此种情形下返还票据的请求权与通常所理解的票据返还请求权存在差异，需要法律层面予以明确，并且以技术层面上能够实现为条件。

三、追索权行使中的拒绝证明

(一) 付款人拒绝付款的证明

1. 《票据法》及司法解释的规定

票据付款请求权是票据追索权的前置权利，根据《票据法》第 61 条的规定，付款义务人拒绝付款事实是行使票据追索权实质要件之一，提供拒绝付款事实的有关证明则是行使票据追索权的形式要件之一。我国《票据法》在第 63 条至第 65 条对拒绝证明都有规定：退票理由书、拒绝证明是纸质票据关于拒绝付款事实的主要证据，此外，审判机关的相关司法文书和行政机关的行政处罚决定等亦可作为纸质票据拒绝付款事实的证明方式。根据最高人民法院 2021 年修改的《票据法司法解释》第 70 条的规定，付款人拒绝付款，不仅包括明确表示拒绝付款，承兑人发布的表明其没有支付票款能力的公告，也可以认定为拒绝证明。这主要是源于近年来大量财务公司拒付系列案件中，承兑人以公告方式表明不能如期兑付，所以司法解释规定承兑人发布无支付能力公告可以视为拒付。例如，2018 年以来发生的宝塔石化集团财务有限公司兑付违约事件，承兑人曾公告表明票据到期后无法付款。

2. 电子票据中的拒付追索的拒绝付款证明

在电子票据中，由于其本身不具备原纸质票据的客观事物载体，故而如退票理由书、纸质拒绝证明等证明方式难以证明拒绝付款事实，电子票据的主要证据以电子化形式寓于票据系统之中。而基于《中华人民共和国民事诉讼法》（以下简称《民事诉讼法》）中关于证据种类的规定，电子数据已成为证据种类之一，故存在于票据系统中的电子数据可以作为证明拒绝付款事实的相关证据。虽然我国《票据法》关于拒绝付款证明的规定是针对纸质票据的，但从法律解释上看，票据系统中显示的拒绝付款信息可以作为电子票据提示付款的拒绝证明。根据《电子票据管理办法》的相关规定，在系统中所生成的电子化票据信息和拒付理由是拒绝证明的形式，但是持票人进行提示付款时，付款人或承兑人予以回复驳回的行为是直接的拒付意思表示，因此，在《票据法》修改时，应当明确电子票据系统中显示的拒付信息为拒绝证明，从而使电子票据系统的追索规则在法律层面上得到明确确认。

在纸质票据追索权行使过程中，拒绝证书或退票理由书为独立于票据而存在的书面文件。但在电子票据业务中，系统内的提示信息与纸质票据比较而言，呈现出另一种新形式。如果付款人或承兑人拒绝付款，基于《电子票据管理办法》第 67 条的规定，拒绝证明为票据信息、拒付理由抑或是其他法律文件。这里有以下问题需要明确：

第一，若承兑人回复为"驳回"，系统中显示票据状态为"提示付款已拒付"，回复信息中的票据信息并不是票据本身完整的信息，而是电子票据号码和票据金额，拒付理由并非文字表述而是代码，则此种信息是否构成拒绝证书？是否需要另行制作票据信息和拒付理由才构成有效的拒绝证书？该问题的实质在于未经转化为文字表述的代码能否作为拒付理由的证明文件。根据《最高人民法院关于适用〈中华人民共和国民事诉讼法〉的解释》第 116 条第 2 款的规定，代码作为以现代信息技术为支撑的数据电文应属于法律规定的"电子数据"的范畴，故而其可以作为拒付理由的证明文件。应答签收或应答驳回，都是证明持票人已经提示付款的当然证明，无需另行举证。应答驳回同时具有拒绝付款证明的效力。

第二，付款人或承兑人对提示付款签收清算失败的情形。若承兑人的回复为"签收"，且为线上清算方式，但电子商业汇票系统向大额支付系统清算转账时承兑人账户上余额不足，导致清算失败，则电子商业汇票系统向持票人发送"失败"的线上清算结果通知报文，票据则恢复至提示付款申请前状态，此时电子票据系统并不显示提示付款拒付，按照这一流程，持票人无法基于系统显示的信息提供拒绝证明进行追索。即使在解释上把清算失败作为拒绝付款证明，持票人行使追索权时还得通过法院就电子商业汇票系统中所登记的银行账户流水状况以及清算失败的记录进行线下举证，增加了当事人和司法机关的诉讼成本。由于承兑人并未实际付款，承兑人账户上资金不足亦可作为拒付理由的一种形式，应视同拒绝付款，因此，电子票据系统对此情形应设置票据状态为"提示付款签收后清算失败"，并将此种信息作为拒绝证明。

（二）付款人事实上未付款时的拒绝证明

电子票据中，电子票据系统或交易系统未显示拒绝付款，但事实上未付款的情形主要有两种。

1. 线下付款时票据业务系统中显示结清但实际未付款

如前所述，由于在票据业务系统中的文义记载票据已结清，票据关系消灭，持票人无法通过电子票据系统进行追索，线下追索提起诉讼只能向承兑人或线上确认清偿的被追索人提起，此种追索无法与亦需出示票据，仅需证明线上确认清偿但不获付款的事实即可，在性质上已不属于严格意义上的追索权。

2. "提示付款待签收"状态下的拒绝证明

"提示付款待签收"是指电子票据持票人的提示付款指令到达对方系统内，而付款人及其接入机构尚未应答的一种状态。即票据业务系统内显示票据信息为"提示付款待签收"。在该情形下，如果付款人对付款指令未及时做出反应，即系统内一直显示"提示付款待签收"信息能否认定为拒绝付款事实，曾经存在争议，承兑人对提示付款不做应答的行为应当如何认定？应当认定为拒付追索还是非拒付追索？在"宝塔案"中，宝塔财务公司作为宝塔石化集团的全资子公司，对涉案票据进行承兑，但对票据到期后的付款请求未予以付款，也未在其系统中点击拒付。由此引发了在承兑人未付款也未点击拒付情形下，持票人能否行使票据追索权的问题。

我们认为，虽然票据系统显示"提示付款待签收"，并不包含拒付理由，不具备《电子票据管理办法》第67条规定的形式要件，但是承兑人未予应答，使票据始终处于提示付款待签收的状态，事实上形成了拒付，在超过规定的应答时间后，票据系统中"提示付款待签收"的信息在通常情形下本身即可构成拒绝付款证明，持票人无需另行举证，《票据法》修改完善时对此应当明确规定。理由是：电子票据是基于电子票据交易系统的平台从事票据交易行为，不能照抄照搬《票据法》中纸质票据拒绝证明的要求。就电子票据追索权行使要件是否具备的认定上，电子票据的合法持有人在系统内按期提示付款，并且该付款指令已到达付款义务人或承兑人系统时，即应当认定其付款请求权已经履行完毕。电子票据票面信息变更为"提示付款待签收"时，可以参照电子邮件到达对方系统中所采取的"到达主义"规则，作为证明其票据追索权前置权利履行完毕的相应证据，而付款人或承兑人负有见票即付或说明拒付理由的义务，当付款人或承兑人未及时签收或作出回应，则应承担由此带来的不利后果，应认定其怠于签收，拒绝履行法定义务。

需要说明的是，从2022年3月21日起，票据交易所修改了系统设计，电子票据系统中对于提示付款待签收的票据到期后未按规定时间应答，接入机构也未代为应答的,无论是期前提示、还是期内提示,都自动变更"提示付款待签收"为拒付状态[1],已经基本从系统规则设置上解决了提示付款待签收状态下付款人不予应答产生的难题。

(三)非拒付追索的拒绝证明

《电子票据管理办法》第65条规定分为拒付追索和非拒付追索。拒付追索是指因票据到期后被拒绝付款而进行的追索。非拒付追索是指《票据法》第61条第2款规定的由于承兑人出现破产、因违法被责令终止业务活动而持票人行使追索权的行为。至于拒绝承兑,由于电子票据不存在此情形,所以未作规定,我们认为拒绝承兑也是明确作出拒绝意思表示的行为,在性质上属于拒付追索。

关于非拒付追索的拒付证明,《电子票据管理办法》也有着明确规定,即票据信息和相关法律文件,而此相关法律文件即《票据法》第64条所提出的破产法律文书或是行政主管部门的处罚决定,故而可看出,非拒付追索的证明需要线下提供,此不同于拒付追索的拒绝证明方式。由于非拒付追索的拒绝证明须线下提供,因而应当采取和纸质票据相同的规则。《票据法》《票据实施管理办法》《票据法司法解释》中规定的拒绝证明的形式,可以统一适用于纸票和电子票据。

四、未按期提示付款的追索权

(一)提示付款时间的认定

纸质票据付款提示涉及的期限认定根据《票据法》第53条的规定确定。电子票据按期提示表现为在电子票据交易系统中,根据法律所规定的期限选择提示付款,经系统内审核通过的,即完成按期提示。电子票据在提示付款期内提示付款的,产生两个方面的效力,一是发生保全追索权的效果,二是发生票据时效中断的效果,持票人向付款人或者承兑人提示付款的,对于该票据债务人而言,票据时效中断。

(二)逾期提示付款的法律后果

1.《票据法》与下位法规则的差异

《票据法》第53条第2款规定:持票人未按照前款规定期限提示付款的,

---

[1] 参见《上海票交所关于规范电子商业承兑汇票提示付款应答的通知》(票交所发〔2022〕2号)。

在作出说明后，承兑人或者付款人仍应当继续对持票人承担付款责任。未按期提示付款是否丧失对出票人以外的前手的追索权，存有疑问。

我国《票据法》并未规定在汇票已经承兑的情况下，持票人未按规定期限提示付款丧失对前手的追索权，也没有规定无须承兑的汇票（银行汇票）未按期提示付款丧失对前手的追索权。《支付结算办法》第 36 条规定，商业汇票的持票人超过规定期限提示付款的，丧失对其前手的追索权，持票人在作出说明后，仍可以向承兑人请求付款，《电子票据管理办法》第 66 条的规定与《支付结算办法》的规定基本一致。

2.《票据法》修改时应当确立的规则

我们认为，《支付结算办法》与《电子票据管理办法》的规定是合理的，在这一问题上，纸票与电子票据应遵循相同的规则，《票据法》修改时，对此应当予以明确。因为《票据法》规定的付款提示期间是保障票据流通使用效率和付款人付款时间合理预期的必要措施，如果逾期提示付款的追索权与按期提示没有任何差别，《票据法》规定付款提示期间的制度就失去了意义。此外，逾期提示付款产生丧失追索权的后果是国际上票据提示付款制度的通例，符合票据制度的基本原理，例如，联合国《国际汇票本票公约》及《英国票据法》和日内瓦体系下均规定，未按规定期限提示付款的，丧失对包括出票人、背书人在内的一切前手的追索权[1]。《美国统一商法典》则规定，未按规定期限提示付款的，原则上出票人的责任并不解除，但如果在拖延期间由于付款人或付款银行破产而使出票人无法获得其在付款人或付款银行处保存的用以兑付票据的资金，则出票人可以用书面形式将其就该项资金对抗付款人或付款银行的权利让与持票人，从而解除自己的责任[2]。再者，《票据法》并未明确规定逾期提示付款对出票人以外的其他前手的追索权问题，属于立法漏洞。因为从体系解释上看，《票据法》第 53 条第 1 款规定了付款提示的具体期限，这一规定并非倡导性条款，而是票据记载事项及票据权利行使有关的技术性规范，未遵循这一规定，应当产生不利后果。

---

[1] 日内瓦《统一汇票和本票法公约》第 53 条；《联合国国际汇票和国际本票公约》第 57 条；英国《1882 年票据法》第 46 条。

[2] 参见《美国统一商法典》第 3~502 条。

(三) 期前提示付款的法律后果

1. 现行规则的理解与适用

《票据法》第 58 条规定："对定日付款、出票后定期付款或者见票后定期付款的汇票，付款人在到期日前付款的，由付款人自行承担所产生的责任"。按照这一规定，对于期前提示付款，并不能产生提示付款的效力。付款人拒绝付款后，持票人没有在提示付款期间提示付款的，依然丧失对出票人和承兑人以外的前手的追索权。《电子票据管理办法》第 59 条规定："持票人在票据到期日前提示付款的，承兑人可付款或拒绝付款，或于到期日付款。承兑人拒绝付款或未予应答的，持票人可待票据到期后再次提示付款"，第 66 条规定："持票人在票据到期日前被拒付的，不得拒付追索。"对于上述规定的理解和适用，司法实践中存在两种对立的意见，一种意见是否认期前提示付款的效力，主张持票人在票据到期前在票据系统中行使付款请求权，但在票据期限届至时，并未再次提示付款，不能认为其行使了票据追索权的前置权利，并不产生提示付款的效力[1]。另一种意见是肯定期前提示积极效力的延伸性，认为在票据未到期前提示付款，属于有效提示付款[2]。理论中对此问题也存在争议，有学者倾向于否认期前提示付款的延伸效力[3]。

2. 系统规则修改后的法律后果

如前所述，目前票据业务系统中电子票据提示付款应答处理方式已发生调整，持票人在票据到期日前提示付款、承兑人在票据到期日的次日仍未应答的，电子商业汇票系统日终时变更票据状态为拒付状态。按照这一调整，电子票据前期提示付款的法律后果将发生重大变化，持票人期前提示付款未应答无需再次提示付款，可以在到期后直接进行拒付追索。在本章第四节"票据业务系统提示付款规则"的分析中已经阐述了这一规则调整对于电子票据提示付款的合理性以及应当在《票据法》中确认这一规则的必要性，这里不再赘述。

---

[1] 参见（2019）宁 02 民终 162 号民事判决书；（2019）粤 03 民终 17421 号民事判决书。

[2] 参见（2018）粤 0310 民初 1470 号民事判决书。

[3] 参见虞李辉：《电子汇票期前提示的积极效力延伸问题探究——兼评〈电子商业汇票业务管理办法〉第 59 条》，载《法律适用》2021 年第 1 期。

第六章 Chapter 6
纸质票据电子化的法律确认与规则适用

除了电子票据以外，纸质票据电子化也是票据业务的发展方向。《票据法》调整纸质票据，《电子票据管理办法》规定的是电子票据，而纸质票据电子规则，除《票据交易管理办法》中少量条款有粗线条涉及外，许多问题并没有相关法律制度加以明确。因而有必要研究纸票电子化的法律调整问题，为《票据法》修改完善时规定相关内容提供参考。

第一节 纸票电子化的模式与业务流程

一、纸票电子化的模式

纸质票据电子化，是指将纸质票据转化为票据业务系统中留存的数字票据信息，即在纸票贴现环节截留纸质凭证，将载体、格式等不统一的票据，转化为系统中标准化的记账式票据，后续票据交易、结算、到期托收均以电子信息形式处理[1]。具体来说，一是将纸质票据的相关信息登记在票据交易系统中。二是经过票据信息登记的纸票，不再用纸质票据行使权利和进行交易，而是通过票据交易系统按照登记的票据信息进行业务处理。三是票据当事人将纸质票据的信息登记至电子系统后，某些环节还需结合纸票原件进行，纸质票据票面信息与登记信息不一致的，以纸质票据票面信息为准[2]。

---

〔1〕 参见宋汉光：《票交所：以制度创新推动票据市场高质量发展》，载《当代金融家》2018年第8期。

〔2〕 参见《票据交易管理办法》第16条、第18条。

二、纸质票据电子化的业务流程

纸质票据电子化的信息登记及登记后的相关业务均在票据交易系统中完成，主要内容及流程如下：

第一，纸质票据的出票和承兑信息需要在票据系统内进行登记。因为实践中持票人为降低承兑人拒绝承兑风险，所以通常情况下，持票人一般接受的是经过承兑的票据，即票据出票，由出票人向承兑人申请票据承兑，承兑人承兑后，出票人将票据给持票人。这种情况下，出票和承兑虽是两个票据行为，但在登记出票信息和承兑信息时，一般是同时登记。承兑登记需要承兑人交付票据前在票据交易系统中登记纸质票据上的信息及影像资料，纸质商业承兑汇票的承兑信息由承兑人委托开户行进行登记。

第二，贴现、质押、保证登记及电子形式转让交易。纸质票据以电子形式背书后，由票据权利人通过票据市场基础设施通知保管人变更寄存人的方式完成交付。纸质票据进行质押、保证时，应当在票据交易所登记质押、保证信息，解除质押的，应进行质押解除登记，否则按照票交所规定，不能再进行质押、保证或贴现信息登记。

第三，挂失止付处理。付款人或其开户行可以因收到挂失止付通知书、法院的停止支付通知书或协助司法冻结相关法律文书而对纸质票据停止支付，但需要将止付日期、类型和原因登记到票交所系统内，并上传止付凭证的影像文件。承兑行完成纸票止付信息登记，产生以下效果：（1）停止支付。根据《上海票据交易所纸质商业汇票业务操作规程》（以下简称《操作规程》）第83条的规定，对于没有登记挂失止付且由付款行进行付款确认的纸质银票，无需付款行对票交所系统自动发送的提示付款申请应答，票交所系统会自动将票据金额由付款行资金账户划付至票据权利人资金账户。反之，若票据登记了止付信息，票交所系统将不会自动划付资金。（2）禁止交易。根据《民事诉讼法》第231条、《操作规程》第107条规定，票据被登记为挂失止付且未作解除止付登记的，在公示催告期间，不得转让。若转让此种票据，则转让权利的行为无效。（3）信息公示。登记止付信息可以提醒持票人及时主张票据权利，从而有效降低公示催告冻结止付带来的风险，从这个角度分析，此种登记有风险预警和信息公示的作用。

第四，提示付款、追索在票据交易系统进行，与电子票据大致相同。电子化的纸票追索权行使分为线下追索与线上追索，线上追索申请的发起和清算都在线上进行。线下追索，申请的发起在线上进行，清算在线下进行。

第五，结清。付款人收到提示付款信息并支付票款后，由付款行或其开户行经办人在票交所系统进行结清信息登记。票据被登记结清信息后，其生命周期全部结束[1]。纸质票据电子化的流程如下图[2]。

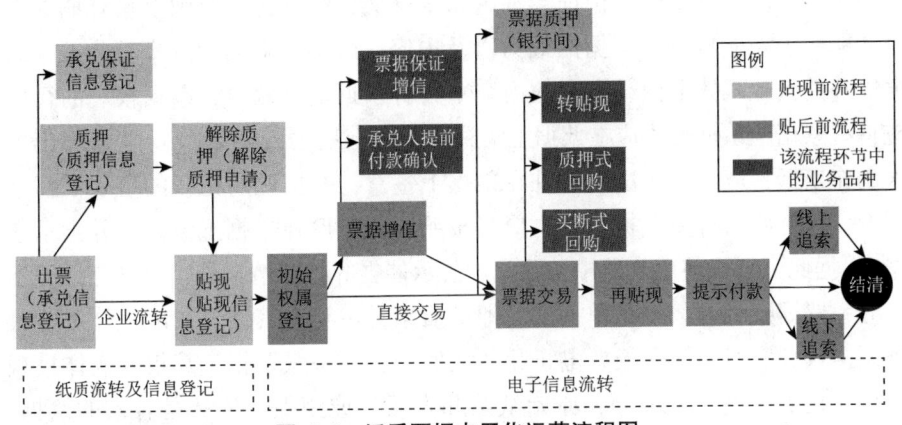

图 6-1　纸质票据电子化运营流程图

第二节　纸票电子化中相关行为的性质与效力

一、纸票电子化的法律确认及范围

纸票电子化的核心是将纸质票据相关信息在票据交易系统中登记，形成对应的电子信息后，在票据交易系统中以电子信息及数据电文的方式进行转让、质押、保证、提示付款、清偿、追索等行为。在此过程中纸质票据依然存在，由相应的当事人保管。这就需要讨论纸质票据和系统中登记的电子化纸票信息的关系。

（一）纸票与电子化纸票的关系

纸票电子化是一种"半电子化"的状态。一方面纸质票据依然存在，另

---

[1] 参见《操作规程》。
[2] 图片来源：2019 年上海票据交易所培训会议的培训资料，第 32 页"纸票全生命周期管理"。

一方面纸质票据中的票据要素信息登记于票据交易系统之中，可以不依赖于纸票的记载、交付而实施票据行为或主张票据权利，当事人可以在系统中线上参与票据活动，那么，纸票是否依然有效，是否还是权利载体，记录于票据交易系统中的电子化纸票与原始纸票是何关系？哪个才是代表票据权利的载体？

按照纸质票据中的有价证券理论和票据文义性理论，原则上只有证券本身才能代表相应权利，票据的效力以及内容，以票据上的记载事项为准，票据以外的其他载体上记载事项的内容不具有票据上的效力，票据权利的行使应持有票据，票据行为应在票据上实施。《票据法》第4条规定："票据出票人制作票据，应当按照法定条件在票据上签章，并按照所记载的事项承担票据责任。持票人行使票据权利，应当按照法定程序在票据上签章，并出示票据。"据此，纸票使用流通中，除经过公示催告等特殊情形外，权利与证券不可分，票据权利的载体是单一的，即纸质票据本身，其他形式的载体不能代表票据权利。但是，在纸票电子化的实践中，同一张票据，其权利载体呈现出二元化的状态。一方面，原始纸票并未灭失或销毁，依然是有效的票据，由保管人进行保管，并作为在系统中记录票据信息的依据，在一定情形下还进行某种特定形式的交付。另一方面，票据权利的行使和票据权利的转让不需要持有或真正交付纸票，票据行为行使和票据权利实施是在不实际持有纸票的情形下进行的，而是在票据交易系统通过对相关信息进行传输、记录和变更的方式实施。因而，严格来讲，以系统中输入相关信息后形成的纸票电子信息作为权利载体实施票据行为或主张票据权利，虽然在《票据交易管理办法》中有所规定，而在《票据法》中，并不具有明确的依据。但是，纸票电子化是一种发展趋势，是实现纸票与电子票据融合，建立全国统一的票据市场，降低票据交易风险的必要措施[1]，因此，不应无视纸票电子化的现象或简单否定其效力，而应在《票据法》修改时对这一事关我国票据业务发展方向的问题予以回应。基本的考虑是，例外允许票据载体的二元化，明确纸质票据作为票据权利载体的同时，规定特定条件下，票据系统中登记的纸票信息，可以作为主张票据权利和承担票据责任的依据。原始纸票和记录于交

---

[1] 参见张末冬、马梅若：《推动规范转型 坚持创新引领 重塑票据行业生态——写在上海票据交易所成立五周年之际》，载《金融时报》2021年12月8日，第1版。

易系统的电子化纸票之间,是原始权利载体和派生权利载体之间的关系,派生权利载体在特定条件和环境下可以代替原始权利载体。

(二) 纸票电子化的完成时间与范围

在二元载体的情形下,纸票状态存在两个阶段,一是未进行电子化时单纯纸票阶段,即纸质票据签发后,未在票据交易系统进行信息登记时的单纯纸票状态。二是纸票信息在票据交易系统进行了登记之后在该系统中以数据电文的方式开展相关业务和票据行为阶段,即纸票和纸票电子化状态并存的阶段。按照《票据交易管理办法》第16条的规定,纸质票据贴现前,金融机构办理承兑、质押、保证等业务都应在业务办理完成后次日在票据交易系统完成信息登记。由于实践中纸票出票与承兑往往同步,所以事实上大部分的纸票都应在出票后较短的时间内进行承兑信息登记。但是,按照票据交易系统的运营模式,纸票进行承兑信息登记只是电子化的必要步骤,并不意味着纸票电子化的完成。进行了承兑信息登记之后,当事人的票据行为及权利的行使如背书、提示付款、追索等行为,仍然在纸票上进行,或者是在纸票上完成了相关业务后将相关信息进行登记。只有在纸票信息转化为票据交易系统中登记的信息,且基于登记的信息可以在票据交易系统中以电子化的形式开展票据业务,不再使用对应的纸质票据时,纸质票据电子化才完成。因此,纸质票据电子化的完成时间应经过相关信息登记且开始以电子化的形式使用流转的时间。

《票据交易管理办法》第18条规定:"贴现人完成纸质票据贴现后,应当不晚于贴现次一工作日在票据市场基础设施完成贴现信息登记。"第21条规定:"贴现人办理纸质票据贴现后,应当在票据上记载'已电子登记权属'字样,该票据不再以纸质形式进行背书转让、设立质押或者其他交易行为。贴现人应当对纸质票据妥善保管。"可见,按照现行票据交易系统的规则,纸质票据电子化的完成时间,是纸质票据贴现完成并进行贴现登记的时间。

从《票据法》对纸质票据电子化进行调整的角度考虑,纸票电子化完成时间的确认有两种方案,一是按照票据系统的现有功能及《票据交易管理办法》的规定,以贴现信息登记完成时间为电子化的完成时间;二是纸票出票后,进行了承兑信息登记,票据的背书、贴现、质押和提示付款等都在票据系统中进行,即以完成承兑信息登记的时间为纸票电子化的完成时间。我们倾向于采取后一种方案,因为《票据交易管理办法》的目的是对票据交易进行调整，相应的票据交易系统自然是对贴现后的票据实行电子化，而对贴现前的纸票，由于不属于票据交易的范畴，故不纳入调整范围。而《票据法》对纸票电子化的确认和调整，就不能只考虑票据交易环节。纸票出票以后，若进行了承兑信息登记，票据信息已经在票据交易系统中进行了记录，在技术上应当具备了电子化背书、提示付款和追索的条件，而且有的票据进行多次背书转让，但不一定进行贴现，经过承兑登记后，背书、付款等业务实行电子化形式，纳入统一的票据系统进行信息披露、电子签章确认、信息流转和付款，有利于促进票据流通，减少纸质票据流通中的风险。如果采取后一种方案，意味着纸票电子化的参与者不仅仅是《票据交易管理办法》规定的金融机构和以金融机构为资产管理人的各类投资产品，而且还包括普通的票据当事人，纸票电子化的范围和参与主体将扩大。在具体实施上，如果从系统管理便利和效率的角度，可参照电子票据的模式，在合并电子票据系统和票据交易系统后，普通持票人的票据电子化业务通过金融机构代理实施。

（三）纸票与电子化纸票的效力关系

在确认纸票电子化法律效力的前提下，需要分析纸票与电子化纸票的效力关系。纸质票据电子化时在系统中记录的票据信息来源于纸票，纸票电子化完成时，纸票并不灭失，由保管人保管，持票人通过行使、转让票据权利无需再在纸票上作相应记载和交付。但是，这并不意味着纸票完全失去了效力，纸质票据依然是有效的票据。我们认为，第一，电子化纸票是纸票载体的另一表现形式，并非独立的电子票据，电子化纸票不具有独立的效力，其效力以纸票的有效为前提。在纸票有效的前提下，电子化纸票的使用具有与纸票使用相同的效力，其效力及于原始纸票，而原始纸票仅作为特定情形使用。第二，一般情形而言，纸票信息与在票据系统中登记的信息一致，不存在效力冲突。纸质票据票面信息与登记信息不一致的，以纸质票据票面信息为准，当事人可以向票据系统运营者申请信息作废、撤销登记或更正信息。第三，按照《票据交易管理办法》第26条的规定，纸质票据贴现后，其保管人可以向承兑人发起付款确认。付款确认可以采用实物确认或者影像确认。实物确认是指票据保管人将票据实物送达承兑人或者承兑人开户行，由承兑人在对票据真实性和背书连续性审查的基础上对到期付款责任进行确认。影像确认是指票据保管人将票据影像信息发送至承兑人或者承兑人开户行，由承兑人在对承兑信息和背书连续性审查的基础上对到期付款责任进行确认。

因此，纸票电子化情形下，持票人可以通过票据业务系统以电子化的方式行使票据权利，但纸质票据依然是最终确认持票人权利的凭证。总之，电子化纸票的效力依附于原始纸票，但具有相对的独立性。

二、纸票电子化中票据登记的性质与效力

（一）票据登记的涵义及登记义务主体

广义的票据登记包括两种类型，一是纸票电子化过程中将纸票信息登记于票据系统之中，成为存储于票据系统中的电子化信息。二是将电子票据以及纸票电子化的票据权属登记。在《票据交易管理办法》中，前者称为票据信息登记，后者称为票据登记[1]，狭义的票据登记仅指票据权属登记。我们认为，《票据交易管理办法》所使用的概念容易产生混乱，《票据法》中应把票据登记作为统一的上位概念，而把纸票信息登记和票据权属登记作为下位概念。

按照《票据交易管理办法》的规定，承担票据信息登记义务的主体有两类，一类是金融机构，票据信息登记的主体因登记类型不同而有差别。金融机构办理纸票承兑、质押、保证等业务，应当在业务完成后在票据交易系统中进行相应的信息登记。票据贴现的，由贴现人承担贴现登记义务。另一类是商业汇票的承兑人，在承兑完成后，应当进行承兑信息登记，或者委托其开户行进行承兑信息登记。

在票据交易中进行的票据电子权属登记，对于纸票而言，由于票据交易系统的市场参与者是金融机构和以金融机构为管理人的投资产品，因而纸票电子化后票据权属登记的主体是取得票据权利的金融机构，初始权属登记的主体为贴现票据的金融机构。特定情形下，票据交易所承担票据权属登记义务。《票据交易管理办法》第38条、第39条规定了票据交易所的票据权属登记的义务，一是需依电子商业汇票系统相关信息为持票人完成电子票据登记，二是因票据的交易过户、非交易过户等原因引起票据托管账户余额变化的，其应当为权利人办理票据变更登记。

（二）票据信息登记的性质与效力

第一，票据信息登记的性质是纸票电子化的环节，与电子票据出票信息

---

[1] 参见《票据交易管理办法》第16条、第32条。

登记作为票据行为环节的性质不同,纸质票据在票据交易系统中的信息登记并非票据行为,而是票据行为在纸质载体完成后在票据系统中进行记录的行为,是纸质载体的票据信息在网络系统中的转换。票据信息登记中的承兑信息登记、贴现信息登记、质押信息登记、保证信息登记、止付信息登记等均属于相应票据行为载体的转换或拓展,信息登记并不创设票据权利,也不是票据权利转让、变更、消灭的原因。第二,票据信息登记虽然不具有创设票据权利的效力,但与一般的记录行为不同,经过信息登记后,具备了在票据交易系统中以电子形式替代纸质载体开展业务的条件,纸质票据作为最终确认权利的证明存在,但票据行为的具体操作都在票据交易系统中进行,这相当于创设了纸质票据的行使权利的新的方式和途径,在登记之后的票据行为以电子形式实施。因而,法律应当确认这一功能,赋予纸质票据信息登记创设票据权利行使方式的效力。即经过信息登记的纸质票据,持票人有权通过票据系统以电子化的形式行使票据权利,票据债务人可以电子化的方式实施票据行为。第三,票据信息登记虽然不是票据行为,但经过登记后的票据,即以电子形式实施后续票据行为,在票据交易系统中所实施的票据行为,其效力及于纸票,类似于纸票电子复本的功能。

(三) 票据权属登记的性质与效力

票据权属登记有两种情形,一种是票据权利人在票据交易系统的电子登记簿记载其票据权属,称为初始权属登记。另一种是基于交易或非交易过户等原因,对权利人票据托管账户内的票据余额进行变更登记的行为。票据交易市场参与者在票据系统开设票据托管账户,把持票人拥有的多张票据的金额以电子簿记的方式整体记载为一个账户余额,之后根据票据交易或其他权利变更事由,对账户内的票据金额余额予以变更。对于权属登记的性质,存在争议,有人认为权属登记绕过了转贴现背书转让的障碍,其实质与过去线下的票据收益权转让并无太大不同,票据权利作为一种债权,权属登记在法律上并无明确依据[1]。我们基本认同这一观点,并就权属登记的效力提出如下看法:

---

[1] 参见王成涛:《票据"权属"登记—非银参与票交所的新希望——华创投顾部外聘专家看票据系列报告之七 20181217》,载 https://mp.weixin.qq.com/s/07ecqwG4enQXF21fdx1rsQ,最后访问日期:2022年9月27日。

其一，基于票据的有价证券属性，票据权利的转让以纸质票据的转让或电子票据的数据控制权转移为条件，而不是以票据以外的其他事实为依据。因此，票据权属登记虽然名为权属登记，但并不具有创设和变动票据权利的效力，而是票据权利取得或发生变更后的一种电子记录，票据权利的取得和变更不是自权属登记时发生，而是自相应的票据行为完成之时发生。例如票据贴现中，贴现人在贴现完成后才进行权属登记，而取得票据权利的时间是贴现完成之时，而不是权属登记完成之时。因此，票据权属登记与《民法典》中产生物权变动效力的不动产登记性质不同。对此，在《票据法》或相关配套制度中应予以明确。

其二，票据初始权属登记产生权利证明的效力和不得对抗第三人的效力。按照票据交易系统的操作规程，纸质票据贴现后未经初始权属登记，不得在票据交易系统中开展质押、保证、交易、提示付款、追索等业务。也就是说，初始权属登记是票据权利人在票据交易系统中开展票据业务的前提条件。这实际上赋予了票据权属登记权利证明的效力，经过权属登记的票据，推定为登记记载的权利人拥有相应的票据权利，可以按照登记记载的电子信息在系统中进行操作，实现纸票业务的电子化。同时权属登记尽管不具有创设票据权利的效力，但是票据交易系统是票据市场基础设施，如果确认纸票电子化效力，则第三人通过票据交易系统的电子信息了解票据权利状态所产生的信赖利益就应当予以保护，赋予经过登记的票据权属信息不得对抗第三人的效力，只要第三人通过票据交易系统查询到持票人拥有票据权利，即使发生登记错误，第三人也可构成善意取得。

（四）票据登记错误的责任

由于纸票信息在票据交易系统中进行登记后，票据交易系统按照登记的信息提供票据交易服务和提示付款等服务，如果登记的信息与纸票信息不一致，或者权属登记信息与实际权利归属不一致，可能给相关当事人造成损失，于是产生错误登记的赔偿责任问题，因此需要明确登记错误的责任。金融机构通过票交所系统进行票据登记，因登记错误给他人造成损失的赔偿责任〔1〕，也应分为票据信息登记错误和票据权属登记错误两类。对于票据信息登记错误，由登记义务主体承担赔偿责任。如属于登记义务主体的原因，由登记主

---

〔1〕 参见李丽：《我国票据电子化的发展和展望》，载《河北金融》2017年第11期。

体承担。如因金融机构受客户委托进行信息登记,因客户提供资料的原因造成错误,则金融机构的责任应实行过错责任原则。票据交易所对登记信息材料本身的真实性不承担审查义务,除信息登记错误是由系统故障造成的情形外,原则上对登记信息错误造成他人损失的不承担赔偿责任。对于票据权属登记错误的责任,同样应当按照登记义务主体确定。初始权属登记的义务主体是贴现机构,由贴现人承担错误登记的赔偿责任,票据交易所原则上不承担赔偿责任。登记义务主体为票据交易所的,票据交易所应当对登记错误承担赔偿责任。

三、支票影像信息的法律确认

支票影像信息是对纸质支票进行截留图像后形成的影像信息。2006年中国人民银行办公厅公布《全国支票影像交换系统运行管理办法(试行)》,通过建立全国支票影像交换系统,运用影像技术将实物支票转换为支票影像信息,通过计算机及网络将支票影像信息传递至出票人开户银行提示付款。该办法规定,通过影像交换系统处理的支票影像信息具有与原实物支票同等的支付效力。影像支付业务的目的是实现支票的无纸化,扩大支票使用范围,降低流通使用成本。然而由于影像支票的法律地位和相关各方主体的责任并不明确以及电子支付的发展压缩了支票业务的空间,影像支票的业务发展并不理想。在《票据法》修改完善时,有必要对影像支票使用的相关问题作出规定,明确支票影印系统实施过程中各方主体的权利义务关系、影像与留存实物的符合与否承担审慎审核义务的主体以及两者不符情形下的责任承担[1]。

(一)支票影像信息的法律地位

尽管前述支票影像系统管理办法规定影像支票与原实物支票具有同等法律效力,但该办法仅是中国人民银行办公厅的工作文件,不具有法律规范层面上的效力,影像支票的法律地位并不明确。我们认为,尽管商业汇票电子化有利于促进票据交易,为企业融资创造条件,而支票影像化只有提示付款、便利当事人使用支票的功能,在电子支付的时代,使用影像支票的需求在很大程度上被电子支付取代。但支票影像信息交换系统是对纸质支票的电子化,票据交易系统是商业汇票的电子化,其性质是相同的,确认纸质票据电子化

---

〔1〕参见张雪楳:《票据法修改若干问题探析》,载《法律适用》2011年第11期。

不仅应考虑商业汇票，还应考虑支票。纸质票据电子化是技术进步的产物，在影像支票交换系统安全能够基本保证的前提下，在《票据法》修改时，应同步确认纸质票据电子化的问题，明确影像支票信息提示付款具有和纸质票据相同的法律地位。

（二）支票影像交换系统相关当事人的责任

支票影像交换系统与电子票据系统、票据交易系统相同，存在系统运营者和系统参与者之分。支票影像交换系统的运营者是中国人民银行。系统参与者是办理支票业务的银行和票据交换所。在通过支票影像交换系统提示付款业务中，支票票据权利义务主体在纸质支票签发流通中已经确定，没有变化，但银行的地位和责任产生变化。系统参与者的银行分为支票影像信息的提出行和提入行。提出行又称收款行，是指持票人的开户行，主要职责是在提示付款期间对支票作形式审查、传递支票影像信息、收取支票款项。提入行又称付款行，是出票人的开户银行，主要负责审核支票影像的真实性并按票面记载金额足额付款[1]。作为系统运营者，中国人民银行主要负责制作并传递支票影像，是支票流通业务中必不可少的关系主体[2]。因此应当明确相关主体的法律地位和责任。系统运营者的地位和责任，原则上可以适用前面所述电子票据和票据交易系统运营者的责任规则。对于提出行和提入行的审核义务，《全国支票影像交换系统运行管理办法（试行）》规定了提出行和提入行的审核内容，提出行应按照办法的规定审核支票，确保支票的真实性及票面信息的合规性、完整性。提出行未按规定受理支票，造成付款人付款的，应承担相应的违规责任。这一规定位阶过低，在实践中难以作为确定当事人责任的法律依据，并且对审核错误责任的归责原则的规定并不明确。

我们认为，关于提出行的义务与责任问题，纸质支票通过影像信息交换系统提示付款，首先由提出行承担纸质支票原件审核和影像信息采集两项义务。提出行对纸质支票的原件审核义务的履行标准及归责原则，应当采取和普通纸质支票相同的规则，即银行应对纸质支票原件的真实性承担实质审查义务，保证支票形式要件的合法性和合规性，提出行未能发现支票为

---

[1] 参见《全国支票影像交换系统运行管理办法（试行）》。
[2] 参见姜煜洌、洪磊：《支票全国流通影像交换下银行的法律责任探讨》，载《浙江学刊》2013年第4期。

假票或对不符合形式要件要求的支票予以审查通过办理影像信息交换,给当事人造成损失的,应当承担赔偿责任。纸质支票原件符合要求,但因提出行的原因造成影像信息采集错误,从而使付款提示无法实现的,应对客户承担违约责任。

关于提入行的义务与责任,提入行主要是审查提出行通过影像信息交换系统发送过来的影像信息,同时采用印鉴核验方式或支付密码核验方式对支票影像信息进行付款确认。由于提入行审核的并非纸质支票原件,而是支票影像信息,由于支票影像信息与支票纸质票据原件可能存在误差,以及提出行采集、传输影像信息时也可能产生误差,因此,提入行的责任应当实行过错责任原则,因影像信息审查未能发现支票原件造假或其他不符合票据法规定情形的,只要提入行按照票据业务操作规程进行了审核,即可免责。

第三节　纸质票据电子化付款提示与追索的特殊规则

按照《票据交易管理办法》及相关操作规程等制度,纸质票据电子化之后,其提示付款及付款流程有一定的特殊性。对此需要加以分析,为纸质票据电子化的票据法调整提供参考。

一、电子化纸票付款提示流程及应答规则[1]

(一)付款提示流程

电子化纸票与电子票据付款提示流程性质模式大体相同,即通过数据电文方式进行,需要发送提示付款指令,并进行应答。不同的是,银行承兑汇票,经过付款确认的,其发起付款提示和应答都是由票据交易系统自动进行,而无需当事人手动发起和应答。如下图所示:

---

[1] 参见张稳:《彻底搞懂电子商业汇票的付款程序》,载 https://weibo.com/ttarticle/p/show?id=2309400433825074038257&ivk_sa=1024320a,最后访问日期:2022年10月7日。

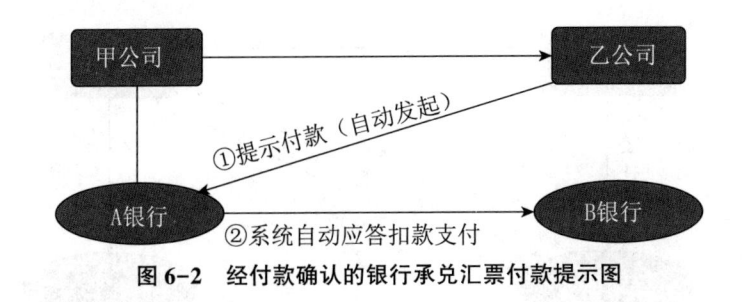

第六章 纸质票据电子化的法律确认与规则适用

图 6-2 经付款确认的银行承兑汇票付款提示图

未经付款确认的银行承兑汇票，在经过信息登记后，也由系统自动发起付款提示，但仍需手动应答。

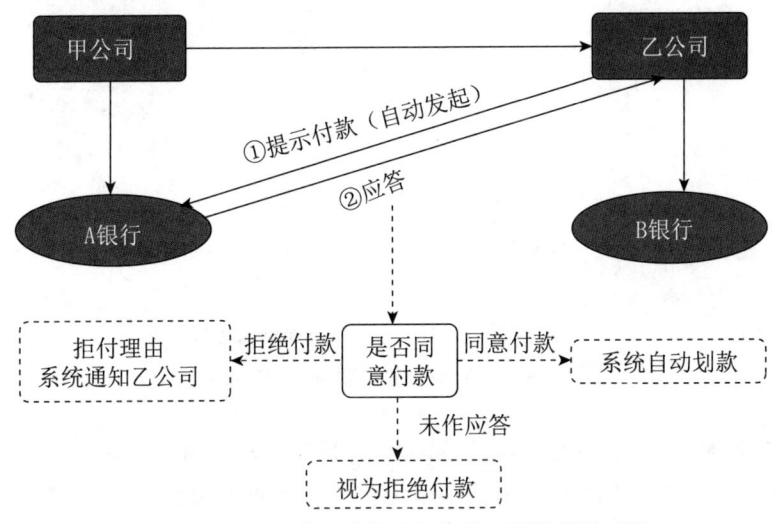

图 6-3 未经付款确认的银行承兑汇票付款提示图

对于商业承兑汇票，由付款人开户行代为手动应答，根据账户资金余额是否能够足额支付票据金额，分别作出同意付款应答并划转款项或者拒绝付款应答的决定。另一种是未经付款确认的票据，应由付款人或开户行手动应答，未应答的视为拒绝付款。如下图：

207

```
            甲公司 ─────────────────→ 乙公司
              │         ①提示付款（自动发起）    │
              │②                              │
              │委                              │
              │托    ③受托应答                 │
              │应 ←─────────────               │
              ↓                               ↓
            A银行                           B银行
```

```
拒付理由          拒绝付款    是否同意    同意付款    系统自动划款
系统通知乙公司  ←──────────  付款      ──────────→
                              │
                              │未作应答
                              ↓
                           视为拒绝付款
                              │
                              ↓
                          判断甲公司账户余额
                         ↙              ↘
                    足额支付              不足支付
                       ↓                    ↓
                    扣划资金            视为拒绝付款
                                       （银行不垫款）
```

图 6-4　商业承兑汇票付款提示图

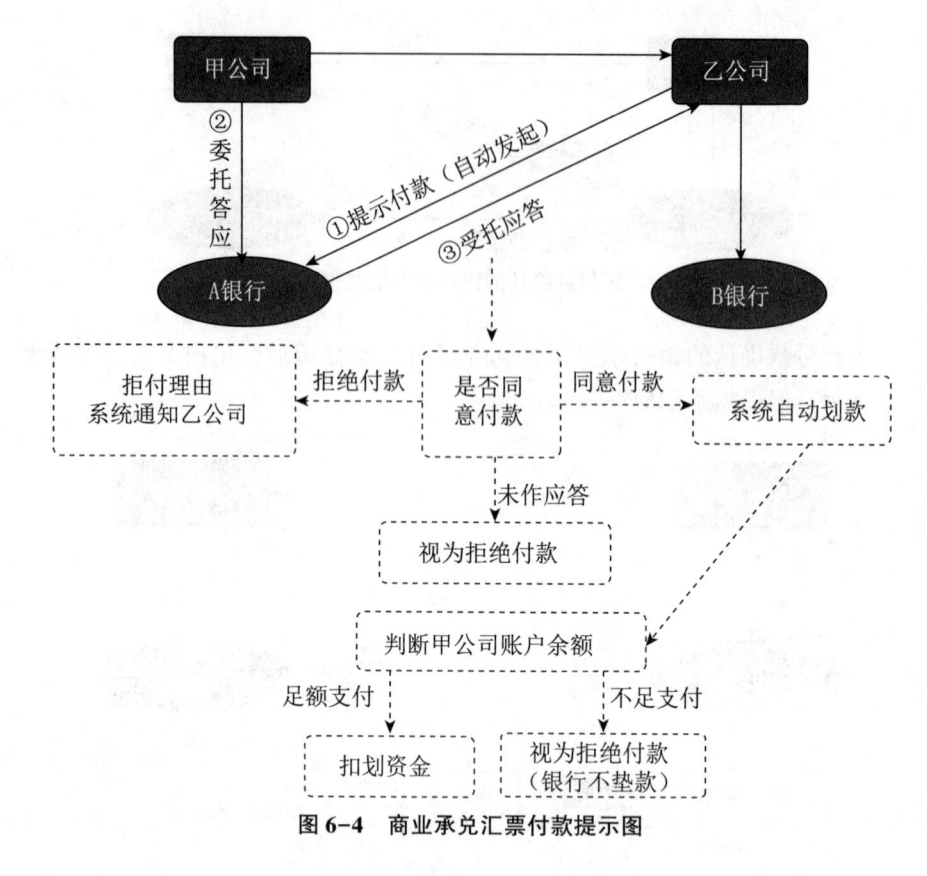

（二）自动发起付款提示及自动应答的性质及应当确立的制度

纸质票据电子化之后的付款提示流程中，票据交易系统自动发起的付款提示和自动应答，在《票据法》中没有规定，也不同于《电子票据管理办法》规定的电子票据在电子票据系统中的应答机制，属于票据交易所自创的提示付款规则。系统自动发起提示付款申请及自动应答划款的法律性质如何，需要予以分析。我们认为，票据交易系统的自动发起付款提示及自动应答机制，相当于通过自动信息系统实施票据行为（付款），这种提示付款行为在现行法上没有明确依据。自动提示和应答机制有利于提高付款效率，保护持票人权益。《电子商务法》第 48 条第 1 款规定："电子商务当事人使用自动信息系统订立或者履行合同的行为对使用该系统的当事人具有法律效力。"这一规定虽然不是针对票据行为，但具有参考价值。持票人和付款人加入票据交易系统，成为使用自动信息系统实施票据行为的当事人，因此自动信息系统作出的代为提示和应答行为，对于持票人和付款人应具有约束力。在《票据法》修改时，应考虑到纸票电子票据融合的现实和趋势，确认使用自动提示和应答机制的提示付款方式及其对持票人、付款人的约束力。

二、付款确认与保证增信的性质与效力

与一般纸票和电子票据相比，纸票电子化实践中有两项特殊的业务，即付款确认和保证增信。在《票据法》中没有相应规定，需要对其性质与效力进行探讨。

（一）付款确认

付款确认是纸质票据完成票据贴现登记后，由保管人发起，付款人对纸质票据的真实性、背书的连续性进行审核后确认同意付款的行为[1]。经过付款确认的纸质票据到期时，票据交易所的系统自动向付款人发起提示付款申请，与此相对，电子票据没有此环节，因为电子票据不存在实物方面的风险。付款确认有影像确认和实物确认两种方式。影像确认是指票据保管机构通过票交所系统登记的票据信息和影像信息请求付款行或付款人开户行进行付款确认。实物确认是指票据保管机构通过票据实物请求付款行或付款人开户行进行付款确认。票据保管机构在票交所系统发起实物确认申请后，应及时将纸质银票实物移送付款行进行确认，将纸质商票实物移送付款人开户行由付款人进行确认。保管机构应在票交所系统完成贴现信息登记后，可手动向付款行或付款人开户行发起付款确认申请。付款行或付款人开户行收到付款确认申请后，根据对票据实物或影像的审核情况，作出审批通过、补充实物、审批拒绝的决定，对于认定实物票据为假票或背书不连续时，应拒绝审批。

从上述流程看，付款确认并非在票据上实施的行为，不属于票据行为，与承兑并不相同，付款确认对于纸票是否真实、是否背书连续等情形进行审查并确认付款的行为，在性质上相当于未电子化时纸票持票人在提示付款时付款人对票据进行审查的行为。因此，无论承兑人是否进行确认，都不影响其对权利人承担票据义务，只是当承兑人经过审核认为持票人所持票据为假票或背书不连续票据时，可以进行抗辩拒绝付款。因此无论是否经过付款确认，都不影响持票人到期时进行付款提示，至于付款人是否同意付款、是否

---

[1] 参见《操作规程》第10章。

可以抗辩,需要结合票据本身及持票人的具体情形而定。

(二) 保证增信

保证增信是指银行类系统参与者接受纸质票据的权属初始登记机构即票据权利人委托,保管票据实物并先于贴现机构承担偿付责任的增信行为[1]。贴现人通过票据交易系统向选定的保证增信人发起保证增信申请,保证增信人确认同意保证增信时,贴现人或保管人应当将纸质票据实物移送保证增信人保管。在持票人提示付款被拒绝时,保证增信人先于贴现人进行偿付。

保证增信票据交易系统参与者基于《票据交易管理办法》和《主协议》的规则实施业务,《主协议》对保证增信行的定义是:对纸质票据进行保管,对贴现人在交易主协议下的偿付责任进行先行偿付的商业银行。因此,保证增信是纸质票据电子化中特有的业务,保证增信通过票据交易系统进行,承担保证增信的机构是作为交易系统会员的金融机构。保证增信的功能类似于票据保证,但由于并非在票据上记载或实施,因而并非票据行为,因此保证增信不属于票据保证。此外,保证增信虽然有保证的字样,但不具有从属性,不属于一般的民事保证。我们认为,保证增信的性质属于《民法典》第552条规定的债务加入。保证增信的内容是保证增信行承诺在票据提示付款被拒绝后,先于贴现人清偿票据债务,同时通过保管纸票成为纸票实物的实际持有人,这并非担保被保证人的债务履行,因而保证增信是独立承担票据债务的意思表示,符合债务加入的基本特征。至于保证增信行先于贴现人承担责任,则是市场参与者基于意思自治作出的约定,应当允许。总之,保证增信是特定范围的票据业务中当事人约定产生的权利义务,在参与协议的当事人之间可以产生约束力,但不影响票据权利的取得和票据行为的效力。

三、追索的特殊规则

纸票电子化情形下追索权的行使涉及两个阶段,其追索权的行使,在规则适用上有所不同。

(一) 票据交易系统内的追索

在票据交易系统中,系统参与者之间的追索,通常采取线上追索的方式,

---

[1] 参见《操作规程》第58条。

在系统内进行。在这一进程中，由于纸质票据处于保管状态，追索权的行使根据票据交易系统中权属登记的记录在线上进行，不以纸票实物提交为要件，同时，线上追索中又包括保证增信行承担责任，而保证增信行的地位并非票据上记载的票据债务人，而是基于协议进行债务加入的当事人，但系统操作中对票据债务人和票据债务加入人的追索和追偿没有严格区分，统一称为追偿。发生在票据交易系统内的追索或追偿行为，应优先适用票据市场自治规则。按照相关操作规程的规定，票据到期后被拒绝付款的，票据权利人可在票据交易系统手动发起追偿。票交所系统自动按照保证增信行、贴现机构、贴现保证人的顺序逐个进行追偿。保证增信行、贴现保证人被追偿并清偿债务后，可手动向贴现机构发起再追偿。

（二）系统外的追索

电子化的纸票在进行贴现登记前，已经完成了纸票出票、背书、承兑等行为，出票人、背书人、承兑人是票据债务人。当经过贴现登记转化为电子化信息在票据交易系统中操作时，系统内的参与者进行追索，若贴现人承担了票据债务并向其前手或出票人进行再追索时，被追索人不属于票据交易系统的参与者，追索只能在线下进行。

第七章 Chapter 7
票据交易的规则适用与完善

第一节 票据交易与融资票据的范围界定

一、票据交易的界定

(一) 票据交易的理论界定

理论中所称的票据交易是指一切不具有基础交易关系，而以票据本身为交易标的的行为[1]。以票据功能为标准区分，票据的类型存在"真实票据"与"融资票据"之分，真实票据是指票据签发、转让的各个环节中存在相应的商品服务等基础交易关系的票据，[2]例如甲乙签订了买卖合同，约定甲用票据付款，则甲为了支付买卖合同的价款而向乙签发票据，此类票据就属于真实票据。融资票据是不存在商品或劳务等基础交易关系，仅作为融资工具而签发、流通的票据，即票据的买卖。真实票据体现的是票据的支付结算功能，融资票据体现的主要是融资功能。例如，甲签发一张票据，以乙为收款人，票据金额为 100 万元，以此为对价，乙向甲提供 98 万元的款项。再如，甲持有一张金额为 100 万元的票据，把这张票据以 98 万元的价格转让给乙。在上述事例中，甲乙之间签发或转让票据时并没有商品或服务等基础交易关系或经济往来，签发或转让票据的目的不是对基础交易关系中产生的权利义务进行支付结算，即不是为了通过签发或转让票据去清偿、履行基础交易关系中的债权债务，而是为了直接融资的目的签发或转让票据，相当于票据收

---

〔1〕 参见吕来明：《票据法学》，北京大学出版社 2017 年版，第 10 页。
〔2〕 参见赵意奋：《融资性票据语境下的票据对价再解释》，载《浙江学刊》2016 年第 4 期。

款人或受让人向出票人或转让人提供一定的资金,买入票据。票据本身成为买卖的标的。因此,凡是不以基础交易关系的价款支付为目的,而是以获得或提供资金为目的的票据权利转移行为,都属于票据交易。

(二)《票据交易管理办法》的界定

《票据交易管理办法》规定的票据交易的范围比通常所理解的票据交易范围要小。其中第41条第1款规定:"票据交易包括转贴现、质押式回购和买断式回购等。"显然这里所称的票据交易不包括票据贴现。尽管条文表述中使用了"等"字,但票据贴现是数量最大、最常见的票据买卖活动,条文中列举的票据交易类型没有贴现,显然把票据贴现排除在该办法的票据交易范围之外。这是因为,《票据交易管理办法》所调整的主体范围限于票据市场参与者,限于金融机构和金融机构作为管理人的各类投资产品,所调整的交易活动是上述主体间的票据交易活动,而贴现的双方当事人中一方并不是上述金融机构,不属于票据交易系统的市场参与者,因而该办法调整的票据交易行为不包括票据贴现。

(三)《票据法》修改时应当明确的票据交易范围

现行《票据法》对票据交易没有直接规定,其原因主要是我国《票据法》的定位是调整真实基础交易票据的法律关系,目前票据交易的规则主要通过《票据交易管理办法》等部门规章加以调整。从理论上讲,票据有两大功能,一是作为支付结算的工具,二是作为有价证券的一种,用于融资或相关经营活动,票据本身作为独立的交易标的。现代社会中,票据融资已经是一种比较普遍的金融活动,特别是在金融机构之间,票据交易在我国的实践和金融监管政策中也是允许开展的业务。因此,《票据法》修改时不能忽略票据交易,应当在法律层面加以确认并明确相应的规则。首先应当解决的问题就是对于票据交易范围的界定。我们认为,尽管《票据交易管理办法》基于其特定的目的和系统功能把票据交易限于金融机构、金融机构作为管理人的投资产品之间的票据转让,票据贴现的参与主体并不都是金融机构,而是基于基础交易关系取得票据的持票人或其他非金融机构,但是票据贴现与《票据交易管理办法》规定的转贴现、票据回购等交易根本属性上相同,即以票据为交易标的,即票据本身的买卖,都属于融资性工具,这与以基础交易关系为原因,票据取得、转让是为了支付价款的支付工具相区别。无论是贴现,还是其他票据交易形式,都涉及法律在票据属性定位中对于融资票据采取何种立场的问题。因而,《票据法》对票据交易概念的界定,不应当限于金融机构或投资产品之间的票据交易,而应把各类主体的票据交易均加以覆盖。即票据交易包括贴现、转贴现、票据回购等以票据本身作为交易标的的转让行为。

二、票据融资的适用范围

早期的票据多为真实票据,二十世纪六七十年代在英美等国家逐渐出现了与商品劳务交易无联系的、独立的融资性商业票据,在票据市场这一范围内,商业票据从真实票据向融资票据发展,商业票据的内涵发展为:一种在公开市场上发行的短期无担保债务凭证,它代表了发行者到期应偿还的债务[1]。

按照《票据法》第10条、《支付结算办法》、《商业汇票承兑、贴现与再贴现管理暂行办法》等的规定,我国票据法律制度确定的票据基本定位是作为支付结算工具的"真实票据",融资票据是例外。即票据当事人之间的票据流转,除了银行以贴现、转贴现、再贴现形式进行票据交易外,其他主体之间转让票据,应当具有真实的交易关系,不得直接买卖票据。近年来金融监管趋向是除了金融机构之间的票据交易外,其他主体票据的签发、转让严格要求票据基础关系的真实性,但是,企业经营活动中从金融机构之外的其他主体融资也有一定的市场需求和便捷性。实践中较为普遍的观点认为,我国存在融资性票据发展的市场基础,短期融资发展为融资性票据发展提供了市场参照,融资性票据发展存在市场机遇和经济收益,其带来的风险成本可控[2]。因此,从中小企业融资拓展渠道的角度考虑,《票据法》中应当对融资票据拓展到金融机构之外的其他主体保留一定弹性空间,而不应绝对地把票据的融资提供者限于金融机构。

---

[1] 参见王冰:《从商业票据的发展看我国的商业信用》,载《岭南学刊》2000年第1期;曹东:《日本商业票据市场的现状分析》,载《外国经济与管理》1999年第6期。

[2] 参见汪办兴:《新时期建设我国多元结构化票据市场的思考——基于融资性票据发展的SWOT分析》,载《上海立信会计金融学院学报》2019年第2期。

第二节 票据交易中形式与实质的关系

一、处理票据交易中形式与实质关系的一般原则

近几年来，随着我国金融领域穿透式监管政策的实行[1]，在司法领域穿透式审判思维也开始推进。然而，由于票据的固有属性及票据关系的特性，穿透式审判在票据关系及票据纠纷中是否可以适用以及如何适用，理论与实践中一直有不同的主张。所谓"穿透式监管"，是指按照"实质重于形式"的原则，透过金融产品的表面形态看清业务实质，打破"身份"的标签，从业务的本质入手，将资金来源、中间环节与最终投向穿透连接起来，甄别业务性质，根据业务功能和法律属性明确监管规则[2]。最高人民法院于2019年11月8日印发了《全国法院民商事审判工作会议纪要》（以下简称《九民纪要》）将穿透式审判思维扩展到金融创新以外的一般领域。对于票据贴现、转贴现的处理，体现了穿透性审判的立场，否认合谋伪造基础关系材料的贴现行的票据权利、提出对当事人之间不存在真实的转贴现合同按照真实交易关系和当事人约定本意依法确定当事人的责任、对以票据贴现为手段的多链条融资模式的封包交易、清单交易，存在倒打款、未进行背书转让、票据未实际交付等情形的，认定不属于转贴现关系。尽管清单交易在电子票据中已经不复存在，但是对于贴现、转贴现本身的目的和法律形式之间的关系如何处理，是否把穿透式审判贯彻到票据领域，是电子票据依然存在的问题。

我们认为，票据是一种支付工具、融资工具，票据流通使用中当事人之间票据上的法律关系与基础交易法律关系并存是固有的特点。票据关系是一

---

[1] 2016年4月12日国务院办公厅《关于印发互联网金融风险专项整治工作实施方案的通知》中最早从制度层面提出穿透式监管的说法，此后延伸适用到整个金融领域。

[2] 文中穿透式监管的定义是中国人民银行时任副行长潘功胜于2016年3月在中国互联网金融协会成立大会上的发言中的表述。转引自 https://finance.sina.cn/roll/2016-03-25/doc_ifxqsxic3206963.shtml，最后访问日期：2020年2月5日。这一概括成为我国关于穿透式监管的涵义的通行表述。参见常健：《论"穿透式"监管与我国金融监管的制度变革》，载《华中科技大学学报（社会科学版）》2019年第1期。

种体现在票据上的法律关系，文义性是其基本属性之一。[1]使用票据时，当事人之间既存在票据外观形式上的抽象法律关系，也同时存在作为票据签发转让动因的具体交易关系，双重法律关系是票据领域与其他领域经济活动中法律关系构成的重大区别。与一般的民事法律行为不同，当事人使用票据时，在外观表现出来的法律关系本身就有两种，一种是票据关系，这种关系基于票据行为产生，其内容体现在票据上。另一种是基础关系或称原因关系，这种关系基于其他法律行为或事实行为确立，外观表现上通常是当事人之间订立的合同。这里的票据行为与合同行为都是在外部表现出来的法律行为，两类行为之间不存在一个行为隐藏另一行为的问题。票据行为是一种在票据上记载相关事项并交付票据的行为，因而是一种形式上的行为，反映的是一种抽象的金钱支付关系，不体现当事人实质上的具体交易内容。票据行为的类型及效力，完全按照票据文义记载加以确定，实行绝对的文义性，不存在虚假通谋行为规则适用空间。基础关系属于前后手当事人之间具体的、特定的交易内容，确立基础关系的合同等法律行为，其性质和效力认定并非完全按文义性和外观确定，而应结合外观表示与实际履行中反映的内心真意确定，存在《民法典》第146条有关虚假通谋行为规则适用的余地。基于这种特殊性，为保障票据功能的发挥，在法律适用上，对这两种法律关系均予认可，各自区分，原则上不因背后存在基础法律关系而否认票据关系的存在，也不因票据关系的瑕疵而否认基础关系的效力，对票据关系和基础关系适用不同的法律规则予以处理，应当是《票据法》适用与制度完善中所采取的立场。

二、认定真实贴现、转贴现的外观标准

在票据作为融资工具时，其具体法律形式主要是贴现和转贴现。《九民纪要》在第102条中规定："当事人虚构转贴现事实，或者当事人之间不存在真实的转贴现合同法律关系的，人民法院应当向当事人释明按照真实交易关系提出诉讼请求，并按照真实交易关系和当事人约定本意依法确定当事人的责任。"第103条第2款规定："出资银行仅以参与交易的单个或者部分银行为被告提起诉讼行使票据追索权，被告能够举证证明票据交易存在诸如不符合正常转贴现交易顺序的倒打款、未进行背书转让、票据未实际交付等相关证

---

[1] 参见董慧江：《票据行为实质要件之否定》，载《环球法律评论》2012年第1期。

据,并据此主张相关金融机构之间并无转贴现的真实意思表示,抗辩出资银行不享有票据权利的,人民法院依法予以支持。"上述两个条文规定了对虚假转贴现的"穿透"问题。对于这一规则,在《票据法》的适用中如何把握其界限,以及制度完善时是否确认这一"穿透"规则?

我们认为,《商业汇票承兑、贴现与再贴现管理暂行办法》第2条第2款和第3款规定:"本办法所称贴现系指商业汇票的持票人在汇票到期日前,为了取得资金贴付一定利息将票据权利转让给金融机构的票据行为,是金融机构向持票人融通资金的一种方式。本办法所称转贴现系指金融机构为了取得资金,将未到期的已贴现商业汇票再以贴现方式向另一金融机构转让的票据行为,是金融机构间融通资金的一种方式。"虚假贴现、转贴现的认定应限于没有实施票据背书转让的情形。若当事人已经对票据进行了背书转让,即使存在其他不规范的情形,也不应认定为虚假贴现或转贴现。因为实施了背书行为就意味着票据权利发生转让,贴现或转贴现协议得到了实际履行。从外观形式上看,票据转贴现包括两个法律行为,一是背书转让票据这一票据行为,另一个是转贴现合同。转贴现合同约定了双方的权利义务,转贴现合同的核心内容是票据权利的转让和转让款的支付。而只要转让了票据权利,支付了款项,票据转贴现合同的权利义务即履行完成。而票据权利发生转让的法定方式就是背书这一票据行为,只要背书有效,就当然产生票据权利转让于被背书人的法律后果。也就是说,只要背书这一票据行为的意思表示是自愿发生的,是当事人的真实意思表示,不存在欺诈、胁迫等情形,就意味着转贴现申请人自愿履行了票据转贴现合同的义务,无论是从票据行为的角度,还是从转贴现合同的角度,既符合法定形式要件,又有实际履行,票据贴现属于当事人真实意思,不存在虚假贴现的问题。反之,若未进行背书转让、票据未实际交付,票据行为没有实际实施,票据权利不可能发生转让,当事人对贴现合同没有也不希望实际履行,才存在认定虚假贴现协议的可能。在电子票据中,未进行背书转让交付票据的贴现、转贴现的情形几乎不存在,故穿透规则在电子票据贴现、转贴现中不应作为一项普遍的规则加以适用。

三、贴现、转贴现真实意思的内容

在司法实践中,对于虚假贴现的认定,有一种做法,把出票人与贴现人之间存在贴现资金用途的约定,作为其存在借贷关系的依据,并否认了贴现人与贴现申请人票据贴现意思表示的真实性。如前所述,基础关系性质的穿透,不应径行否认票据行为的效力。这里仅讨论贴现真实意思的认定标准。其一,贴现、转贴现本身就是融资目的,不应以当事人贴现是为了自己或帮助他人融资作为否认贴现意思表示真实的依据。《中国人民银行贷款通则》第9条规定,贷款种类包括票据贴现。《商业汇票承兑、贴现与再贴现管理办法》第14条规定,贴现人应为在中国境内依法设立的具有贷款业务资质的法人及其分支机构。从以上规定及前述关于贴现定义的规定看,票据贴现的商业实质本身就是为了贷款,贴现在银行业务处理中就是按照信贷业务处理的。但当这种贷款或融资的目的在法律形式上是通过票据贴现、转贴现而完成时,就基于这种法律形式产生了票据关系,"名为贴现、实为借贷"的思维不能适用于票据贴现与转贴现场合,如果因为目的是贷款而否认贴现这种法律关系的存在,那么所有的票据贴现、转贴现都会因目的是借贷而被"穿透",被否认其真实性。其二,票据贴现意思表示的内容是转让方(贴现申请人)背书转让票据以获得款项、受让方(贴现人)取得票据并支付款项。只要贴现申请人与贴现人之间进行背书转让票据以及支付相应款项的意思表示是真实的、自由的,并且客观上实施了以上行为,就说明贴现的意思表示是真实存在的,不属于虚假贴现。至于当事人之间对于贴现资金用途的约定,不属于贴现本身的内容,贴现资金用途的约定与贴现行为本身,是两个不同的意思表示,二者不能混淆,不能因为当事人之间存在贴现资金用途的约定就否认贴现本身意思表示的真实性。

第三节 票据贴现的性质与效力

一、票据贴现的性质

票据贴现在我国法律体系中主要有两种定义。一是将票据贴现解释为贷款人买入借款人未到期商业票据的贷款行为;二是将其解释为在商业汇票到期日之前,商业汇票的合法持票人出于取得票款的目的,向具有贷款业务资质机构贴付一定利息的票据转让行为[1]。

---

[1]《贷款通则》第9条;《商业汇票承兑、贴现与再贴现管理办法》第5条。

贴现的性质可从以下几个方面理解。第一，贴现是持票人卖出票据、金融机构买入票据的行为。在我国，票据以真实票据为原则，在通常情形下，不允许企业、个人之间买卖票据融资。贴现则是特定主体范围内的票据买卖行为。按照现行法律制度，并不是任何人都可以买入票据进行贴现，只有经过批准，有权开展票据贴现的银行和其他金融机构才可以从事此种票据买入行为。第二，贴现是持票人的融资行为。银行买入票据、对票据予以贴现与其他情形下当事人之间转让票据的目的正好相反，贴现人取得票据不是为了获得价款，而是以提供一定款项为对价，取得票据权利，最终目的是获得贴现日至到期日这一期间的利息。持票人将票据贴现则可以在票据到期前获得资金，因此，相当于提前获得了扣除利息后的票据金额，是一种比较便利的融资方式。第三，贴现的实质是持票人转移票据权利的行为，同一般的票据权利转让方取得商品或接受服务不同，贴现的转让方转移的是票据权利，取得的对价是一定的价款。票据贴现后，贴现人取得了票据权利，成为票据关系的当事人。第四，贴现是以转让票据和支付价款为环节的法律行为。作为票据买卖行为，贴现包括背书转让票据和支付款项两个基本环节。

二、贴现的主体资格及民间票据贴现的效力

（一）现行法律的规定及司法实践中所持立场的变迁

按照现行规定，在主体要件方面，申请汇票贴现业务的主体是合法持票人，贴现行为的另一方即贴现人须为法定金融机构，即票据贴现的参与主体为贴现申请人和贴现人，贴现人应为金融机构，金融机构之外的其他机构和个人被排除在外。

但在实践中，银行以外的单位和个人从事票据交易的行为一直存在。票据市场的参与者早已超出了银行的范围。持票人向银行和经批准可以从事贴现业务的金融机构以外的单位和个人进行票据贴现的，被称为民间贴现。

对于民间票据贴现的效力，《票据法》并未规定，此种贴现是否合法、是否有效？按照《非法金融机构和非法金融业务活动取缔办法》（以下简称《取缔办法》）第2条、第4条、第22条规定，未经中国人民银行批准从事票据贴现的，为非法金融活动。而且任何银行以外的单位从事票据贴现业务的，一般都无法经过中国人民银行批准。因此按现行法律规定，不具备主体资格进行票据贴现，当属违法行为。2021年《防范和处置非法集资条例》实

施后,《取缔办法》废止。但该条例第 39 条依旧把未经许可从事票据贴现等金融活动,作为违法行为,由金融监管部门进行处置。

但司法实践中对民间贴现的效力认定,态度几经变化。在《票据法》颁布后的一段时间,一些法院认为,不具备贴现主体资格的贴现行为无效。有判例表明,贴现人是否具备贴现主体资格是确定贴现人是否享有票据权利的重要依据〔1〕。但是随着民间融资逐渐发展并得到政策上的认可,对于民间贴现的效力出现了不一致的认识,另有判决认可民间贴现的效力〔2〕。2015 年《最高人民法院关于审理民间借贷案件适用法律若干问题的规定》出台后,民间借贷的效力被普遍性的认可,银行以外的个人和单位,通过票据买卖从事融资活动在私法上的效力原则上应当得到认可。然而,近几年来,随着我国对金融风险控制和监管力度的加强以及穿透式监管政策的实行,在司法领域穿透式审判思维也开始推进。2019 年 11 月出台的《九民纪要》明确规定,票据贴现属于国家特许经营业务,合法持票人向不具有法定贴现资质的当事人进行"贴现"的,该行为应当认定无效,贴现款和票据应当相互返还。当事人不能返还票据的,原合法持票人可以拒绝返还贴现款〔3〕。按照这一规定,民间票据贴现行为一律无效。

(二) 区分情形认定民间票据贴现效力的理由

民间票据贴现是一些经营者为了逃避正规金融机构繁杂、严苛的审批程序而产生的一种补充性融资行为,贴现交易主体包括金融机构以外的企业以及自然人。由于缺乏专门的监管机构和有力的抓手,这些对象的具体交易行为难以监管到底,脱离了国家金融监管体系,对票据市场秩序造成不利影响。

---

〔1〕 如昌江信用联社与中国银行景德镇分行曹家岭办事处票据贴现纠纷案。载最高人民法院民事审判第二庭编:《经济审判指导与参考·第 4 卷》,法律出版社 2001 年版,第 72 页。洛阳市双钱商贸有限公司诉洛阳市虹海汽车销售有限公司票据返还请求权纠纷案,洛阳市涧西区人民法院民事判决书 (2009) 涧民三初字第 267 号。

〔2〕 新县精锐机械有限公司与被上诉人中国工商银行股份有限公司票据营业部、浙江华利皮革有限公司票据损害赔偿纠纷案,上海市第二中级人民法院民事判决书 (2009) 沪二中民三 (商) 终字第 27 号。贵州贵志房地产开发有限公司与袁博、化州市正元实业有限公司、广西北部湾银行股份有限公司南宁市五象广场支行票据纠纷再审案,最高人民法院 (2014) 民申字第 1405 号民事裁定书。安阳市铁路器材有限责任公司等诉邯郸市团亿物资有限公司票据返还请求权纠纷案,最高人民法院 (2014) 民申字第 2060 号民事裁定书。

〔3〕《九民纪要》第 101 条。

一些贴现主体为了追求利益,滥用企业信用,出现"空转"现象[1],在一定程度上增大银行的信贷风险,加大了金融风险。因此,加强对民间票据贴现的监管是必要的。

但是,完全否认民间票据贴现效力,相当于给民间票据贴现市场判了"死刑"。我国很多中小企业拥有的银行承兑汇票达不到法定票据贴现的办理条件,无法从银行等金融机构获取资金,中小企业融资困难的问题已经成为制约其发展的桎梏。无需完备的申请材料、方便快捷的流程、灵活的操作方式,具备这些特点的民间票据贴现可以很好地缓解中小企业融资难的现实困境,使其在短期内获得资金,同时也让资金以票据背书的形式在企业之间快速流转,提高市场经济的运转活跃性,促进中小企业健康发展,从这个层面上来讲,"砍掉"民间票据贴现市场,显然并非长远之计。

综上所述,《九民纪要》完全否定民间票据贴现效力的规则值得商榷,《票据法》修改时应区分不同情形认定民间票据贴现效力,比照借贷的情形看,以借贷为业的民间借贷是非法的,但偶尔实施的民间借贷是合法的,不属于非法借贷,票据贴现和借贷并列规定也应作同一理解。票据贴现的法律性质具有双重性,它既是背书转让票据权利的行为,具有票据买卖性质,又是商业信用贷款的行为,具有信贷性质。前者,贴现人从事的是单纯的票据权利的背书转让,属于一般的民事活动,自然不需要要求贴现人具有国家规定的正规金融机构资质;而后者,贴现人以票据贴现为业,其从事的金融活动,起到了类似"影子银行"的作用,属于金融业务活动,自然也就需要贴现人具有相应的国家经营许可,依法接受金融监管。也就是说,区分贴现主体是否以"贴现"为业是认定民间票据贴现是否有效应遵循的标准。对于以"贴现"为业的职业民间票据贴现行为,一律应当认定为无效;对于一般的民间票据贴现行为,应当以认定有效为原则。

三、贴现人的审查义务

基于我国《票据法》对票据属性以"真实票据"为原则的定位以及《商

---

[1] 票据的承兑申请人以自有定期存款作保证金向银行申请签发相同期限的银行承兑汇票,收款人一般为申请人的关联企业或上下游关系单位,收款人或被背书人在银票签发的当日或次日向银行申请贴现,并将贴现资金回流至承兑申请人,并多次循环操作。

业汇票承兑、贴现与再贴现管理办法》等规定，申请贴现的持票人应当与前手间有真实的基础交易关系，贴现的票据应当符合《票据法》的规定，即形式要件方面符合《票据法》的规定。如票据已经背书转让，背书应当连续，当事人的签章符合《票据法》的要求等。据此，贴现人在持票人提出贴现申请时应当承担审查义务。贴现人应当进行的审核事项包括以下两个方面：

（一）贴现票据的审查

对于纸票而言，审查票据包括是否具备《票据法》规定的绝对应记载事项、要素是否齐全、版本是否正确、填写事项是否符合《票据法》及相关法规的规定、票据是否连续等，并向承兑人进行票据是否真实的查询。

在纸票电子化以及经过信息登记的情形下，纸票贴现与票据系统中的信息登记相结合。《票据交易管理办法》第17条规定："贴现人办理纸质票据贴现时，应当通过票据市场基础设施查询票据承兑信息，并在确认纸质票据必须记载事项与已登记承兑信息一致后，为贴现申请人办理贴现，贴现申请人无需提供合同、发票等资料；信息不存在或者纸质票据必须记载事项与已登记承兑信息不一致的，不得办理贴现。"这一规定是对贴现人审核义务的重大变革。贴现人的审查义务，由传统的纸票审查查询方式转变为对比纸票信息与系统中登记的承兑信息。由于贴现是金融机构的行为，中国人民银行的规章对其有约束力，因而实践中贴现审查，应当按照这一规定执行。需要明确的是，贴现机构按照该规定进行了审查之后，就应当免除按照传统方式审查的义务。而对纸票按照传统方式审查，没有按照《票据交易管理办法》的规定进行审查时，是否属于未履行审查义务？我们认为，从监管角度看，没有按照《票据交易管理办法》的规定进行审查，属于违反规定的行为，按照该规定处罚。但是，纸质票据和电子化票据的效力应当等同，信息不一致时，纸质原件的效力高于信息登记的效力，若贴现人按照纸质票据传统审查方式进行了审查，从私法义务的角度看，仍应认为履行了审查义务。

对于电子票据而言，贴现人对票据的审查义务不包括和纸票原件信息的比对，票据凭证是数据电文按照系统设置生成，而且在背书连续的情形下系统才能进行下一手转让操作，因此，贴现人无需对电子票据凭证格式、背书连续性等进行审查，只要核对贴现申请人电子签章所依托的密钥和数字证书。

基于以上分析，《票据法》规定贴现人对票据的审查义务时，应当区分不同类型的票据分别作出规定。

（二）持票人与其前手是否有真实交易关系的审核

《支付结算办法》《商业汇票承兑、贴现与再贴现管理办法》《中国人民银行关于完善票据业务制度有关问题的通知》规定，出票人（持票人）向银行申请办理承兑或贴现时，承兑行和贴现行应对商业汇票的真实交易关系和债权债务关系进行审核。贴现人对持票人与其前手是否有真实交易关系的审核，主要是对贴现申请人提交的与其直接前手的增值税发票及基础交易合同复印件进行审核。2005年颁布的《中国人民银行关于完善票据业务制度有关问题的通知》规定，商业汇票的持票人向银行申请贴现时，贴现申请人应向银行提供交易合同原件、贴现申请人与其直接前手之间基础交易的发票。

2016年8月中国人民银行公布的《关于规范和促进电子商业汇票业务发展的通知》的规定，在电子票据承兑、贴现的贸易真实性审核方面，金融机构可通过审查电子订单或电子发票的方式，对电子票据的真实交易关系和债权债务关系进行在线审核。企业申请电子票据贴现的，无需向金融机构提供合同、发票等资料。2016年12月公布的《票据交易管理办法》第17条规定，贴现人应当在票据交易所系统对申请贴现的票据进行登记信息查询，并与纸质票据核对，在确认纸质票据必须记载事项与已登记承兑信息一致后，为贴现申请人办理贴现，贴现申请人无需提供合同、发票等资料。按照上述规定，对于电子票据和电子化的纸票贴现，贴现人无需对贴现申请人与前手之间基础交易关系的真实性进行审核。

但是，中国人民银行会同当时的银保监会于2022年11月发布的《商业汇票承兑、贴现与再贴现管理办法》，商业汇票包括电子票据和纸质票据，按照其征求意见稿第16条的规定，持票人申请贴现时，须提交贴现申请、持票人背书的未到期商业汇票以及能够反映真实交易关系的材料。这一规定表明，在监管层面上倾向全面实行贴现人对贴现申请人基础交易关系审查义务，电子票据以及纸质票据电子化中贴现人无需审查填写申请人基础交易关系材料的规则将面临变化。

贴现人的审查义务，是贴现制度的基本规则之一，贴现人是否承担或如何承担对贴现申请人基础交易关系的审查义务，在监管政策上具有变动性。我们认为，之所以规定贴现人对基础交易关系的审查义务，直接目的并非对持票人取得票据手段是否合法进行限制，而是对持票人是否基于真实基础交易关系取得票据进行限制，实质上仍是对票据融资主体范围的限制。而贴现人是否应承担这一审核义务,取决于立法上对于票据融资性功能限制程度的选择,对此电子票据和纸质票据应采取相同规则。

四、票据保理和票据贴现的区分

《民法典》把保理业务纳入典型合同的范畴,保理合同是应收账款债权人将现有的或者将有的应收账款转让给保理人,保理人提供资金融通、应收账款管理或者催收、应收账款债务人付款担保等服务的合同。因此,保理是以债权人转让其应收账款的存在为前提,通过转让应收账款获得资金及相关金融服务的业务。在应收账款转让中,涉及票据转让的,实践中通称为票据保理。当下金融监管和司法政策中不允许具有贴现资格的金融机构以外的其他主体进行票据贴现,认为票据贴现属于国家特许经营业务,民间票据贴现行为无效,但并不禁止开展票据保理业务。由于票据保理和票据贴现都涉及接受票据一方提供资金,转让票据一方获得资金,都属于资金融通的方式,极易发生混淆,票据转让融资行为是票据保理还是票据贴现,性质认定上的不同决定了转让行为是否有效,实践中出现的票据保理纠纷往往涉及保理和票据贴现的区分问题。

在法律特征上,票据贴现与票据保理的主要区别是,前者仅是票据的买卖,后者是票据之外的基础交易中应收账款转让和票据转让的结合。票据贴现的盈利模式是票据贴现利息,保理则是保理商收取主债权利息和报酬。因此当事人签订保理合同转让票据融资的业务在性质上属于保理还是票据贴现,应当以保理的核心要素为基础,结合保理合同名义下票据或票据权利转让的具体模式加以认定。

(一)先保理后票据

保理人与债权人签订保理合同,从债权人受让其对债务人的应收账款债权后,保理人行使应收账款债权,向债务人催收款项,由债务人向保理人签发或转让票据,用以清偿应收账款。如下图所示:

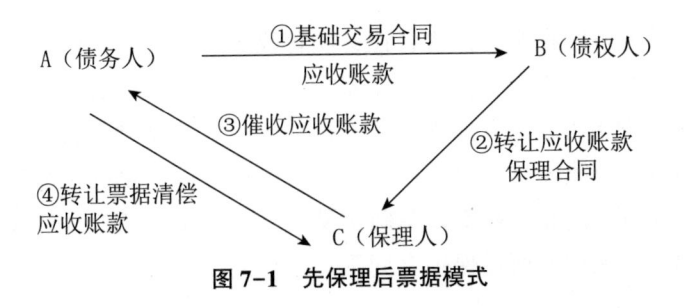

第七章 票据交易的规则适用与完善

图7-1 先保理后票据模式

此种模式下,保理人从债权人处受让应收账款在前,业已建立保理关系,之后票据债务人通过转让票据清偿应收账款债务,即应收账款的存在以及转让与票据是否签发转让无关,票据转让只是债务人用以清偿已经存在的应收账款的支付方式,因此,此种情形严格来讲属于一般的应收账款转让的保理业务中债务人通过转让票据清偿债务,也可认定为广义的票据保理,但不属于票据贴现。

(二)光票保理

债务人已向债权人签发或转让票据清偿应收账款。保理人与债权人签订保理合同,债权人将其持有的票据项下的应收款转让给保理人,即保理人自债权人处受让票据付款请求权。

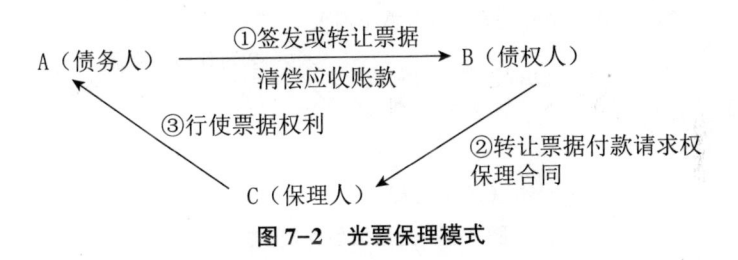

图7-2 光票保理模式

此种模式下,债务人与债权人之间的应收账款债权已经通过票据签发或转让转化为票据权利,虽然票据权利未实现时基于基础交易关系的应收账款债权并未消灭,但由于票据签发或转让作为基础交易关系债权履行的方式,尽管在个案中,由于当事人通过合同约定其权利行使存在差异而应区别对待,但是一般情形下,未行使票据权利时,债权人不得行使基础交易关系债权,因而也就谈不上转让基础交易关系的应收账款债权。债权人此时通过保理合同转让的是独立于基础交易关系中应收账款债权的票据权利。保理的核心要

225

素是基础交易关系应收账款债权转让，监管政策中不允许以票据权利作为保理业务受让标的，2019年《中国银保监会办公厅关于加强商业保理企业监督管理的通知》中指出，商业保理企业不得基于不合法基础交易合同、寄售合同、权属不清的应收账款、因票据或其他有价证券而产生的付款请求权等开展保理融资业务。因此，在不以基础交易关系应收账款债权为法律关系构成部分的前提下，保理人通过保理合同受让票据向债权人提供资金，实质上属于票据贴现。

（三）先票据后保理

先票据后保理是指债权人和债务人之间的应收账款，债务人已向债权人签发或转让票据结算。保理人与债权人签订保理合同，自债权人处受让已用票据支付的应收账款。同时约定债权人转让应收账款时同步将已取得的票据转让给保理人。此种模式和光票保理的区别是，债权人和债务人约定签发或转让票据结算应收账款，但票据权利实现前，应收账款并不消灭，且保理合同约定应收账款和票据同步转让，保理人可向债务人和债权人主张票据权利或有追索权的应收账款债权。

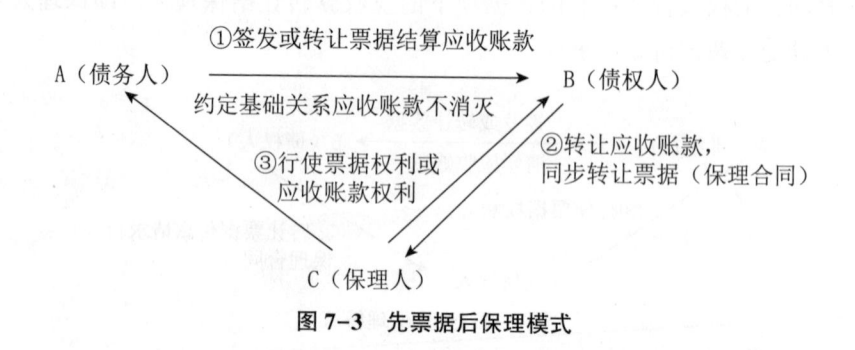

图7-3 先票据后保理模式

此种模式下其行为性质是保理还是票据贴现存在争议。关键在于债务人向债权人签发转让票据并约定应收账款不消灭的情形下，该应收账款权利是否可以作为保理合同的转让标的，以及保理人与债权人约定转让应收账款同步转让票据权利作为结算或担保等方式时，应当认定是转让了两项权利，还是只转让了票据权利予以融资？我们的倾向性意见是，在债权人与债务人基础交易关系应收账款真实存在的前提下，协议明确约定票据结算时转让票据并不导致应收账款消灭，意味着债务人放弃了债权人因取得票据而"冻结"

行使基础关系应收账款债权的权利,也就是说,在保理合同签订时该应收账款债权可以进行转让,同步转让票据并不影响转让应收账款债权进行保理的性质和效力。但是,具体案件中,还要结合保理合同与债权人和债务人之间的结算协议签订的情节、时间等因素,综合判断当事人之间关于转让票据结算应收账款债权但应收账款债权并不消灭这一约定的真实目的。

第四节 转贴现及回购交易的性质与权利义务

一、交易形式及法律属性

(一) 基本模式与流程

《票据交易管理办法》实施后,金融机构以及以金融机构为管理人的投资产品之间的票据交易,均通过上海票据交易所的票据交易系统进行。票据交易系统市场参与者之间的票据交易形式包括转贴现、质押式回购、买断式回购三种[1]。转贴现与回购是商业汇票买卖的两种操作方式,从银行信贷规模管理角度看,转贴现与回购的区别在于信贷规模是否转移。在票据交易系统中实施的转贴现和回购等票据交易的基本流程包括系统中报价(询价)、成交、清算结算三个阶段。交易模式包括询价成交、点击成交、匿名点击成交三种方式。交易员在发起报价时,通过勾选本交易成员托管账户项下票据资产或买断式回购待返售票据包,或上传票据资产清单的方式,确定报价标的资产。在询价交易中,交易成员通过格式化交谈就交易要素达成一致后可以向交易系统提交确认成交的请求,由交易系统确认成交。点击成交方式中,卖出方(或正回购方)报价的,点击成交报价需包含所有交易要素(包括票据清单),买入方(逆回购方)直接点击该卖出报价进行成交。买入方(逆回购方)点击的,点击成交报价包含除票据清单之外的所有交易要素,卖出方(正回购方)提交符合要求的标的票据或质押票据,提交完成并校验通过后,直接成交。匿名点击是指交易双方提交包含关键交易要素的匿名报价,交易系统在双边授信范围内按照"价格优先、时间优先"的原则自动匹配,达成交易。

---

[1] 参见《票据交易管理办法》第41条。

(二) 法律属性

转贴现是指持有票据的金融机构在票据到期日前,将票据权利背书转让给其他金融机构,由其扣除一定利息后,将约定金额支付给持票人的票据行为。即卖出方将未到期的已贴现票据向买入方转让的交易行为,是金融机构之间短期融通资金的一种方式。

转贴现交易中双方存在两层法律关系,一是转贴现协议关系,在票据交易所进行的转贴现,统一适用多边交易协议《主协议》的相应条款。买入方有权要求卖出方于约定的结算日将转贴现票据交付至买入方托管账户,买入方应当在约定的结算日将结算金额足额支付至卖出方的资金账户中。二是票据权利义务关系,转贴现属于票据的转让,票据权利由贴出方转让给贴入方。转贴现银行成为持票人,可以行使票据权利。

质押式回购是指正回购方在将票据出质给逆回购方融入资金的同时,双方约定在未来某一日期由正回购方按照约定金额向逆回购方返还资金、逆回购方解除出质票据质押的交易行为。其中出质票据、融入资金的一方为正回购方,接受出质票据,融出资金的一方为逆回购方。质押式回购交易的法律性质为票据质押,票据权利不直接发生转让,逆回购方拥有票据质权,正回购方是质押人。逆回购方有权要求正回购方于约定时间之前将符合交易要求的正回购方拥有权利的票据质押给逆回购方。而逆回购方应于约定的日期将首期结算金额足额存入逆回购方资金账户。在收到正回购方支付的到期结算金额或提前回购金额后,应于当日解除在相关质押票据上的质权。

票据买断式回购是指正回购方将票据卖给逆回购方的同时,双方约定在未来某一日期,正回购方再以约定价格从逆回购方买回票据的交易行为。逆回购方有权要求正回购方在首期结算日交付其拥有票据权利的票据。同时,逆回购方在回购期间不得与其他交易方就回购票据再次办理转贴现业务或者买断式回购业务,但可以办理质押式回购业务。

买断式回购本质上属于由两次票据买卖组成的单一交易行为,具有"一笔交易、两次结算"的特征,其主要交易目的是利用票据买卖的组合进行融资。区别于质押式回购占有的转移和质权的产生。买断式回购虽然发生票据权利的转移,但是其行为目的在于保证正回购方进行短期资金融通,并且只有在正回购方到期未履行回购义务时,逆回购方才有权对回购票据加以处置,并且超过回购金额的价金应返还正回购方,因而具有一定的让与担保属性。

二、交易条件与成交的认定

《主协议》及当事人之间的权利义务,属于交易参与方合同约定的事宜,《票据法》无需对此作出具体规定。但是如同对贴现规则中要求贴现人的资格以及审查义务一样,转贴现、回购等票据交易业务模式以及管理规定属于金融业务监管的范围。如前所述,《票据法》对于票据交易的相关规则应作出整体性的回应与规定,因而对于《票据交易管理办法》的原则性、基础性规定,可以在进行整合后上升为《票据法》确立的制度。对于转贴现、票据回购等交易中实施的票据转让行为,应当作为票据取得、转让要求基础交易关系的例外,规定专门的条款。

(一)票据转贴现的条件及资料审核义务的免除

在票据交易所成立及《票据交易管理办法》出台之前,纸质票据转贴现条件的规则大致划分为两个阶段,2005 年之前,按照《支付结算办法》的规定,承兑、贴现、转贴现、再贴现的商业汇票,应以真实、合法的商品交易为基础。贴现、转贴现、再贴现时,应作成转让背书,并提供贴现申请人与其直接前手之间的增值税发票和商品发运单据复印件。在票据业务实践中,商业银行在转贴现业务中需要审核贴现申请人与出票人或其前手之间的合同、发票,往往需要提供大量的跟单资料,大大降低了票据转贴现业务的效率。2005 年中国人民银行公布《关于完善票据业务制度有关问题的通知》,该通知规定:"贴现银行向其他银行转贴现或向人民银行申请再贴现时,不再提供贴现申请人与其直接前手之间的交易合同、增值税发票或普通发票"。从此,商业银行办理转贴现和再贴现业务无需审核贴现申请人与其前手之间的基础交易关系。2016 年 12 月《票据交易管理办法》颁布实施,转贴现业务统一在上海票据交易所进行,适用该办法的规定。2022 年 1 月中国人民银行《商业汇票承兑、贴现与再贴现管理办法》的征求意见稿,重申转贴现适用《票据交易管理办法》的规定,因此,无论纸质票据还是电子票据或电子化的纸票,转贴现均适用《票据交易管理办法》的规定,票据权属初始登记后,系统参与者方可通过票交所系统开展交易、质押、保证等业务,票据交易无需提供转贴现凭证、贴现凭证复印件、查询查复书及票面复印件等纸质资料。

由此可见,现行规则中票据转贴现的条件有以下两个方面:一是贴现人已经在票据交易系统进行了票据权属初始登记,二是不属于挂失止付、公示催告、质押、回购式贴现取得的票据。转贴现银行受理申请时应当就以上方面的情形进行审核。审核的方式是在系统中通过对票据登记的信息进行审核。转贴现人应就以上两个方面的情形进行审核，无需审核转贴现凭证、贴现凭证复印件、查询查复书及票面复印件等纸质资料。至于转贴现人是否需要审核贴现申请人与其前手之间基础交易的资料，《票据交易管理办法》没有明确规定。由于贴现人在受理贴现时已经审核了贴现申请人与其前手基础交易关系资料，纸质票据贴现和电子票据中贴现申请人与其前手的基础交易关系资料均为纸质资料或交易系统外的资料，《票据交易管理办法》规定贴现人转贴现时无需提交纸质资料，在解释上应当包括无需审核反映贴现申请人与其前手的基础交易关系的资料。况且，贴现本身就是票据融资的体现，贴现人与贴现申请人不可能有基础交易关系资料，而贴现人经过初始权属登记，应推定其为合法权利人，所以转贴现人无审核贴现申请人与其前手之间基础交易关系资料的义务。这一点应当在《票据法》对票据交易的调整制度中予以明确。

（二）转贴现与回购的成交认定

按照《票据交易管理办法》、《上海票据交易所票据交易规则》以及《上海票据交易所票据登记托管清算结算业务规则》的规定，成交单是票据当事人双方票据交易的格式化合同，因此票据交易合同成立的时间为成交单形成的时间。票交所依据成交单计算交易双方对该笔交易的应收给付义务，生成结算指令，转贴现交易导致系统参与者票据权属发生变动的，票交所依据结算指令将所涉票据权属由卖出方变更至买入方。买断式回购交易首期结算时，票交所依据结算指令，将所涉票据权属由正回购方变更为逆回购方；买断式回购交易到期结算时，票交所依据结算指令将所涉票据权属由逆回购方变更为正回购方。质押式回购交易首期结算时，票交所依据结算指令对正回购方所涉票据质押式回购交易首期结算时，票交所依据结算指令对正回购方所涉票据进行质押登记；质押式回购交易到期结算时，票交所依据结算指令进行质押解除登记。票据承兑人、出票人以外的被追偿人清偿债务的，票交所将所涉票据权属由票据权利人变更至被追偿人。法院强制执行、债权债务承继、赠与等原因导致票据权益变动的，票交所依据系统参与者提交的合法有效法律文件，为其办理非交易变更登记。

三、转贴现与买断式回购中的票据权利与协议权利

（一）票据权利转让的方式

电子票据转贴现与回购交易中票据如何转让？票据权利如何转移？按照票据的特征和《票据法》的规定，转贴现中票据权利的转让以票据背书转让为条件，背书完成时票据权利转让。但票据交易系统中的转贴现与回购交易是系统根据成交单形成结算指令，票据交易系统依据结算指令进行票据过户，具体就是对托管账户中的相应票据进行权属变更，并变更余额。这实质上形成了类似股票网上交易的模式，而票据背书的功能已经淡化甚至消失。在此过程中，票据背书以何种方式何时进行，并不清晰。票据权利的转让应以成交时、背书时、过户时三个时间哪个为准？我们认为，由于通过票据交易系统的转贴现仍然是票据转让，通过票据交易系统进行交易的特殊性在于将托管账户上记录的票据种类和特定数量以划转的方式进行结算，因此，票据权利的转移时间应以对所交易票据数据的实际控制权转让的时间为准，权属变更过户只是具有证明权利转让及对抗第三人的效力。非交易导致票据权利转移的，不存在背书行为，应以实际划转过户的时间为票据持有人变更时间与票据权利转移时间。在《票据法》调整票据交易的相关制度中，应当明确票据交易系统中票据交易模式下，票据权利的转让方式和时间。

（二）票据权利行使时债务人的特约免责

无论是转贴现还是买断式回购，买入方都取得票据权利，拥有付款请求权和追索权。其付款请求权和追索权的依据，并非源于《票据交易管理办法》，而是源于票据本身，适用《票据法》的规则。由于《主协议》约定持票人放弃了对其前手背书人行使追索权，但保留对票据出票人、承兑人、承兑人的保证人、贴现人、贴现人的保证人（若有）及贴现人前手背书人的追索权。因而，持票人对其前手背书人行使追索权时，除贴现人外，签署主协议的各个前手，均可基于主协议的约定进行抗辩，此种抗辩属于当事人之间基于原因关系中约定事由对抗票据关系。也就是说，通过票据交易主协议的约定，参与票据转贴现和回购的各个前手，除贴现人外，均实际上免除了作为背书人的担保付款义务。主协议中当事人之间对于权利的放弃与保留，属于意思自治范围，法律无需干预。但是，票据交易主协议的约定，仅适用于票据贴现以后的主协议的签署方，在票据贴现以前的出票人、背书人、承兑人、

不属于主协议当事人，不得基于主协议或《票据交易管理办法》的规定进行无担保抗辩。

（三）基于交易协议的交付结算权利义务

卖出方应当在约定的结算日将符合交易要求的、其拥有完整权利的转贴现票据交付至买入方的托管账户。卖出方必须向买入方承诺其交付的转贴现票据不存在被利害关系人申请挂失止付、公示催告或者被有关机关查封、冻结等票据权利受限制的情形，即保证其持有的票据权利不存在瑕疵。按照《上海票据交易所票据交易规则》，票据交易结算日按照实时逐笔的原则办理票据和资金的结算。票款对付交易，由票交所系统办理清算和结算；纯票过户的交易，票据交易系统仅为其办理票据权属变更登记，资金结算由交易双方自行办理。若买入方未按照双方的约定足额支付结算金额，卖出方有权要求买入方赔偿其由此产生的实际损失。有下列情形之一的，属于结算失败：一是转贴现卖出方票据托管账户标的票据不足、买入方资金账户余额不足或交易双方任何一方未进行结算确认的；二是票据质押式回购和买断式回购交易的首期结算日，截至双方约定的最晚结算时间，正回购方票据托管账户标的票据不足、逆回购方资金账户余额不足或交易双方任何一方未进行结算确认的；三是票据质押式回购和买断式回购交易的到期结算日，截至支付系统业务截止时间，逆回购方票据托管账户标的票据不足或正回购方资金账户余额不足的；四是买断式回购交易存续期间，因公示催告等原因导致票据无法正常结算的。票据交易结算失败的，票据权利不发生转让，造成结算失败的一方当事人应承担违约责任。转贴现双方或一方未进行结算确认的，应根据具体原因，确定承担违约责任的当事人。以上结算规则属于市场自治规则，在《票据法》或相关制度中，可通过授权性条款确认其效力。

（四）不获付款时的偿付顺序和追索权

通过票据交易系统进行的转贴现和回购交易，持票人提示付款被拒绝后，对于转让方或卖出方的责任问题，《票据交易管理办法》第43条按照承兑人是否经过付款确认和是否存在保证增信作了不同规定。未经过付款确认和保证增信的，承兑人未付款，由贴现人先行偿付。经过付款确认和保证增信的，承兑人未付款，由保证增信行先行偿付，保证增信行未偿付的，由贴现人先行偿付。《主协议》规定，票据提示付款后承兑人拒绝付款的，可以按照保证增信行、贴现人、贴现人的保证人的顺序进行追索或追偿。此外，按照《主协议》相关条款，持票人承诺放弃对前手背书人行使追索权，但保留对票据出票人、承兑人、承兑人的保证人、贴现人、贴现人的保证人及贴现人前手背书人的追索权。这里分别使用了偿付和追索不同的用语，偿付是从转贴现或回购协议角度持票人要求合同关系中的债务人承担责任，而追索是持票人要求票据债务人承担责任。二者的范围可能有所重合，但并不完全相同，例如票据背书人中有的与持票人不存在转贴现或回购关系。

在适用关系上，在持票人到期不能获得付款时，《电子票据管理办法》中规定的追索和《票据交易管理办法》中规定的偿付，虽然在实质效果上都是向承兑人、贴现人、保证人等要求清偿票据款项，但其性质和依据不同。前者适用范围是票据关系当事人，持票人行使票据权利，行使对象是票据债务人，后者适用范围是参与票据系统交易的当事人。前者是基于《票据法》的规定行使票据权利，后者是基于票据交易协议行使合同权利，因而前者称为追索，后者称为偿付。因此，主协议规定的偿付顺序与《票据交易管理办法》的规定性质是相同的。由于《票据交易管理办法》规定的偿付的性质是合同权利，所以我们认为其中有关偿付顺序的规定属于任意性规范。《票据交易管理办法》的规定与主协议条款不一致时，应适用主协议的约定。主协议是全体会员与票据交易所共同签署的开放式多边协议，若特定交易的当事人之间还有补充协议，对双方权利义务作出约定，对于特定当事人之间，补充协议的效力优先于主协议适用。但是，除非主协议或特约协议对追索权行使有约定，否则，偿付顺序的规定不影响持票人对票据债务人行使追索权。当承担偿付义务的当事人与承担被追索义务的当事人为同一人时，持票人存在权利竞合，可以选择行使。

结 论

（一）

到目前为止，我国票据业务实践中，具有支付、融资、信用、结算、汇兑等综合功能的票据是商业票据，就商业汇票而言，电子票据已经基本取代纸质票据。单纯支付功能的票据如银行汇票、本票、支票依然以纸质票据为主，但在电子支付普遍应用于社会经济生活领域的趋势下，纸质票据发挥的作用日益萎缩，电子化也是不可阻挡的趋势。现行《票据法》是以纸质票据为载体加以构建的，不能适应票据电子化的现实需求。因而，以电子票据的法律调整为重点，对现行《票据法》进行修改势在必行。

（二）

世界各国票据法理论与制度是以纸质票据为载体确立的，我国现行《票据法》同样是以纸质票据作为制度构建的基础。电子票面脱离纸介质而存在于电子介质之中，电子信息完全取代传统票据，实现了无纸化，电子票据的权利载体为各方当事人所收到数据电文信息，传统票据法理论面临挑战，需要进行相应的更新。主要如下：

第一，数据控制替代占有持票对票据权利取得理论提出挑战。从纸质票据的"持票"到电子票据的"数据控制"，权利与证券不可分理论面临挑战，有价证券范围及要件需要更新，权利证券化的涵义不仅表现为权利与纸质凭证结合，同时也包括权利数字化，即权利与特定的数字信息形式相结合，权利与证券的融合向权利与网络系统不可分转变。作为票据法理论的基础概念，持票涵义应当进行扩张解释或类型化解释，持票不仅指实际占有纸质票据，而且包括能够通过票据系统控制支配代表一定票据权利的相关数据。票据权利的行使方式，应由提示票据的相关理论向网络系统发送指令的理论转变。

票据要式性方面，真实凭证的要式性要求不复存在，要式性应由统一的纸质凭证格式转变为统一的数据电文报文格式，要式性要求的严格性程度应当减弱，记载位置的要式性要求转变为系统技术的要求，并非对票据当事人的要求。票据权利取得方面，票据权利外观的基础发生改变，享有票据权利的外观事实由持票向控制系统账户密码或进行权属登记转变。票据签发转让中形式要件上的信赖关系由持票人对票据书面事项审查的信赖向对票据系统审查的信赖转变。

第二，技术应用导致票据行为理论面临挑战与更新。票据行为实施环节的变化导致票据行为属性的单方行为说受到挑战，双方法律行为说更适合电子票据实践。数据电文信息传输替代实物占有需要对票据交付理论进行重构，电子票据的交付为系统中特定票据账户中所控制的数据信息的转移。人工控制转变为技术控制导致对票据行为独立性理论产生影响，由于票据行为的实施依托于票据系统，应考虑即使由于形式要件欠缺票据行为独立性也可以有条件适用的情形。

第三，票据系统的介入带来《票据法》调整法律关系及责任承担主体的变革。电子票据的最大特点是数字化的载体依托于网络系统而存在。票据系统运营者、接入机构、电子签名认证机构等成为电子票据活动的必要参与主体，上述主体的义务与责任，虽然不属于票据关系中的内容，但属于电子票据活动面临的普遍性问题，《票据法》以调整票据关系为重心的理论应当向调整票据关系与非票据关系并重的理论转变，引入平台责任理论是合理确定相关主体义务和责任的基本路径。

（三）

电子化背景下，我国《票据法》修改时的立法模式不应当选择过于简单的修改方式，而是应当采取系统的修改方式。第一，在立法模式上，应当选择融合与区分相结合的立法模式，融合是指将基本概念、原理、共同适用的制度加以整合融合，区分是指将纸票和电子票据各自特殊的问题专章规定。基本思路是：在现有《票据法》框架的基础上对纸质票据和电子票据中的特有问题进行提取，对《票据法》中的基本概念、原理、共同适用的制度加以整合融合，对纸质票据和电子票据中存在的共性问题，修改《票据法》中的现有规定，对纸质票据和电子票据的特有问题进行特别规定，使《票据法》适应票据载体二元化的需求。第二，在基本架构上，除个别调整外维持现行

《票据法》的核心架构，同时将电子票据的相关要素融入《票据法》的基本概念，把电子票据和纸质票据的法律调整有机融合。对电子票据和纸票使用相同名称的一些基本概念重新界定其涵义，在具体的表述和构成要件上需要加以更新，从而能够同时体现和容纳电子票据与纸质票据，具体而言，一是某些概念的涵义需要拓展，并对接入、发送、接受、驳回等电子票据行为中的常用概念与《票据法》中出票、背书、交付、票据行为等相关概念融合更新。二是对涉及电子汇票系统运行的特定概念，无法融合或扩展到统一的定义中时，单独加以规定。三是引入电子票据现行制度和实践中的某些既有规则。四是不设电子票据专章，以票据流转环节或特定问题为单元，每一章节的内容以电子票据为重点，对纸票与电子票据共同适用的规则、纸质票据与电子票据单独适用的规则同步予以规定。五是在维持现行《票据法》核心架构的基础上，扩展《票据法》的框架体系，将接入机构、系统运营者、电子认证机构等电子化背景下票据业务新加入的主体纳入《票据法》体系之中，明确相关法律主体的定义、法律地位以及权利义务。

（四）

电子化背景下《票据法》修改完善的主要内容应当是通过新设条款、吸收下位法规则、修改现行《票据法》规则等方式确立对电子票据加以调整的体系化制度。主要涉及以下几个方面：

第一，明确票据系统运营者及相关服务提供者如票据交易所、接入机构、认证机构、其他参与主体的法律地位、义务与责任。票据交易所应保障票据系统的安全运行，不能仅因为故障造成损失是由于外部攻击而免责，但是如果在尽到法律规定义务情形下依然无法避免系统故障，系统运营者没有过错，不承担赔偿责任。票据交易所对接入机构身份真实性和电子签章真实性承担实质审查义务，未履行对接入机构身份和电子签章的审核义务应承担赔偿责任。接入机构的义务与责任主要体现在自身内部票据系统运营维护与安全保障、按照系统运营者要求的操作规范提供服务、对客户身份进行审核、按照与客户之间协议的约定提供信息发送、转发、接收、通知、清算服务等。接入机构未履行约定义务以及内部系统出现故障影响客户实施票据业务等情形，均属于违反约定义务，造成客户损失的，应当承担违约责任，接入机构不得以系统故障为由加以抗辩。但是，服务故障因不可抗力导致的除外，此外接入机构可以与客户约定将难以预见和控制的意外事件作为免责事由，但不得概括约定所有的系统故障均为免责事由。接入机构对客户身份真实性的审核义务，应当实行实质审查标准。电子签名认证服务提供者作为提供电子签名认证服务的一方，如不履行合同双方约定的义务，给电子签名人造成损失的，应当承担违约责任。认证机构对申请人身份真实性审核义务也应当实行实质审查标准，未能识别申请人虚假身份给他人造成损失，应承担赔偿责任。票据业务创新中的其他主体如供应链票据业务中票据平台运营者、供应链平台经营者以及签发、取得、转让供应链票据的企业和金融机构，"贴现通"业务中贴现经纪机构，"票付通"业务的合作金融机构与票据交易所、B2B 平台等，按照不同的法律地位享有权利、承担责任。

第二，《票据法》修改完善的重点内容是电子票据行为及追索权规则与现行制度的整合。一是确认电子票据签章形式及效力，规定纸质票据签章要求和电子签名的要求，明确电子签章人特有的义务与责任，例如，签章人制作签章未完成、电子签名数据被盗取或泄露的，由签章人自行承担风险或承担赔偿责任。伪造人伪造资料冒用他人身份开户并出票，接入机构应当对客户身份被伪造给他人造成的损失承担赔偿责任，名义签章人明知或存在重大过失的，不能以身份被伪造来对抗善意的其他票据当事人。系统错误或者被黑客攻击导致的签章冒用，造成他人损失，相关系统的运营者不能证明其无过错时，应当承担赔偿责任。因电子签名人的保管不当，导致电子签名数据遗失、被盗，被盗取密钥的名义签章人不得对抗善意持票人，承担基于该密钥形成的电子签章所产生的法律后果等。二是规定电子票据行为规则的一般要件。数据电文的格式属于电子票据的凭证格式，只要符合法定票据系统运营者的规定即可，平面显示样式不属于电子票据的凭证格式。电子票据行为的形式要件包括通过特定网络系统实施、以电子签名方式进行签章并以录入数据电文并向票据系统发送登记的方式体现记载事项、通过信息的发送审核与回复环节完成三个方面。电子票据的交付在行为人通过规定的系统发送信息并在接收方回复签收时完成。三是在出票、背书、付款等票据行为和追索权行使的具体环节上，应结合电子票据的特性，确立相应的规则。例如，电子票据出票信息登记的性质及效力、出票时间的确认与出票的撤回、集中签发电子票据及票据包的性质、失票救济规则与公示催告制度的排除适用、票据接受签收或驳回以及背书待签收的效力、部分背书与无担保背书的确认、电子票据质押系统变更权利人的限制、电子票据及电子化纸票款项的线上或线下付款方式与流程、持票人提示付款而付款人未予应答的处理、电子票据付款人审查义务的排除、追索权行使的类型与拒绝证明的形式、电子票据线上追索与线下追索的关系等。

第三，现行法律制度没有系统的纸质票据电子化规则，需要在《票据法》修改时纳入调整范畴。明确在纸票有效的前提下，电子化纸票类似于纸票副本的效力，纸票电子化应以承兑信息登记时间为完成时间。电子化的纸票的使用具有与纸票使用相同的效力，当事人行使票据权利可以通过票据业务系统以电子化的方式实现。纸质票据电子化中的提示付款和追索规则可参照适用电子票据的相应规则，考虑到纸票与电子票据融合的现实和趋势，应确认使用自动提示和应答机制的提示付款方式及其对持票人、付款人的约束力。

第四，票据交易规则是票据市场的重要制度，目前主要由《票据交易管理办法》及票据交易所的相关规则予以调整，《票据法》中对此应有衔接性条款，确认下位法及市场自治规则的约束力，并对票据交易的基础性规则予以规定。票据权属登记是票据权利人在票据交易系统中进行票据交易业务的前提条件，但并不具有创设和变动票据权利的效力，票据初始权属登记产生权利证明的效力和不得对抗第三人的效力。

附 录 Appendix
中华人民共和国票据法（修订建议稿）

目　录

第一章　总则

第一节　一般规定

第二节　电子票据的一般规则

第三节　纸质票据的一般规则

第四节　票据登记与票据信息披露

第二章　票据系统运营者及相关服务提供者

第一节　票据系统运营者

第二节　接入机构

第三节　其他票据系统参与者

第三章　汇票

第一节　出票

第二节　背书

第三节　承兑

第四节　保证

第五节　付款

第六节　追索权

第七节　纸质汇票电子化

第四章　本票

第五章　支票
第六章　票据交易
第七章　法律责任
第八章　附则

附录：中华人民共和国票据法（修订建议稿）

第一章　总　则

第一节　一般规定

第一条【立法目的】

为了保护票据活动中相关主体的合法权益，促进票据流通，规范票据行为，保障票据系统运行安全，制定本法。

第二条【调整范围】

在中华人民共和国境内的票据活动，适用本法。票据活动包括票据行为及票据系统运行等票据使用流通中的相关行为。

涉外票据的法律适用，适用《中华人民共和国涉外民事关系法律适用法》的规定。

第三条【定义条款】

本法所称票据是指出票人通过纸质票据或数据电文的方式制作的，指示第三人或由自己承诺向持票人无条件支付一定金额的权利凭证，包括以纸质或数据电文等电子形式存在的汇票、本票、支票。

本法所称持票人是指持有纸质票据或掌握密钥通过票据系统对数据电文形态的权利凭证加以控制的当事人。

本法所称签章是指以纸质记载或电子签名方式确定票据活动当事人身份的行为。

本法所称票据权利，是指持票人向票据债务人请求支付票据金额的权利，包括付款请求权和追索权。

本法所称票据义务，是指票据债务人向持票人支付票据金额的义务。

本法所称抗辩，是指票据债务人根据本法规定对票据债权人拒绝履行义务的行为。

本法所称签发是指出票人在纸质上签记载相关事项并签章或通过票据系统发送相关数据创设票据关系的行为。

本法所称交付是指当事人当面交接纸质票据或通过票据系统向接收方发送数据电文转移电子票据信息控制权的行为。

本法所称的前手是指在票据签章人或者持票人之前签章的票据债务人。包括直接前手和间接前手。

本法所称的票据系统是经中国人民银行批准建设，由票据交易所运营，负责接收、存储、发送票据活动的数据电文，为当事人行使票据权利、实施票据行为、履行票据义务及票据交易等业务提供服务的网络通信平台。

第四条【票据活动的合法性】

票据活动应当遵循诚信原则，遵守法律、法规和国家有关规定，不得损害社会公共利益。

第五条【票据关系创设及权利义务】

出票人制作票据，应当按照法定条件在票据上签章，并按照所记载的事项承担票据义务。

持票人行使票据权利，应当按照法定程序在票据上签章，并出示票据。

其他票据债务人在票据上签章的，按照票据所记载的事项承担票据义务。

当事人在纸质票据记载或通过票据系统以数据电文方式记录必要事项并进行交付后票据行为完成。

第六条【票据签章】

票据上的签章，纸质票据上为签名、盖章或者签名加盖章，电子票据上的签章为符合本法规定的电子签章。

第七条【票据记载事项】

票据上的记载事项必须符合本法的规定。

纸质票据信息以票据上记载内容为准。金额以中文大写和阿拉伯数字同时记载，二者不一致的，以较小数额为准。

电子票据信息以票据系统记录的数据电文为准。电子票据金额记载方式按照票据系统运营者依法制定的运营规则确定，中文大写和阿拉伯数字同时记载的，二者应当一致，二者不一致的，票据无效。

第八条【票据的无因性】

票据符合法律、行政法规规定的形式要件时有效，票据的有效性不受基础关系效力的影响。

票据的签发、取得和转让，应当具有真实的基础交易关系，当事人虚构基础交易关系签发、转让、质押票据损害他人利益或社会公共利益的，或者以偷盗、欺诈、胁迫取得票据的，持票人不得享有票据权利。

当事人之间可以依法从事票据贴现、转贴现、质押、回购等不存在基础交易关系的票据融资或交易活动。

票据融资、交易活动的监督管理，由法律、行政法规或国务院货币政策和票据市场管理部门另行规定。

第九条【无对价取得票据】

因税收、继承、赠与可以依法无偿取得票据的，持票人取得票据权利，但是，所享有的票据权利不得优于其直接前手的权利。

第十条【票据权利善意取得】

无权利人转让票据，受让人不知其为无权利人且没有重大过失出于善意取得票据并支付对价的，可以取得票据权利，但下列情形除外：（一）因继承、公司合并、破产等非票据行为从无权利人取得票据；（二）从无行为能力人或限制行为能力人处取得票据；（三）从伪造签章人处取得票据。

持票人因重大过失取得不符合本法规定的票据的，也不得享有票据权利。

第十一条【票据行为独立性】

票据上存在多个票据行为的，一个票据行为无效，不影响其他票据行为的效力，但票据因记载事项和凭证格式不符合本法规定而无效的除外。本法对票据行为效力另有规定的，从其规定。

第十二条【无民事行为能力人签章】

无民事行为能力人或者限制民事行为能力人在票据上签章的，其签章无效，但是不影响其他签章的效力。

第十三条【票据伪造、变造】

票据上有伪造签章或身份被冒用注册账户后进行签章，其签章无效，但不影响票据上其他真实签章的效力。被伪造人不承担票据义务和其他法律责任。

伪造签章、变造票据的，伪造人应当承担法律责任。

第十四条【票据代理】

票据当事人可以委托他人以代理人名义签章，并应当在票据上或票据系统中表明其代理关系。

没有代理权而以代理人名义在票据上签章的,应当由签章人承担票据责任;代理人超越代理权限的,应当就其超越权限的部分承担票据责任,但签章人不能证明代理权限范围的,委托人和代理人共同承担票据责任。

第十五条【票据抗辩】

票据债务人不得以自己与出票人或者与持票人的前手之间的抗辩事由,对抗持票人。但是,持票人明知存在抗辩事由而取得票据的除外。

票据债务人可以对不履行约定义务的与自己有直接债权债务关系的持票人,进行抗辩。

第十六条【利益返还请求权】

持票人因超过票据权利时效而丧失票据权利的,可以请求出票人或者承兑人返还因未支付票据金额而获得的利益。

第十七条【票据返还请求权】

持票人不享有票据权利的,最后合法持票人有权要求其返还票据。持票人直接前手与出票人存在基础交易关系抗辩事由的,有权要求持票人返还票据。

第十八条【票据权利与原因关系债权】

债务人为履行基础交易关系债务向持票人签发或转让票据,持票人应先行使票据付款请求权。持票人票据权利实现后,基础交易关系中的债权同时消灭。

持票人行使付款请求权不能实现或具备其他追索原因时,可以选择行使票据追索权或基础交易关系债权。

持票人因时效超过而票据权利丧失的,可向出票人或承兑人行使利益返还请求权。出票人是基础交易关系债务人的,可向出票人选择行使基础交易关系债权或利益返还请求权。

持票人丧失对出票人以外其他前手的票据权利,持票人可以选择向出票人、承兑人行使票据权利。持票人向其直接前手行使基础交易关系债权的,直接前手有权要求返还票据,不能返还时,直接前手有权对持票人进行抗辩。

第十九条【票据权利行使途径】

持票人对票据债务人行使票据权利或者保全票据权利,应当通过本法规定的票据系统或票据当事人的营业场所和营业时间内进行。

第二十条【票据时效】

票据权利在下列期限内不行使而消灭：

（一）持票人对票据的出票人和承兑人的追索权和付款请求权，自票据到期日起二年。见票即付的汇票、本票，自出票日起二年；对支票出票人的追索权，自出票日起六个月；

（二）持票人对其他前手的追索权，自出现追索事由之日起六个月；

（三）被追索人对前手的再追索权，自清偿日或判决确定承担清偿义务之日起三个月，二者不一致的，从先到日期起算。

票据的出票日、到期日由票据当事人依法确定。

第二节 电子票据的一般规则

第二十一条【电子票据的定义与类型】

电子票据是指出票人通过票据系统签发，以数据电文形式制作的票据。包括电子汇票、电子本票、电子支票等。

第二十二条【电子票据的签发与使用】

电子票据的出票、承兑、背书、保证、提示付款和追索等业务，应由当事人或接入机构电子签名的方式签章，并通过票据系统发送、接收数据电文的方式完成。

票据系统运营者可以根据法律法规和中国人民银行的规定，制定电子票据活动的实施规则。

接入机构是以自己的网络系统直接接入票据系统，为客户办理电子票据业务提供服务的金融机构。

第二十三条【电子票据格式】

电子票据的凭证格式和签发、运行的基本流程，除本法规定外，由中国人民银行规定。

第二十四条【电子票据行为的完成】

当事人通过票据系统向接收方发送数据电文，票据系统确认并转发至接收方，接收方回复签收并经票据系统确认成功后电子票据行为完成。接收方回复驳回的，票据行为不生效。

发送方在接收方回复签收前可以撤回数据电文，撤回的数据电文视为自始未发出。

签收是指票据当事人同意接受其他票据当事人的行为申请，签章并发送电子指令予以确认的行为。

驳回是指票据当事人拒绝接受其他票据当事人的行为申请，签章并发送电子指令予以确认的行为。

第二十五条【接入机构代理签章】

收款人、被背书人可与接入机构签订协议，委托接入机构代为签收或驳回行为申请，并代理签章。承兑人可与接入机构签订协议，由接入机构代为签收或驳回提示付款指令，并代理签章。

电子票据系统接入机构等代理客户签章从事出票、背书、承兑、保证等票据行为的，应符合系统运行规则的要求。

第二十六条【电子签章的要件】

电子票据的签章应采用电子签名方式。

采用非对称密码技术的数字电子签章，应符合《电子签名法》中可靠电子签名的规定。电子票据当事人签章所依赖的电子签名制作数据和电子签名认证证书，应分别向接入机构和票据系统运营者指定的电子认证服务提供者的注册审批机构申请。

法律、法规规定可以采取其他技术进行电子票据签章的，应符合相应规定。

第二十七条【电子票据行为的独立性】

因票据系统故障导致数据电文错误或缺失，从更正时票据行为自始有效。无法更正的，一个票据行为无效，不影响其他数据完整的票据行为的效力，但出票无效的除外。

行为人通过窃取密钥冒用他人电子签章或伪造身份证明进行电子签章认证的，其实施的票据行为无效，但不影响其他票据行为的效力。

第二十八条【电子票据更改】

电子票据记载事项当事人发送数据电文后相对人回复签收前可以更改。

第二十九条【票据系统原因导致假冒签章】

票据系统因黑客攻击等原因出现故障导致的当事人电子签章被他人冒用、盗用的，被冒用人不承担票据责任。造成他人损失的，出现故障的系统运营者不能证明其无过错的，应承担赔偿责任。

被冒用人对损失发生存在过错的，应当承担相应的民事责任。

第三十条【密钥泄露的签章】

因当事人的原因导致电子签名密钥或其他制作数据遗失、泄露的，他人以当事人名义进行签章，当事人不得对抗善意持票人。

第三十一条【伪造冒用他人身份开立账户签章】

盗用或伪造他人身份在接入机构开立账户后实施电子签章的，被冒用人不承担票据责任，但被冒用人对事先明知身份被冒用或存在重大过失的除外。

第三十二条【电子票据失去控制的救济】

持票人遗失或忘记密钥导致无法进入系统不能行使票据权利的，可以请求接入机构和票据系统运营者、认证机构配合恢复或重设密钥及相应的电子签名。涉及相关费用的，可以由票据当事人承担。

持票人身份或密钥被盗用的，持票人可以向付款人接入机构或开户银行申请电子票据挂失止付。票据尚未流转或支付时，可以更改原密钥和电子签名，恢复对电子票据的控制。

因票据系统故障导致电子票据信息无法显示或灭失的，持票人可以向票据系统运营者提交原有开户及记录等相关证明，申请恢复数据或重新设置相关数据。

第三节 纸质票据的一般规则

第三十三条【凭证格式】

纸质票据的格式应当统一。票据格式及印制管理办法由中国人民银行规定。

第三十四条【纸质票据签章】

纸质票据上法人和其他使用票据的单位在票据上的签章，为该法人或者该单位的盖章加其法定代表人或者其授权的代理人的签章。在票据上的签名，应当为该当事人有效身份证件上的姓名。

第三十五条【纸质票据伪造、变造】

纸质票据有伪造签章的，被伪造人明知伪造签章未作否认表示或对签章被伪造存在重大过失的，应承担票据义务。

持票人对其直接前手签章的真实性负责。

纸质票据上其他记载事项被变造的，在变造之前签章的人，对原记载事项负责；在变造之后签章的人，对变造之后的记载事项负责；不能辨别是在票据被变造之前或者之后签章的，视同在变造之前签章。

第三十六条【票据更改】

纸质票据的票据记载事项，原记载人可以更改，更改时应当由原记载人签章证明。更改后按照更改后的事项确定票据当事人权利义务。原记载人将票据交付未经再次转让时，持票人同意更改并签章证明的，可以更改。不符合更改条件的视为变造。

第三十七条【票据丧失挂失支付】

票据丧失，失票人可以及时通知票据的付款人挂失止付，但是，票据由代理付款人付款并无法确定代理付款人的票据除外。

收到挂失止付通知的付款人，应当在收到挂失支付申请之日起十二日内暂停支付。

第三十八条【票据丧失公示催告】

票据丧失后，失票人可到人民法院申请公示催告。

本法所称的失票人，是指在丧失票据占有以前的最后合法持票人。

人民法院决定受理公示催告申请，应当同时通知付款人及代理付款人停止支付，并自立案之日起三日内发出公告。

付款人或者代理付款人收到人民法院发出的止付通知，应当立即停止支付，直至公示催告程序终结。非经发出止付通知的人民法院许可擅自解付的，不得免除票据责任。

公示催告期间届满，人民法院作出除权判决后，票据无效，申请人可以依生效判决行使票据权利。

公示催告及除权判决的程序和期间，适用民事诉讼法的有关规定。

第三十九条【诉讼救济】

票据丧失后，失票人在提供相应担保的情况下可以在票据权利时效届满以前请求出票人补发票据，或者请求付款人付款。

第四节　票据登记与票据信息披露

第四十条【票据登记的种类】

票据登记是指将票据的相关信息在票据系统中予以登记记录的行为。包括纸质票据信息登记和票据权属登记。

第四十一条【纸质票据信息登记】

纸质票据贴现前，金融机构办理承兑、质押、保证等业务，应当不晚于业务办理的次一工作日在票据系统完成相关信息登记。

纸质商业承兑汇票完成承兑后，承兑人开户行应当根据承兑人委托代其进行承兑信息登记。

纸质票据票面信息与登记信息不一致的，以纸质票据票面信息为准。

贴现人完成纸质票据贴现后，应当不晚于贴现次一工作日在票据系统完成贴现信息登记。

付款人或者代理付款人收到挂失止付通知或者公示催告等司法文书并确认相关票据未付款的，应当于当日依法暂停支付并在票据系统登记相关信息。

第四十二条【票据权属登记】

票据权属登记是将票据权利人在票据系统权属登记簿予以记载登记的行为。

贴现人办理纸质票据贴现后，应当在票据上记载"已电子登记权属"字样。

票据系统运营者依据票据系统相关信息电子票据持票人办理权属登记。

第四十三条【票据权属登记的效力】

票据权属登记是持票人享有票据权利的证明，登记簿记载的权利人，推定为合法持票人。

真正权利人与登记记载的权利人不一致，不影响善意第三人信赖登记内容受让票据的效力。

第四十四条【信息登记错误的责任】

承兑人、贴现人对票据进行信息登记和票据权属初始登记时，应对登记信息真实性、有效性负责。登记信息错误造成他人损失的，登记人应承担赔偿责任。

票据系统运营者在提供权属变更登记、注销登记服务时发生登记错误给他人造成损失的，应当承担赔偿责任。

第四十五条【票据信息查询】

票据当事人可通过接入机构和票据系统查询与其相关的票据信息。

第四十六条【票据信息披露】

付款人或承兑人应当将票据信息和付款或承兑信用信息通过中国人民银行制定的票据信息披露平台向社会公开披露。

承兑信用信息是指承兑人的票据承兑信用状况信息，如累计承兑发生额、承兑余额、累计逾期发生额、逾期余额等。

付款人或承兑人应当对其披露信息的真实性、准确性、及时性和完整性负责。违反信息披露义务给当事人造成损害的，应当承担赔偿责任。

第二章 票据系统运营者及相关服务提供者

第一节 票据系统运营者

第四十七条【票据系统运营者的确定】

票据系统运营者由中国人民银行指定和监督管理。票据系统运营者制定业务规则，报中国人民银行同意或备案后施行。

第四十八条【票据交易所的性质】

上海票据交易所是中国人民银行批准设立的票据系统平台运营者，承担票据市场基础设施的职能。

第四十九条【票据系统运营者的义务】

票据系统运营者应当承担以下职责和义务：

（一）根据本法和有关法律法规，制定、修改票据系统业务规则；

（二）负责票据系统运行、维护，保障系统安全；

（三）实时接收、处理电子票据信息，并向相关票据当事人或其接入机构实时发送、转发。

（四）根据协议约定向票据当事人、接入机构及其他票据系统参与者，提供票据交易撮合、登记托管、结算等服务；

（五）核验电子票据接入机构和票据市场参与者身份的真实性和人电子签名的真实性；

（六）配合票据当事人、接入机构和其他系统参与者查询票据信息；

（七）建设并负责运营票据信息披露平台，提供信息披露服务；

（八）通过票据托管账户记载系统参与者持有票据的余额及变动等情况，并进行登记；

（九）法律、法规规定或中国人民银行认可的其他服务。

因不可抗力、意外事件、重大技术故障等突发性事件而影响票据系统正常运行或票据交易正常秩序时，为维护票据业务正常秩序和市场公平，票据交易所可以按照业务规则采取处置措施，并应当及时向中国人民银行报告。票据交易所对其依职权采取相关措施造成损失的，不承担民事赔偿责任，但存在重大过错的除外。

第五十条【信息接收、确认、转发】

票据系统运营者应对数据电文报文格式进行检查，向发送方反馈是否成功。票据当事人及其接入机构对发送信息的真实性负责。

第五十一条【系统故障的责任】

票据系统运营者未履行关键信息基础设施安全保护义务或者因其他过错造成系统故障，给他人造成损失的，应当承担赔偿责任。

票据系统因不可抗力或难以控制的意外事件导致故障发生的，系统运营者不承担赔偿责任。

系统营运者未及时排除故障造成他人损失的，应当承担赔偿责任。

第五十二条【未能识别虚假接入机构的责任】

票据系统运营者未能发现接入机构身份的虚假身份或虚假电子签名，虚假身份或虚假电子签名的接入机构在实施票据活动中造成他人损失的，票据系统运营者应当承担连带赔偿责任。

第五十三条【数据灭失的责任】

票据信息记录灭失且无法恢复、记录储存错误无法更正，造成当事人无法行使票据权利或产生其他损失的，系统运营者不能证明系不可抗力或当事人的原因导致时，应当承担赔偿责任。

第二节 接入机构

第五十四条【维护自身系统安全】

接入机构为客户提供电子票据业务服务，应当保障其业务系统安全运行，系统发生故障时，应当及时采取措施防止损失扩大，并向有关政府部门和系统运营者报告。

接入机构业务系统故障，造成其客户损失的，应当承担赔偿责任。系统故障因不可抗力或现有技术难以控制的意外情形导致的除外。

接入机构不得通过格式条款概括约定系统故障免责，免责条款应当符合《民法典》的相关规定。

第五十五条【信息处理应答等约定义务】

接入机构处理电子票据业务，应当根据其与客户的协议，审核并及时向票据系统发送客户作出的电子票据信息和指令、代理客户进行应答和相关操作、向客户转发并通知收到的信息。

接入机构未及时转发、接收客户和票据系统发送的信息、未按照约定代为应答和签章、向票据系统转发的信息与客户提供的信息不一致，以及存在其他违反协议情形的，应当承担违约责任。

第五十六条【身份核验义务】

接入机构应对通过其办理电子票据业务的客户身份和电子签名真实性进行核验。

接入机构未能发现客户身份虚假而予以开户时，应当对因此造成当事人的损失承担赔偿责任。

客户的电子签名不真实给他人造成损失，接入机构不能证明其向电子认证机构履行了客户电子签名真实性核验义务的，应当承担赔偿责任。

第五十七条【不得提前销户】

接入机构应当根据客户指示完成相关的资金清算。因清算资金不足导致电子汇票资金清算失败,给票据当事人造成损失的,应当承担赔偿责任。

电子汇票责任解除前,承兑人不得撤销办理电子汇票账户,接入机构不得为其办理销户手续。

第三节　其他票据系统参与者

第五十八条【电子签名认证机构】

电子签名认证服务提供者不履行合同双方约定的义务,给电子签名人造成损失的,应当承担违约责任。

电子认证服务提供者应当核验申请人身份的真实性。认证服务提供者未能识别申请人身份虚假而制作电子签名和认证证书,申请人使用虚假电子签名给他人造成损失的,认证服务提供者应当与申请人承担连带责任。

第五十九条【供应链票据业务参与者】

供应链票据平台由票据系统运营者建设和运营管理。当事人可以通过供应链票据平台签发、取得、转让供应链电子商业汇票。

与票据系统运营者合作的供应链平台经营者应根据协议,承担票据当事人之间交易关系真实性的审核义务,对供应链票据业务相关材料的真实性、准确性、有效性负责。

第六十条【贴现通票据业务的经纪机构】

贴现通票据是票据经纪机构受贴现申请人委托,在票据交易系统进行贴现信息登记、询价发布、交易撮合后,由贴现申请人与贴现机构办理完成票据贴现的业务模式。

贴现经纪机构应当对贴现申请人信息的真实性进行审核,并保证登记信息与贴现申请人提供的信息一致,对登记信息的真实性、准确性和完整性负责,并对委托的真实性负责。

第六十一条【票付通票据业务参与者】

"票付通"业务是指基础交易关系中的付款人和收款人在电子商务平台约定电子票据支付方式,付款人通过合作金融机构发起线上票据支付指令,由合作金融机构、收(付)款人开户机构通过票据系统完成票据签发、锁定、解锁、提账、收票等行为的线上票据支付业务。

票据通业务参与者应当根据各方签订的协议和票据系统运营者制定的规

则开展业务，履行相关义务。

第三章　汇票

第一节　出票

第六十二条【汇票的定义和类型】

汇票是出票人签发的，委托付款人在见票时或者在指定日期无条件支付确定的金额给收款人或者持票人的票据。

当事人可以签发电子汇票和纸质汇票。出票人可以签发以自己为付款人或收款人的汇票。

出票人为银行的为银行汇票，银行汇票出票人与收款人之间无需存在基础交易关系。

出票人为银行以外的当事人的票据为商业汇票。商业汇票分为银行承兑汇票与商业承兑汇票。

第六十三条【出票的定义与流程】

出票是指出票人签发票据并将其交付给收款人的票据行为。

出票人签发票据时可以要求承兑人承兑后进行交付，也可以签发后直接交付。

第六十四条【出票记载事项】

汇票必须记载下列事项：

（一）表明"汇票"的字样；

（二）无条件支付的委托；

（三）确定的金额；

（四）付款人名称；

（五）收款人名称；

（六）出票日期；

（七）出票人签章。

（八）票据系统规则规定的签发电子票据的其他必要记载事项。

汇票上未记载前款规定事项之一或记载不符合法定形式的，汇票无效。

票据系统对出票人或接入机构发送出票信息进行信息登记后，视为电子出票记载事项完成。

纸质票据未记载收款人名称的，合法持票人可以补记自己为收款人，补记后，票据自始有效。

第六十五条【出票日期确定】

票据记载的出票日期与交付时间不一致的，以票据上或票据系统数据中电文记载的时间为出票时间。

第六十六条【相对必要记载事项】

汇票上记载付款日期、付款地、出票地等事项的，应当清楚、明确。

汇票上未记载付款日期的，为见票即付。

汇票上未记载付款地的，付款人的营业场所、住所或者经常居住地为付款地。

汇票上未记载出票地的，出票人的营业场所、住所或者经常居住地为出票地。

第六十七条【任意记载事项】

汇票上可以记载与票据权利义务有关的其他出票事项，不违反本法规定时，按照记载事项确定当事人的票据权利义务。

第六十八条【不具备票据效力的记载事项】

当事人在票据上记载与票据权利义务以外的事项，该记载事项不具有汇票上的效力。

第六十九条【付款日期】

纸质票据的付款日期可以按照见票即付、定日付款、出票后定期付款、见票后定期付款其中一种形式记载。

电子票据的付款日期应以定日付款形式记载。前款规定的付款日期为汇票到期日。

第七十条【电子票据包的签发】

出票人签发电子票据，可以通过一次电子签名集中签发包括批量票据的票据包，票据包内的每张票据金额应相等。收款人或持票人可以整体行使或转让票据包内全部票据的权利，也可以使用拆分行使、转让部分票据的权利。

第七十一条【出票的效力】

出票完成后，出票人承担保证该汇票承兑和付款的责任。出票人在汇票得不到承兑或者付款时，应当向持票人清偿本法第一百二十一条规定的金额和费用。

第二节 背 书

第七十二条【背书定义及目的】

持票人将汇票权利转让、质押给他人或者将一定的汇票权利授予他人行使，应当进行背书。

纸质票据背书是指持票人在票据背面或者粘单上签章并记载有关事项后将票据交付给他人的行为。粘单上的第一记载人，应当在汇票和粘单的粘接处签章。

电子票据背书是指持票人通过电子签章在票据系统中向接收方发送转让、质押或委托收款等信息并交付电子票据的行为。

第七十三条【单纯交付转让】

纸质票据未记载收款人名称或未记载被背书人名称的，可以单纯交付转让。

第七十四条【背书记载事项与空白背书】

背书由背书人签章、并记载被背书人名称和背书日期。未记载日期的，视为在汇票到期日前背书。

纸质票据背书未记载被背书人的，推定持票人为被背书人。多次背书未记载被背书人的，后一次背书的背书人推定为前一次背书的被背书人。合法持票人可以将其姓名或名称为补记为被背书人。

第七十五条【背书连续性】

持有连续背书的持票人，推定其为票据权利人。

前款所称背书连续，是指在票据转让中，收款人为第一次背书的背书人，前一次背书记载的被背书人姓名或名称与后一次背书的背书人签章姓名或名称一致，依次前后衔接。

纸质票据的背书，被背书人应当对直接前手背书的真实性负责。

第七十六条【事实行为取得票据】

非经前手转让，而以其他合法途径取得汇票的，依法举证，证明其汇票权利。

第七十七条【附条件背书】

背书不得附条件，背书时附有条件的，所附条件不具有汇票上的效力。

第七十八条【部分背书】

汇票金额的部分转让背书或者将汇票金额分别转让给二人以上的背书无效。电子票据在技术上可以按照金额将一张票据予以拆分的除外。

第七十九条【转让背书的效力】

背书人以背书转让汇票后，即承担保证其后手所持汇票承兑和付款的责任。背书人在汇票得不到承兑或者付款时，应当向持票人清偿本法第一百二十一条规定的金额和费用。

第八十条【无担保背书】

背书人记载"不担保付款"或"不担保承兑"或"免追索"等文字的，背书人有权拒绝后手的追索。

第八十一条【禁止背书转让的记载】

出票人在汇票上记载"不得转让"字样的，汇票不得转让，持票人背书转让的，转让行为无效。

背书人在汇票上记载"不得转让"字样，其后手再背书转让的，原背书人对后手的被背书人不承担担保付款和担保承兑的责任。

第八十二条【期后背书】

持票人将超过付款提示期限的票据背书转让的，除背书人外，其他票据债务人对被背书人及其后手不承担担保付款及担保承兑的责任。

被背书人明知票据被拒绝付款或被拒绝承兑后背书转让的，或有重大过失，背书人以外的其他票据债务人对被背书人不承担担保付款和担保承兑的责任。

第八十三条【回头背书】

持票人汇票 背书转让给前手的，为回头背书。

回头背书的背书人及其后手对回头背书的被背书人不承担担保付款和担保承兑的责任。

回头背书的被背书人将汇票再次背书转让给原票据当事人以外的第三人的,该第三人对回头背书被背书人的原后手不享有追索权。

第八十四条【委托收款背书】

背书记载"委托收款"字样的,被背书人有权代背书人行使被委托的汇票权利。但是,被背书人不得再以背书转让汇票权利。

第八十五条【质押背书】

汇票可以设定质押,质押时应当以背书记载"质押"字样。除无记名票据和空白背书票据外,未进行质押背书而转让票据的,不构成票据质押。

票据质押解除,质权人应将票据返还给质押人。电子票据质押应记载表明"质押解除"的字样和质押解除日期。

第八十六条【质押背书权利行使】

被背书人依法实现其质权时,可以行使汇票权利。但质权人不得转让或再次质押。

主债务到期日先于票据到期日,且主债务已经履行完毕的,质权人应按约定解除质押。主债务到期日先于票据到期日,且主债务到期未履行的,质权人可行使票据权利,但不得继续背书。票据到期日先于主债务到期日的,质权人可在票据到期后行使票据权利,并与出质人协议将兑现的票款用于提前清偿所担保的债权或继续作为债权的担保。

电子票据质押的,质权人行使票据权利时,经质押人确认,票据系统可在到期日将票据权利人变更为质权人。

第三节 承 兑

第八十七条【承兑的定义】

承兑是指汇票付款人承诺在汇票到期日支付汇票金额的票据行为。

第八十八条【承兑提示人】

汇票签发后可在交付收款人前由出票人向付款人提示承兑,或交付收款人后,由收款人或持票人向付款人提示承兑。

提示承兑是指持票人向付款人出示汇票，并要求付款人承诺付款的行为。见票即付的汇票无需提示承兑。

第八十九条【银行承兑汇票交易关系审核】

银行承兑汇票的出票人应向承兑金融机构提交证明其与收款人之间基础交易关系的交易合同或其他证明材料，承兑人应进行核验。

第九十条【提示承兑期间】

定日付款或者出票后定期付款的汇票，持票人应当在汇票到期日前向付款人提示承兑。

见票后定期付款的汇票，持票人应当自出票日起一个月内向付款人提示承兑。

汇票未按照规定期限提示承兑的，持票人丧失对其出票人以外的其他前手的追索权。

第九十一条【承兑时间和记载事项】

付款人对向其提示承兑的汇票，应当自收到提示承兑的汇票之日起三日内承兑或者拒绝承兑。

付款人收到持票人提示承兑的汇票时，应当向持票人签发收到汇票的回单。回单上应当记明汇票提示承兑日期并签章。

付款人承兑汇票的，应当在汇票正面记载"承兑"字样和承兑日期并签章；见票后定期付款的汇票，应当在承兑时记载付款日期。汇票上未记载承兑日期的，以前条第一款规定期限的最后一日为承兑日期。

第九十二条【附条件承兑】

付款人承兑汇票，不得附有条件；承兑附有条件的，视为拒绝承兑。

第九十三条【承兑的效力】

付款人承兑汇票后，应当向票据权利人承担无条件付款的责任。

第四节　保　证

第九十四条【票据保证的定义】

汇票的债务可以由保证人承担保证责任。

汇票的保证，是指汇票上记载的债务人以外的第三人在票据上记载相关事项保证该票据获得承兑及获得付款的票据行为。

第九十五条【保证记载事项】

汇票保证，保证人必须在汇票或者粘单上记载下列事项：

（一）表明"保证"的字样；

（二）保证人名称；

（三）被保证人的名称；

（四）保证日期；

（五）保证人签章。

保证人在汇票或者粘单上未记载前款第（三）项的，已承兑的汇票，承兑人为被保证人；未承兑的汇票，出票人为被保证人。

保证人在汇票或者粘单上未记载前款第（四）项的，出票日期为保证日期。

第九十六条【保证附条件】

保证不得附有条件；附有条件的，不影响对汇票的保证责任。

第九十七条【保证行为的独立性】

保证人对合法取得汇票的持票人所享有的汇票权利，承担保证责任。但是，被保证人的债务因汇票记载事项欠缺而无效的除外。

第九十八条【保证人的责任】

保证人与被保证人处于同等法律地位。

被保证的汇票，汇票到期后得不到付款的，持票人有权要求保证人与被保证人就票据义务的履行承担连带责任。

保证人为二人以上的，保证人之间承担连带责任。

第九十九条【保证人的追索权】

保证人清偿汇票债务后，可以行使持票人对被保证人及其前手的追索权。

第五节 付　款

第一百条【付款提示期间】

持票人应当按照下列期限提示付款：

（一）见票即付的汇票，自出票日起一个月内向付款人提示付款；

（二）定日付款、出票后定期付款或者见票后定期付款的汇票，自到期日起十日内向承兑人提示付款。

通过委托收款银行或者通过接入机构向付款人提示付款的，视同持票人提示付款。

第一百零一条【逾期提示付款的后果】

持票人未按照前款规定期限提示付款的，承兑人仍应当继续对持票人承担付款责任。但持票人丧失对出票人以外的其他前手的追索权。

逾期提示付款的，开户银行或接入机构不得拒绝受理，另有约定的除外。

第一百零二条【同意付款及拒绝付款】

付款人作出同意付款表示或签收电子票据提示付款申请的，应当在当日足额付款。

持票人驳回提示付款请求或作出其他拒绝付款表示的，应当出具拒绝证书或退票理由书。

纸票付款人开户银行或电子票据付款人接入机构，可以根据协议，对提示付款申请代为应答，并代理签章。

第一百零三条【到期提示付款未应答的处理】

持票人在提示付款期内或超过提示付款期提示付款，付款人收到提示付款请求三日内未应答，开户银行或接入机构也未在下一日代为应答的，视为拒绝付款。属于电子票据的，票据系统应将相应票据变更为拒付状态。

电子票据持票人在票据到期日前提示付款，付款人在票据到期日的次日起三日内未应答，接入机构也未在下一日应答，视为到期提示付款被拒绝。

纸质票据持票人在到期日前提示付款，不产生到期日到来后提示付款的效力。

第一百零四条【款项支付】

电子票据款项的支付可以通过票据系统线上支付或线下委托开户行向付款人转账收取。

汇票付款以人民币支付，当事人对汇票支付货币种类另有约定的，从其约定。

第一百零五条【支付结清】

纸质票据持票人获得付款的，应当在汇票上签收，并将汇票交给付款人。

持票人委托银行收款的，受委托的银行将代收的汇票金额转账收入持票人账户，视同签收。

电子票据持票人选择票据系统线上支付并清算成功的，系统显示状态为已结清。

选择线下付款的，承兑人应答签收，票据系统显示线下付款确认签收。持票人线下获得款项的，经持票人确认，系统修改票据状态为已结清。

第一百零六条【委托收款及委托付款银行的权限】

持票人委托的收款银行的权限，限于按照汇票上记载事项将汇票金额转入持票人账户。

付款人委托的付款银行的权限，限于按照汇票上记载事项从付款人账户支付汇票金额。

第一百零七条【付款人的审查义务】

纸质票据付款人及其代理付款人付款时，应当审查票据的有效性以及汇票背书的连续，并审查提示付款人的合法身份证明或者有效证件。

电子票据付款人或其代理付款人按照票据系统运营规则要求核验提示付款人的电子签名密钥和数字证书的，视为履行了前款规定的审查义务。

第一百零八条【恶意付款人的责任】

付款人及其代理付款人对无权利人或不符合本法规定的票据以恶意或者有重大过失付款的，应当自行承担责任。

第一百零九条【期前付款的责任】

对定日付款、出票后定期付款或者见票后定期付款的汇票，付款人在到期日前付款的，由付款人自行承担所产生的责任。

第一百一十条【电子票据付款人线上签收线下未清偿的处理】

电子票据承兑人或付款人在票据系统签收同意清偿后系统显示票据已结清但实际未清偿的，持票人可以提起诉讼，请求承兑人（付款人）履行票据付款义务，或者请求承兑人返还票据，不得直接向票据债务人追索。

第一百一十一条【付款的效力】

付款人依法足额付款后，全体汇票债务人的责任解除。

附录：中华人民共和国票据法（修订建议稿）

第六节 追索权

第一百一十二条【到期追索与期前追索】

汇票到期不能获得付款的，持票人可以对背书人、出票人以及汇票的其他债务人行使追索权。电子票据持票人可发起拒付追索。

汇票到期日前，有下列情形之一的，持票人也可以行使追索权。电子票据持票人可发起非拒付追索。

（一）汇票被拒绝承兑的；

（二）承兑人或者付款人死亡、逃匿的；

（三）承兑人或者付款人被依法宣告破产的或者因违法被责令终止业务活动的。

第一百一十三条【拒绝证明的提供与出具】

持票人行使追索权时，应当提供被拒绝承兑或者被拒绝付款的有关证明。

持票人提示承兑或者提示付款被拒绝的，承兑人或者付款人必须出具拒绝证明，或者出具退票理由书。

未出具拒绝证明或者退票理由书的，应当承担由此产生的民事责任。

第一百一十四条【电子票据拒付追索的拒绝证明】

电子汇票持票人提示付款被拒绝的，付款人或承兑人在票据系统中的应答驳回和系统显示的拒付信息、付款人回复票据信息和拒付理由的数据电文，可以作为拒绝证明。

电子汇票下列信息，具有拒绝证明的效力：

（一）付款人或承兑人对提示付款签收，但线上付款清算失败的，票据系统向持票人发送的清算失败通知及相应的票据状态显示信息；

（二）持票人提示付款后付款人或承兑人未予应答，票据系统依照本法规定将票据状态从"提示付款待签收"更改为"提示付款拒付"的信息。

第一百一十五条【其他追索事由的拒绝证明】

持票人因承兑人或者付款人死亡、逃匿或者其他原因，不能取得拒绝证明的，可以依法取得其他有关证明。下列文书具有拒绝证明的效力：

（一）承兑人或者付款人被人民法院依法宣告破产的，人民法院的有关司法文书；

（二）承兑人或者付款人因违法被责令终止业务活动的，有关行政主管部门的处罚或处理决定；

（三）公证机构出具的不能获得付款或不能获得承兑的证明；

（四）付款人或承兑人发布的表明其没有支付票款能力的公告；

（五）其他能够证明追索事由发生的证明材料。

第一百一十六条【未提供拒绝证明的后果】

持票人不能出示拒绝证明、退票理由书的，不得行使追索权，但是，承兑人仍应当对持票人承担责任。未按照规定期限提供拒绝证明或其他合法证明的，丧失对出票人以外的其他前手的追索权。

第一百一十七条【追索权的行使程序】

持票人行使追索权，应当向被追索人发出追索通知。追索通知应当记明汇票的主要记载事项，并说明该汇票已被退票。

被追索人清偿债务时，持票人应当交出汇票和有关拒绝证明，并出具所收到利息和费用的收据。

第一百一十八条【追索权的行使对象】

汇票的出票人、背书人、承兑人及其保证人对持票人承担连带责任。

持票人可以不按照汇票债务人的先后顺序，对其中任何一人、数人或者全体行使追索权。

持票人对汇票债务人中的一人或者数人已经进行追索的，对其他汇票债务人仍可以行使追索权。

出票人清偿票据债务后，可以要求承兑人或付款人清偿票据债务，其他被追索人清偿债务后，可以向其前手行使再追索权。承兑人或付款人清偿债务后，票据关系消灭。

第一百一十九条【电子票据追索权的行使途径】

电子汇票持票人行使追索权仍应首先通过票据系统进行线上追索。每次追索通知向一名被追索人发起。

持票人线上行使追索权被追索人驳回或不予应答时，持票人可以向其他被追索人线上追索，或者向人民法院提起诉讼进行线下追索。

第一百二十条【系统显示追索已清偿但实际未清偿时的追索】

电子汇票被追索人作出同意清偿票据债务的表示，追索人签收后票据系统显示已追索已结清,但被追索人实际未清偿的,追索人有权提起诉讼要求向作出同意清偿应答的被追索人进行追索或行使票据返还请求权,但不得直接向其他债务人行使追索权。

被追索人清偿票据债务后,可以进行再追索。

票据返还后,追索人的追索权恢复。

第一百二十一条【追索金额】

持票人行使追索权,可以请求被追索人支付下列金额和费用:

(一)被拒绝付款的汇票金额;

(二)汇票金额自到期日或者提示付款日起至清偿日止,按照中国人民银行规定的利率计算的利息;

(三)取得有关拒绝证明和发出通知书的费用。

被追索人依照前条规定清偿后,可以向其他汇票债务人行使再追索权,请求其他汇票债务人支付下列金额和费用:

(一)已清偿的全部金额;

(二)前项金额自清偿日起至再追索清偿日止,按照中国人民银行规定的利率计算的利息;

(三)发出通知书的费用。

第七节 纸质汇票电子化

第一百二十二条【纸质汇票电子化的效力】

经过贴现人初始权属登记的纸质票据,不再以纸质形式进行背书转让、设立质押或者其他交易行为。贴现人应当对纸质票据妥善保管。

第一百二十三条【纸质汇票权属登记后的电子化使用流转】

纸质票据经过初始权属登记后,票据行为及权利行使通过传输数据电文的形式在票据系统中办理,其效力及于纸质票据。

纸质票据以电子形式背书后,由票据权利人通过票据系统通知保管人变更寄存人的方式完成交付。

第一百二十四条【纸质汇票电子化使用流转的规则适用】

纸质票据经过权属登记后的背书、保证、付款、追索等行为,适用电子票据行为及追索的规则。法律、法规或票据系统规则另有规定的除外。

第一百二十五条【纸质汇票电子化的付款确认】

纸质票据完成票据贴现登记后，持票人提示付款时，其保管人可以向承兑人发起付款确认。付款确认可以采用实物确认或者影像确认，在票据真实性和背书连续性审查的基础上对到期付款责任进行确认。

第四章　本　票

第一百二十六条【本票的定义】

本票是出票人签发的，承诺自己在见票时或指定日期无条件支付确定的金额给收款人或者持票人的票据。

本票的签发条件与资格，由中国人民银行规定。

第一百二十七条【本票的必要记载事项】

本票必须记载下列事项：

（一）表明"本票"的字样；

（二）无条件支付的承诺；

（三）确定的金额；

（四）收款人名称；

（五）出票日期；

（六）出票人签章。

本票上未记载前款规定事项之一的，本票无效。

第一百二十八条【本票的相对必要记载事项】

本票上记载付款地、出票地等事项的，应当清楚、明确。本票上未记载付款地的，出票人的营业场所为付款地。本票上未记载出票地的，出票人的营业场所为出票地。

第一百二十九条【本票的付款义务】

本票的出票人在持票人提示见票时，必须承担付款的义务。

第一百三十条【本票提示付款期间】

本票自出票日起生效，付款期限最长不得超过二个月。

本票的持票人未按照规定期限提示见票的，丧失对出票人以外的前手的追索权。

第一百三十一条【汇票制度的准用】

本票的出票、背书、保证、付款行为和追索权的行使，除本章规定外，适用本法第三章有关汇票的规定。

第五章　支　票

第一百三十二条【支票的定义】

支票是出票人签发的，委托办理支票存款业务的银行或者其他金融机构在见票时无条件支付确定的金额给收款人或者持票人的票据。

第一百三十三条【支票账户开立】

开立支票存款账户，申请人必须使用其本名，并提交证明其身份的合法证件。

开立支票存款账户和领用支票，应当有可靠的资信，并存入一定的资金。

开立支票存款账户，申请人应当预留其本名的签名式样和印鉴。

第一百三十四条【支票的种类】

支票可以支取现金，也可以转账，用于转账时，应当在支票正面注明。

支票专门用于支取现金的，可以另行制作现金支票，现金支票只能用于支取现金。

支票专门用于转账的，可以另行制作转账支票，转账支票只能用于转账，不得支取现金。

第一百三十五条【支票的必要记载事项】

支票必须记载下列事项：

（一）表明"支票"的字样；

（二）无条件支付的委托；

（三）确定的金额；

（四）付款人名称；

（五）出票日期；

（六）出票人签章。

支票上未记载前款规定事项之一的，支票无效。

第一百三十六条【金额空白支票】

支票上的金额可以由出票人授权补记，未补记前的支票，不得使用。

持票人对支票金额作补充记载，补充数额超出授权范围后将票据转让给他人的，出票人按照补充后的金额承担票据责任，但受让人恶意或有重大过失的除外。

第一百三十七条【无记名支票】

支票上未记载收款人名称的，合法持票人可以补记自己为收款人。

出票人可以在支票上记载自己为收款人。

第一百三十八条【空头支票】

出票人签发的支票金额超过其付款时在付款人处实有的存款金额的，为空头支票。

出票人签发空头支票的，应承担相应的法律责任，但不影响签章人应当承担的票据义务。

第一百三十九条【支票的签章】

支票的出票人不得签发与其预留本名的签名式样或者印鉴不符的支票。

第一百四十条【支票的出票人与付款人义务】

出票人必须按照签发的支票金额承担保证向该持票人付款的义务。

出票人在付款人处的存款足以支付支票金额时，付款人无理由拒付造成出票人损失的，应当承担赔偿责任。

第一百四十一条【支票的付款日期】

支票限于见票即付，不得另行记载付款日期。另行记载付款日期的，该记载无效。

第一百四十二条【支票的提示付款】

支票的持票人应当自出票日起十日内提示付款；异地使用的支票，其提示付款的期限由中国人民银行另行规定。

持票人超过提示付款期限的，丧失对出票人以外的前手的追索权。

第一百四十三条【通过支票影像信息付款的效力】

当事人运用影像技术将纸质支票转换为支票影像信息，委托开户银行通过影像交换系统付款与纸质支票付款具有同等的法律效力。

第一百四十四条【支票影像信息付款的审查义务】

持票人委托的开户银行应审查纸质支票原件的真实性、合法性。开户银行未能发现支票伪造或其他不符合本法规定形式要件的情形而予以办理影像信息交换，或者开户银行影像信息采集错误，给当事人造成损失的，应当承担赔偿责任。

付款银行应对持票人开户银行交换的支票影像信息进行审查。付款银行按照票据业务操作规程进行了审核，未能发现支票伪造或其他不符合本法规定情形的，不承担错误付款的责任。

第一百四十五条【汇票制度的准用】

支票的出票、背书、付款和追索权的行使，除本章规定外，适用本法第三章有关汇票的规定。

第一百四十六条【电子支票的规则适用】

电子支票的签发使用，参照本法第二章票据系统和第三章汇票的相关规定。法律、法规或国务院授权中国人民银行另有规定的，适用其规定。

第六章 票据交易

第一百四十七条【票据交易的定义】

票据交易是以票据本身为交易标的，不存在基础交易关系的票据转让行为，包括贴现、转贴现和回购。

第一百四十八条【票据交易的规则适用及协议的约束力】

票据交易应遵守法律、法规和国家有关规定。

当事人依法签订的贴现、转贴现、回购等协议，视为票据交易中相应票据行为的基础交易关系。

票据交易所制定的交易规则及其与交易参与者签订的协议，对票据交易市场参与者具有约束力。

第一百四十九条【贴现的定义与途径】

贴现是指持票人在商业汇票到期日前，贴付一定利息将票据转让给具有贷款业务资质的法人或其分支机构的行为。

持票人可自行申请贴现或通过票据经纪机构进行票据贴现询价和成交，贴现撮合交易应通过中国人民银行认可的票据系统开展。

第一百五十条【贴现申请】

持票人申请贴现时，须提交贴现申请、持票人背书的未到期商业汇票以及能够反映真实交易关系的材料。贴现人应当进行审核。

第一百五十一条【贴现审核】

贴现人应当对贴现人提交的汇票、贴现申请人与其前手之间的合同等反映真实基础关系的材料进行审核。电子票据的贴现，贴现人无需审核票据背书的连续，但应核验贴现申请人的身份和电子签章。

贴现人办理商业汇票贴现时，应当通过中国人民银行认可的途径核对票据披露或登记信息，信息不存在或者票据记载事项与披露、登记信息不一致的，不得为持票人办理贴现。

第一百五十二条【不具有资质贴现行为的效力】

行为人不具有贷款业务资质开展票据贴现业务的，贴现行为无效。

第一百五十三条【转贴现与回购交易的途径及方式】

金融机构以及以金融机构为管理人的投资产品之间的转贴现与票据回购交易，应通过中国人民银行指定的票据交易系统进行，并按照相应的系统运营规则实施。

转贴现与回购交易应当通过票据市场基础设施进行并生成成交单。成交单应当对交易日期、交易品种、交易利率等要素做出明确约定。票据成交单、票据系统运营者制定的票据交易主协议及补充协议构成交易双方完整的交易合同。

第一百五十四条【转贴现的定义】

转贴现是指汇票贴现后持有票据的金融机构等持票人，在票据到期日前，将票据背书转让给其他金融机构等票据交易市场参与者，由其扣除一定利息后，将约定金额支付给持票人的票据行为，即卖出方将未到期的已贴现票据向买入方转让的交易行为。

第一百五十五条【转贴现的权利义务】

转贴现买入方有权要求卖出方于约定的结算日将转贴现票据交付至买入

方托管账户，买入方应当在约定的结算日将结算金额足额支付至卖出方的资金账户。

转贴现买入方享有票据权利，卖出方承担票据义务。

第一百五十六条【转贴现的条件及审核】

转贴现票据应经过票据权属初始登记，且不属于挂失支付、公示催告、质押、回购式贴现取得的票据，买入方应当通过票据系统对票据登记的信息进行核实。无需审核转贴现凭证、贴现凭证复印件、查询查复书及票面复印件等纸质资料。

第一百五十七条【票据回购交易】

票据回购交易包括质押式回购和买断式回购等。

质押式回购是指质押人在将票据出质给质权人融入资金的同时，双方约定在未来某一日期由质押人按约定金额向质权人返还资金、质权人向质押人返还原出质票据的交易行为。

买断式回购是指转让方将票据转让给受让方的同时，双方约定在未来某一日期，转让方再以约定价格从受让方买回票据的交易行为。

第一百五十八条【转贴现与回购交易的结算】

票据转贴现、回购的结算通过票据交易所电子簿记系统进行。

票据交易所等票据系统运营者可以依法制定结算规则。

第七章　法律责任

第一百五十九条【票据欺诈的法律责任】

有下列票据欺诈行为之一的，构成犯罪的，依法追究刑事责任。情节轻微，不构成犯罪的，依照国家有关规定给予行政处罚。给他人造成损失的，承担民事赔偿责任。

（一）伪造、变造票据的；

（二）故意使用伪造、变造的票据的；

（三）签发空头支票或者故意签发与其预留的本名签名式样或者印鉴不符的支票，骗取财物的；

（四）签发无可靠资金来源的汇票、本票，骗取资金的；

（五）汇票、本票的出票人在出票时作虚假记载，骗取财物的；

（六）冒用他人的票据，或者故意使用过期或者作废的票据，骗取财物的；

（七）付款人同出票人、持票人恶意串通，实施前六项所列行为之一的。

第一百六十条【金融机构违规开展票据业务的责任】

金融机构工作人员在票据业务中玩忽职守，对违反本法规定的票据予以承兑、付款、贴现或者保证的，给予处分；造成重大损失，构成犯罪的，依法追究刑事责任。

由于金融机构工作人员因前款行为给当事人造成损失的，由该金融机构和直接责任人员依法承担赔偿责任。

第一百六十一条【拖延支付的责任】

票据承兑人或付款人，故意压票，拖延支付的，由金融行政管理部门处以罚款，对直接责任人员给予处分。给持票人造成损失的，依法承担赔偿责任。

第一百六十二条【制作票据或签章错误的责任】

出票人签发票据或者其他票据，债务人未按照法定条件在票据上签章，给他人造成损失的，应当承担相应的赔偿责任。

持票人明知或者应当知道前款情形而接受的，可以适当减轻出票人或者票据债务人的责任。

第一百六十三条【其他民事责任】

行为人实施其他违反本法规定的行为，给他人造成损失的，应当承担赔偿责任。

第八章 附 则

第一百六十四条【期间计算】

本法规定的各项期限的计算，适用民法典通则关于计算期间的规定。

按月计算期限的，按到期月的对日计算；无对日的，月末日为到期日。

第一百六十五条【实施办法的制定】

票据管理的具体实施办法，由中国人民银行依照本法制定，报国务院批准后施行。

第一百六十六条【施行日期】

本法自　　年　　月　　日起施行。